北方民族大学文史学院文库

光荣与黑暗
——塞西尔·罗得斯殖民事业研究

汪津生 ◎ 著

GLORY AND DARKNESE STUDY
ON CECIL RHODES' COLONIAL CAUSE

中国社会科学出版社

图书在版编目(CIP)数据

光荣与黑暗:塞西尔·罗得斯殖民事业研究 / 汪津生著 . —北京:中国社会科学
出版社,2018.8

ISBN 978-7-5203-3243-9

Ⅰ.①光… Ⅱ.①汪… Ⅲ.①英国-殖民统治-历史-南非 Ⅳ.①K561.44②K47

中国版本图书馆 CIP 数据核字(2018)第 233266 号

出 版 人	赵剑英
责任编辑	任 明
特约编辑	乔继堂
责任校对	冯英爽
责任印制	李寡寡

出 版	中国社会科学出版社
社 址	北京鼓楼西大街甲 158 号
邮 编	100720
网 址	http://www.csspw.cn
发 行 部	010-84083685
门 市 部	010-84029450
经 销	新华书店及其他书店

印刷装订	北京君升印刷有限公司
版 次	2018 年 8 月第 1 版
印 次	2018 年 8 月第 1 次印刷

开 本	710×1000 1/16
印 张	13.75
插 页	2
字 数	225 千字
定 价	75.00 元

摘　　要

　　塞西尔·罗得斯是19世纪中后期英国在南部非洲进行殖民扩张的主要策划者和行动者之一，他狂热坚持由开普向北方扩张的北向战略。罗得斯在19世纪末英国攫取贝专纳兰、打通大北通路和获得英政府委任状，组建英国南非公司并最终占领马绍纳兰、马塔贝莱兰建立罗得西亚殖民地，以及阴谋推翻克鲁格统治的"詹姆逊袭击"等一系列重大地区事件中都发挥了举足轻重的作用。无论在南部非洲近现代历史上，还是在非洲殖民主义史上，罗得斯都是具有重要影响的历史人物之一。因此，对他的殖民事业和殖民思想进行研究应该是具有重要意义的。本书立足演讲稿、书信、档案、传记等原始资料，以其他学者的研究成果为基础，悉心解读相关材料，对罗得斯的殖民历程、殖民思想和对南部非洲的影响、作用等问题进行了细致的梳理和研究。

　　全书的主体内容共分为五章。

　　第一章论述了罗得斯的家庭背景、童年和少年时期在英国的生活状况以及后来因病去南非疗养、早年发展后又辗转回国进入牛津大学深造的曲折过程，对其青年时代思想脉络的发展、变化和殖民主义思想的初步形成进行了探讨。

　　第二章论述了青年罗得斯在非洲早期的经济投机行为，对1877年后罗得斯的主要经济活动做了研究和梳理。主要结论：罗得斯所进行的这些经济活动是其在非洲殖民事业的重要组成部分，是为实现其政治抱负而奠定的经济基础，对其后来政治活动的开展具有很大的推动与帮助作用。

　　第三章论述了19世纪中后期罗得斯与英国在南部非洲的殖民扩张历程，对于罗得斯参与的一系列影响南部非洲政治格局的重大事件进行了详细分析。从中可见罗得斯在英国19世纪中后期的南部非洲殖民进程中发挥了相当大的主导作用。

　　第四章主要以罗得斯的演讲稿、遗嘱等原始材料为依据，结合其政治实践，讨论剖析了罗得斯的殖民主义思想。罗得斯的殖民主义思想的主要特点是带有浓厚的种族主义特征，具体可以分为两个层次，即强调白人优越的狂热的种族论思想和歧视非洲原住民的种族隔离思想。本书指出坚定的殖民思想是罗得斯在非洲毕生从事殖民活动的精神原动力。

第五章在上述几章基础上，以马克思的"双重使命"论为分析工具从建设性和破坏性两个方面探讨了罗得斯在 19 世纪中后期南部非洲殖民进程中的作用、地位及深远的历史影响。

Abstract

Cecil Rhodes was one of the main planners and actors who carried out colonial expansion in Southern Africa for the interests of England in late 19th century. He persisted in keeping open a road to the north from the Cape and building a railway from the Cape to Cairo. Rhodes played a pivatal role in a series of important events of region, such as occupying Bechuanaland, opening up access to north, obtaining the Charter, establishing British South Africa Company, forming Rhodesia by invading Mashonaland and Matabeleland and taking part in "Jameson Raid" against Kruger. No matter in modern history of Southern Africa or in African colonial history did Rhodes be an important influential figure. Therefore, it remains a meaningful matter to research on his colonial enterprise and thinking. Based on the principle that all the materials, such as speeches, letters, archival documents, biographies and all kinds of books and articles would be judged and used, this book examines many topics. For example, Rhodes' colonial history, Rhodes' colonial ideology and his influence on Southern Africa.

Besides the preface and the epilogue, there are five chapters in this book.

Chapter One plays a role in the background. The chapter, including two parts, elaborates several topics as followed: Rhodes' family circumstances, his childhood and adolescence in England, the reason why he went to South Africa, and late access to Oxford University. In addition, the chapter investigates the development of the train of Rhodes' thoughts and the initial formation of his colonial thinking.

Chapter Two mainly discusses Rhodes' economic colonization behaviors after 1877 and details important accounts of his founding de Beers Mining Company, amalgamating all the diamond mines of Kimberley to found the de Beers

Consolidated Mines Company and establish Goldfields Company. The conclusion
is that these economic activities are an important component of Rhodes' African
colonial enterprise, which lay the economic foundation to achieve his political
aspirations and promote his future political activities.

Chapter Three mainly elaborates the history of colonial expansion of Rhodes
and England in Southern Africa in late 19th century goes into details a series of
events which influence the political situation in Southern Africa. It analyses
Rhodes' instigation of the British Government strongly to win Bechuanaland and
open up the Great Northern Road. It also probes into the capture of a broad river
district and the formation of Rhodesia after Rhodes. It looks into the "Jameson
Raid" which seriously intensified the contradiction between the British and Boer
and foreshadowed the outbreak of Anglo-Boer War when Rhodes' political ideal
of establishing the Union of South Union encounter with Kruger. It can be seen
that Rhodes exerted a considerable dominant in colonization process in Southern
Africa in late 19th century.

Chapter Four discusses the colonial ideology of Rhodes, based mainly on
his speeches and other raw materials that combined with his political prac-
tice. The characteristic of strong racism is the main feature of Rhodes' colonial
ideology, which can be divided into two parts. One is emphasis on the thinking
of white racial superiority, the other is the idea of discrimination against African
natives. The first part underwent a process of development and change. There
are three different components in it, including supremacy of Anglo-Saxon na-
tion, union of Anglo-Boer and the union of the English-speaking peoples
throughout the world, which is to win over the United States. The second part
can be subdivided into two levels, such as the thought of discrimination against
blacks and apartheid. Overall, the two parts of Rhodes' colonial ideology are
complementary. The author emphasized that the colonial ideology is a deep thrust
for colonization.

On the basis of above four chapters, chapter Five holds the dual mission of
Marxist theory as the theoretical tools and discusses the role of Rhodes in coloni-
zation process in Southern Africa in late 19th century. Adhere to evidence-
based analysis of specific issues and attitudes, this chapter makes an objective

assessment on Rhodes. There are three topics as followed: (1) the relationship between Rhodes and the formation of the new political situation in Southern Africa, (2) the relationship between Rhodes and the modern development in the region, (3) exploitation and plunder on natives in Southern Africa.

Through out research and analysis of Rhodes, the epilogue emphasizes and points out that the intention of the book is to clerify and resolve three problems, such as the relationship between the individual and the timesand the social forms, the relationship between economic colonial problems and political colonial problem and the understanding of the dual mission. Through the above efforts, the book would make a contribution to the history of colonialism in our country.

Key words: Cecil Rhodes; Colonialism; Southern Africa; Influence; Role

目　　录

绪论 ……………………………………………………………… （1）

 一　本书的研究旨趣 …………………………………………… （1）

 二　研究目标、研究内容和特色与创新之处 ………………… （2）

 三　国内外研究状况 …………………………………………… （4）

第一章　家庭背景及在南非和牛津大学的早期经历 ………… （11）

 第一节　家庭背景及时代状况 ……………………………… （11）

  一　家庭背景 ………………………………………………… （11）

  二　时代状况 ………………………………………………… （14）

 第二节　在南非的早期经历 ………………………………… （19）

  一　1870 年前后的南非形势 ……………………………… （19）

  二　在南非的早期经历 ……………………………………… （21）

 第三节　在牛津的求学经历及思想变化 …………………… （27）

  一　求学经历 ………………………………………………… （27）

  二　思想变化 ………………………………………………… （29）

第二章　建立钻石王国和金矿公司：为实现政治抱负奠定

   经济基础 ……………………………………………… （31）

 第一节　建立钻石王国 ……………………………………… （32）

  一　建立德比尔斯矿业公司 ………………………………… （32）

  二　建立德比尔斯联合矿业公司 …………………………… （34）

 第二节　建立南非统一金矿公司 …………………………… （43）

第三章　塞西尔·罗得斯与英国在南部非洲的殖民扩张 ……… （48）

 第一节　夺取贝专纳兰 ……………………………………… （50）

  一　贝专纳兰危机 …………………………………………… （50）

  二　转机的到来 ……………………………………………… （53）

  三　最终解决 ………………………………………………… （55）

　　第二节　柏林会议的召开及其对南部非洲的影响 …………………（60）

　　第三节　侵略河间地区建立罗得西亚殖民地 ………………………（65）

　　　　一　攫取拉德租让书 …………………………………………（65）

　　　　二　获取委任状，组建英国南非公司 ……………………………（74）

　　　　三　占领马绍纳兰 ……………………………………………（83）

　　　　四　吞并马塔贝莱兰 …………………………………………（92）

　　第四节　罗得斯的政治冒险和失败：詹姆逊袭击及其影响 ……（100）

　　　　一　"詹姆逊袭击"发生的背景 ……………………………（100）

　　　　二　"詹姆逊袭击"及其失败 ………………………………（106）

　　　　三　罗得斯在英布战争中 ……………………………………（113）

第四章　塞西尔·罗得斯的殖民思想 …………………………………（116）

　　第一节　塞西尔·罗得斯的"白人至上"思想 ……………………（116）

　　　　一　"白人至上"思想的第一阶段："英国人是世界上最
　　　　　　优秀的民族理应统治世界" ………………………………（117）

　　　　二　"白人至上"思想的第二阶段：英裔白人与荷裔白人
　　　　　　建立联盟共治南非 …………………………………………（122）

　　　　三　"白人至上"思想的第三阶段：全世界讲英语的白人
　　　　　　联合起来 …………………………………………………（131）

　　第二节　针对非洲土著人的种族歧视与种族隔离思想 …………（134）

　　　　一　黑人智力发展落后论 ……………………………………（136）

　　　　二　黑人与白人不能享有同等权利论 ………………………（137）

　　　　三　黑人、白人分区居住论 …………………………………（138）

　　　　四　推行间接统治政策，让黑人自己管理自己的事务 ………（139）

　　　　五　通过征收劳动税迫使黑人参加劳动 ……………………（141）

第五章　罗得斯在南部非洲殖民进程中的作用与影响 ………………（145）

　　第一节　对南部非洲政治格局的影响 ………………………………（146）

　　　　一　促成南非联邦的建立 ……………………………………（146）

　　　　二　奠定了津巴布韦和赞比亚两国的基本雏形 ……………（152）

　　第二节　罗得斯与南部非洲的现代化进程 …………………………（164）

　　　　一　铁路建设 …………………………………………………（165）

　　　　二　奠定南非钻石与黄金生产大国的世界地位 ……………（169）

　　　　三　对南非农业和畜牧业发展的促进作用 …………………（173）

第三节　人性的污点——对南部非洲原住民的残酷剥削与
　　　　掠夺 ………………………………………………… （176）
　　一　打着文明旗号的奴隶制度——"矿工院"制度 ………… （176）
　　二　残暴统治与1896—1897年反英大起义 ……………… （180）
结语 ………………………………………………………… （184）
　　一　个人命运与时代因素和社会形态的关系问题 ………… （184）
　　二　经济与政治孰为手段、孰为目的的问题 ……………… （185）
　　三　关于"双重使命"的再认识问题 …………………………… （186）
附录一　塞西尔·罗得斯年谱概要 ……………………… （188）
附录二　主要译名对照表 ………………………………… （192）

参考文献 …………………………………………………… （198）
后记 ………………………………………………………… （207）

绪　　论

一　本书的研究旨趣

本书的研究内容在学科范畴上隶属世界史学科下辖的非洲史领域。自新中国成立以来，非洲史的研究和教学在我国学界属于冷僻学科，研究起步较晚。虽然历经前辈学人半个多世纪的无私奉献和筚路蓝缕的探索，已经取得了可喜的成绩，但较之世界史学科中其他地区史的研究，我国非洲史的研究仍然可以说非常薄弱。[①] 例如，虽然自 1980 年就成立了中国非洲史研究会，在全国一些高校历史系也陆续开设了非洲史课程，有的学校还专门设立了非洲史硕士点乃至博士点，但总的来看研究方面还面临着许多不足之处。首先，该领域一些学者的着眼点较为宏观，这就导致了本学科研究领域中通史类著作和作品较多的状况的出现，而国别史、专题史的研究成果则相对薄弱。其次，对于在非洲历史上有着重要影响的人物的专题研究则不多见。再次，不少学者在研究上还出现了向热点靠的趋势。诚然，从研究内容上看，研究热点问题本身是无可厚非的，但不容否认的是，在当前我国非洲史学科的研究现状下，这种氛围对非洲史的研究和发展是不利的。它使我国非洲史学界本来就有限的人力和物力倾斜于某几个领域，这势必对我们全面、准确地把握非洲史的全貌和进程造成不利影响。非洲史本是我国世界史学科中的一个薄弱分支，因此更需要我们从事非洲史研究的学者和同行们把工作做得更加扎实，下苦功、下大力气打好基础研究的平台，尽快缩小与国外同行的差距。

塞西尔·罗得斯是 19 世纪中后期英国在南部非洲殖民事业的主要策划者和领导者之一，也是在近现代南部非洲历史上具有举足轻重影响的历

[①] 沐涛：《非洲历史研究综述》，《西亚非洲》2011 年第 5 期。

史人物，曾受到当时英国王室和政府的高度褒扬。英美学界围绕此人的研究从 20 世纪初就开始了，出版了许多研究成果。现在，英国牛津大学还有以其名命名的纪念馆和奖学金，有许多学者仍然在研究他。但是，我国非洲史学界至今还没有一部著作对此人进行过系统研究，在已出版的期刊上针对此人的研究论文也很少。因此，笔者认为通过对塞西尔·罗得斯其人及其殖民经历和殖民思想的深入研究，并将其置于 19 世纪中后期南部非洲宏观的历史图景下进行观照和考察，可以起到以点带面的作用，使我们能够更加深入地理解和把握英国殖民者在南部非洲的殖民历史与殖民后果，剖析英国政府的殖民政策，研究其殖民政策与英国的资本主义发展的关系，了解不同阶段的资本主义所采取的殖民政策之间的异同。通过这个微观的个案研究，笔者希望可以起到抛砖引玉的作用，对更好地理解我国学术界目前关于殖民主义的一些基本理论和命题的讨论，譬如马克思关于殖民主义的"双重使命说"以及在探讨殖民主义的历史负面作用是属于"殖民主义也夹杂着一些消极的东西"还是殖民主义的本质决定等问题上发挥绵薄之力，为我国非洲史的研究和殖民主义史的研究做些力所能及的工作。

在本书的写作过程中，笔者希望能够以史实为基础，客观地、充分地展现塞西尔·罗得斯这个人物身上所具有的复杂性，力争用比较客观和公允的态度来评判其行为。笔者认为，在分析历史人物时任何极端的做法都是错误的。因为正如法国启蒙思想大师狄德罗所言：人是力量与软弱、光明与盲目、渺小与伟大的复合物。现代文学和伦理学都早已注意到这个命题，即人性往往是善恶的组合，承认一个人往往具有善的一面，又有恶的一面。任何人都是善恶组合的矛盾体。正是以此为认识基础，本书力戒对历史人物善恶判断的主观随意，而是以事实为依据，把动机和后果统一起来，力争在对塞西尔·罗得斯的评价问题上不流于形式。

二　研究目标、研究内容和特色与创新之处

（一）研究目标

本书通过对塞西尔·罗得斯殖民事业的个案研究以期丰富我国非洲史，特别是非洲殖民主义史的研究成果。扩大研究的视域，摆脱以往的研究思路，即重宏观层面叙事、重通史写作的状况，而把注意力投向个人，以期通过个人的生活、经历、精神活动来反照所处时代的大历史背景，找

到二者互动的线索和规律。把目光投向个人，关注具体的人在特定历史情境中的境遇与命运，将宏大历史建构细化或碎片化为一个个活生生的人的生活史、心灵史，凸显人在历史发展中的主体地位，这是我国当代史学工作者的任务和使命。因为，历史毕竟是由人来谱写和塑造的。

（二）研究内容

本书以塞西尔·罗得斯作为研究对象，但并非一部个人传记。而是把殖民主义作为一个世界历史范畴，努力从资本主义世界体系的整体结构中，去阐明"中心"国家的发达与"外围"国家的不发达的关系，以南部非洲地区为重点观察对象，研究殖民主义因素对当地的政治、经济、社会和文化的影响。本书主要以1880—1900年塞西尔·罗得斯在南部非洲的经历为线索，力图在解读和梳理原始材料和其他研究成果的基础上，探寻其经济殖民行为与政治殖民行为背后的深层动因，考察二者的互动关系。另外，挖掘塞西尔·罗得斯与英国政府、阿非利卡人、非洲土著部落，以及其他在南部非洲拓殖的国家等的多边关系。此外，还对塞西尔·罗得斯的殖民思想进行了分析。争取梳理一个比较清晰的线索出来，尽可能真实地还原出塞西尔·罗得斯的殖民经历，探讨其政治理想与实践和在该地区现代化进程中的正面与负面作用。最后，以此为基础对其做出恰如其分的客观评价。

（三）特色与创新之处

本书是关于非洲殖民主义史的个案研究，在广泛搜集资料的基础上，以塞西尔·罗得斯这个人物作为突破口，以期拓宽我国殖民主义史的研究领域和视野，丰富研究内容，发掘研究深度，为我国非洲史学科的建设做出自己应有的贡献。此前，关于塞西尔·罗得斯的专门研究，在国内还是空白。国外的研究中关于其人的传记类书籍较多，但从史学工作者角度进行的综合性研究成果还不多，而且观点上的分歧也较大。本书在解读和梳理原始资料和其他学者研究成果的基础上，坚持以马克思主义为指导，本着实事求是的态度，在努力还原塞西尔·罗得斯的殖民经历，公允评价其事迹和行为方面取得了一定的成果。特别是在分析原始资料的基础上，首次比较系统地剖析研究了塞西尔·罗得斯的殖民思想，并以此支撑对罗得斯的整个殖民事业和经历的诠释，具有一定的说服力和创新之处。

三 国内外研究状况

（一）国外研究状况

国外对塞西尔·罗得斯的研究始于 20 世纪初，研究学者主要集中于英、美两国。具有代表性的著作主要如下。

1. 资料类

（1）Vindex 出版的《塞西尔·罗得斯：其人的政治生活与演讲集 1881—1900》（*Cecil Rhodes：His Political Life and Speeches，1881—1900*，1900）。该书的主要特点是搜集整理了 1881—1900 年塞西尔·罗得斯的主要演讲文稿，这些文稿比较清楚地反映了他的政治理想和诉求。在当前塞西尔·罗得斯的信件与文件尚未得到整理与出版之际，显得非常珍贵，是研究他的政治思想与生活的重要的原始资料。（2）罗得斯生前挚友、英国著名报人 W. T. 斯蒂德编辑出版的《塞西尔·约翰·罗得斯的最后的遗嘱》（*The Last Will and Testament of Cecil John Rhodes*，1902）。该书收录了罗得斯最后的遗嘱以及部分罗得斯的信件、演讲内容、谈话和手书内容，因此对于研究罗得斯其人提供了比较珍贵的第一手资料。（3）在牛津大学的罗得斯纪念馆的附属图书馆（the Library of Rhodes House）尚保存有一批涉及罗得斯的文件、书信等原始资料，有的已对外公开。

2. 传记类

关于塞西尔·罗得斯的传记种类较多，比较知名的有：（1）李维斯·米切尔著《尊敬的塞西尔·约翰·罗得斯的一生，1853—1902》（2 卷本）（*The life and times of the Right Honourable Cecil John Rhodes，1853—1902*，1910），该书内容广泛，主要基调是对罗得斯事迹的颂扬；（2）菲利普·朱丹著《塞西尔·罗得斯》（*Cecil Rhodes*，1911），此书作者朱丹曾长期担任罗得斯的私人秘书，对罗得斯十分忠诚。因此，本书的主旨是对罗得斯的颂扬。同时，另一个目的是反击所谓对罗得斯的"不公正、极为邪恶的错误评价"。由于作者与罗得斯的特殊关系，所以在材料的使用上有许多人所不及之处。书中对罗得斯的家庭生活、旅行、与友人的谈话和讨论以及其慷慨与同情心，都有详细与非常熟悉的描写。通过对罗得斯私生活的了解和掌握，朱丹试图探究这位伟大领导者的性格。这本书中的一些材料比较翔实，对于其他的研究者具有十分有益的帮助作用，但书中流露出的浓厚的主观情绪和溢美之词，也是我们阅读该书时必须注意的。(3) 巴兹尔·威廉姆斯著《塞西尔·罗得斯》(Cecil Rhodes,1921)，该书被认为是有关罗得斯的传记中写得比较好的一部，有一定的学术水准。(4) 萨拉·米林著《塞西尔·罗得斯》(Cecil Rhodes, 1933)，该书是一本典型的传记作品，内容简单，适合读者对塞西尔·罗得斯进行初步了解时阅读。(5) 威廉·帕拉莫著《塞西尔·罗得斯》(Cecil Rhodes, 1933)，这是一本篇幅较小的通俗作品。(6) 菲力克斯·格鲁思著《非洲的罗得斯》(Rhodes of Africa, 1957)，该书出版后有学者指出其在研究上存在错误，作者态度有时怀有敌意，并且在某些解释上牵强附会。(7) 洛克哈特和伍德豪斯合著《塞西尔·罗得斯：南部非洲的巨人》(Cecil Rhodes：The Colossus of Southern Africa, 1963)，该书的特点是采用了一些罗得斯的文件和许多新材料，被认为是比较好的研究塞西尔·罗得斯的著作。(8) 约翰·福林特著《塞西尔·罗得斯》(Cecil Rhodes, 1976)，这本书的特点是作者对以往其他著作中的针对罗得斯的传奇进行了祛魅，他试图对关于罗得斯的传奇进行严肃的评价，尽力客观地揭示这种神话膨胀的原因。以前，人们对罗得斯身上兼有的商人角色与帝国扩张者的角色存在争议，即两者之间孰为目的、孰为手段呢？在该书中，福林特认为，扩张帝国才是目的，而赚钱只是手段中最重要的一个方面而已。他明确对经济决定论者和反帝国主义论者关于罗得斯的论点提出了异议。这一点可以看作是这本书中最为重要的一个部分。此外，福林特在书中还对罗得斯的性格做了分析，并对他的性格与其事业的关系进行了研究。作者认为罗得斯的性格兼备了强烈的自负与自私的双重因素，罗得斯对于留名青史的兴趣异常强烈。福林特进一步分析认为，所谓罗得斯的为白人事业的奉献仅仅是为满足他的私欲服务的。总之，这本书的特点在于破除罗得斯作为一个"伟人"的神话。(9) 赫伯特·拜克著《塞西尔·罗得斯先生：其人与其梦》(Sir, Cecil Rhodes：the man and his dream, 1977)，拜克是罗得斯的朋友，也是一位著名的建筑师，曾为罗得斯设计别墅。因此，这本书的主观倾向明显，但可作为研究参考。(10) 布赖恩·罗伯兹著《塞西尔·罗得斯：不完美的巨人》(Cecil Rhodes：flawed colossus, 1987)，该书力求对罗得斯在商业与政治领域的活动进行公正的评价。(11) 罗伯特·罗特伯格著《建立者：塞西尔·罗得斯及其对权力的追求》(The founder：Cecil Rhodes and the pursuit of power, 1988)，这是一本内容广泛的作品，其突出特点是作者倾向于运用心理学的方法来理解主人公的性格。为此，作者还特邀心理分析专家、哈佛大学教授马尔斯·肖进行合作。因此，这本书在方法上是比较新的，另外书中还向读者提供了许多新鲜有趣的细节和材料。（12）苏联学者阿勃伦·戴维逊著《塞西尔·罗得斯与他的时代》（*Cecil Rhodes and his time*，1988），该书的特点是出自一位社会主义国家学者之手，在分析方法上具有不同于西方学者的特点。因此，此书可与其他有关塞西尔·罗得斯的传记作品共同阅读，对于把握传主的完整形象是有好处的。该书还有一个特点是，作者查阅并引用了许多维多利亚时代的出版物作为素材。

3. 内容涉及罗得斯的专题研究类书籍

（1）亨德利·希尔佛斯著《德比尔的故事》（*The Story of De Beers*，1939）。（2）兰格著《南罗得西亚的反叛：对非洲人抵抗的研究 1896—1897》（*Revolt in Southern Rhodesia：A Study in African Resistance*，*1896—1897*，1967）。（3）威廉·盖尔著《一个男人的幻想：罗得西亚的故事》（*One man's vision：the story of Rhodesia*，1976）。（4）阿瑟·琼斯著《罗得斯与罗得西亚：白人对津巴布韦的占领，1884—1902》（*Rhodes and Rhodesia：the white conquest of Zimbabwe*，*1884—1902*）。该书篇幅很大，接近700页，时间跨度从 1884 年英国人来到贝专纳兰开始到 1902 年罗得斯逝世及英布战争结束为止，作者详细描述了津巴布韦被白人殖民占领的过程和细节。该书的一个特点和长处是，作者不遗余力地首次揭示了许多英国南非公司过去不为人知的内幕。（5）约翰·凯布里斯著《皇冠与特许状：早期的英国南非公司》（*Crown and Charter：The Early Years of The British South Africa Company*，1974）。该书的特点是主要叙述了英国南非公司最初四年的历史，之所以如此，是因为作者认为公司最初四年充斥着政治与外交事件，是一段特殊的历史时期。（6）沃哈斯特著《1890—1900 年间英葡在南非与中非的关系》（*Anglo—Portuguese Relations in South and Central Africa*，*1890—1900*）。（7）杰夫·韦特克洛夫特著《兰德大亨：南非矿业巨头的开发与探查》（*The Randlords：The Exploits and Explorations of South Africa's Mining Magnates*，1986）。（8）南非黑人学者本·武·姆恰利著《罗得西亚：冲突的背景》（1967）。该书的特点是由一位黑人学者（祖鲁族）从黑人民族主义的立场上对罗得西亚（津巴布韦）从 19 世纪末白人殖民主义者入侵到 1965 年 11 月白人种族主义者单方面宣布独立这段历史作了扼要评述，对于我们了解黑人学者对罗得斯及英国南非公司的态度具有参考价值。该书中译本 1973 年由商务印书馆出版。(9) 斯蒂芬·坎弗著《钻石帝国——戴比尔斯公司百年风云录》，该书由新华出版社 1998 年翻译出版。(10) 廷德尔著《中非史》(1970)，该书主要叙述了津巴布韦、赞比亚和马拉维的历史，比较详细地介绍了这三个国家沦为英国势力范围的整个过程。由于作者站在资产阶级立场上，从英国殖民地开拓者的角度来写这本著作，因此其部分观点应予以批判阅读。该书中译本由上海人民出版社 1974 年出版。

4. 论文类

针对罗得斯的比较重要的研究论文有以下几篇：(1) 杰夫·布兰尼著《失去的理由：论詹姆逊的袭击》(*Lost Causes of the Jameson Raid*，1965)。这篇文章对 1895 年 12 月 29 日发生的詹姆逊袭击德兰士瓦的事件进行了研究。文章提出一个问题，罗得斯推动该事件发生的动机到底是什么，是经济原因还是政治原因呢？杰夫区分了当时的两种主要类型的金矿开采公司，一种是开采露出地面矿层的公司，另一种是深层挖掘的公司。杰夫认为后一类型的公司支持袭击行动而前者反对，罗得斯的公司属于后者，因此他认为罗得斯支持袭击活动的原因是经济。(2) 费米斯特的论文《罗得斯、罗得西亚和兰德》(*Rhodes，Rhodesia and the Rand*，1974)。在文章中，较之上文作者杰夫·布兰尼，费米斯特把研究时段拉得更长。他认为罗得斯是以资本家面孔出现的，在许多方面他利用了英帝国主义为其在非洲的私人经济行为牟利。他认为罗得斯的行为背后的动机是经济方面的，完全是一个资本主义者的天性使然。由此，我们可以看出以上两位学者的观点与我们前面提及的一些学者观点是有分歧的。(3) 哈佛教授、心理分析专家马尔斯·肖的论文《塞西尔·罗得斯和他的理想》(*Cecil Rhodes and the Ego Idea*，1979)。这篇论文的特点是试图从分析罗得斯的心理与性格入手，进而理解其行为。这篇文章的意义还在于在方法上对以后从事罗得斯研究的学者有一定的启示。

(二) 国内研究状况

20 世纪 90 年代中期以前，殖民主义史在我国学术界基本是一个空白。即使是对外国学者所撰写专著的翻译，也是很少的。就整个国际学术界而言，这个领域的研究也相对落后，过去主要是西方殖民宗主国作过一些研究，大致集中在三个方面：殖民 (移民) 史、帝国史、海外扩张史，其论点大多是为殖民主义做辩护。因此，开拓这个研究领域，是我国世界史学术界一项迫切的重要的任务。令人欣慰的是，这已逐渐成为一种共识。当前在国内的非洲史研究中，殖民主义在非洲的统治史是对非洲进行研究的几个重点之一。个案研究方面比较薄弱，专门研究罗得斯的著作和论文几乎没有。内容上有所涉及的主要有艾周昌、舒运国、沐涛、张忠祥四位学者合著的《南非现代化研究》一书，在探讨南非现代化的催生剂——矿业革命时，该书对罗得斯在南非经济现代化进程中的作用和地位有一定研究。何丽儿著《南部非洲的一颗明珠——津巴布韦》，在介绍津巴布韦历史时，对于罗得斯及其英国南非公司对津巴布韦的侵略和殖民统治有过论述。同时，该书也是我国第一部比较全面介绍津巴布韦历史、政治、经济和社会发展的专著。其他对罗得斯在南部非洲的殖民扩张有所介绍的，主要是郑家馨主编的《殖民主义史（非洲卷）》、艾周昌和郑家馨主编的《非洲通史·近代卷》以及杨人楩著《非洲通史简编》等。此外，内容主要探讨和研究非洲殖民主义并对本篇论文具有一定参考价值的重要著作和论文还有：

1. 高岱、郑家馨著《殖民主义史（总论卷）》，该书内容包括五百年殖民主义的历史进程、西方学术界研究殖民主义的史学概况、殖民主义的分期、殖民主义体系的形成与构成、殖民主义经济特征分析、非殖民化及其影响等。这是一部重要的提纲挈领式的著作。

2. 王助民、李良玉等著《近现代西方殖民主义史（1415—1990）》，对殖民主义在非洲的问题也有比较系统的论述。该书作者认为，殖民主义是西方列强对非西方世界的一种侵略政策，其目的是最大限度地掠夺财富。

3. 李安山著《殖民统治与农村社会反抗：对殖民时期加纳东部省的研究》，该书视角独特，在我国有关殖民主义史的著作中显得很有新意。在战后兴起的新社会史研究中，农村社会反抗成了一个引人注目的课题。这除了与国际学术界对农民问题的深入研究有关，更重要的是战后很多独立的国家是以农民战争或农民反抗的方式赢得政权的。因此，农村地区"叛乱""骚动""捣乱"等字眼被赋予了积极意义，或可解释为对统治阶级的积极反抗，或被看作民族主义的有机部分。这部著作对殖民时期的加纳东部省作为个案研究，探讨那里的殖民统治与农民和农村社会的关系，在方法上很有启发意义。

4. 孙红旗著《殖民主义与非洲专论》，该书选取荷兰和法国作为特例进行典型剖析，重点探讨西方国家殖民非洲的思想根源与现实动机，以及它们掠夺非洲的手段和策略，是当前比较新的一部研究非洲殖民主义史的著作。

5. 另外，还有一些学者从学理的层面对殖民主义的概念、历史评价等方面进行了深入分析，形成了一批重要的研究成果。

如：高岱的《"殖民主义"与"新殖民主义"考释》① 一文，从广义和狭义两方面对殖民主义这一概念进行了阐释。此外，高岱先生关于殖民主义命题的其他文章还有《殖民主义体系的形成与构成》②《论殖民主义体系的终结及其影响》③《英、美学术界有关殖民主义史分期问题研究评析》④ 等。林承节的《关于殖民主义"双重使命"的几点认识》⑤，对马克思的"双重使命"说给予了全面论述，提出了一些具有典型意义的观点。譬如：他认为：（1）在资本主义上升时期，殖民主义促进了世界资本主义的发展，这是资产阶级上升时期的历史进步作用的表现之一。（2）殖民主义对被统治国家在客观上具有社会改造作用。（3）"双重使命"在上层建筑领域的作用。（4）"双重使命"的相互关系问题，即破坏与建设的关系问题。（5）"双重使命"如何实现问题。罗荣渠教授在《现代化新论》⑥ 中，从"一元多线"历史观出发来论述殖民主义"双重使命"的作用。他认为，非西方世界特别是亚洲的古老社会，因为缺少推动社会变革的巨大内在力量，因而即使这些国家和地区早就出现过资本主义的萌芽，但由于"传统结构形成稳定的发展定势，因而即使出现推动大变革的某些条件，也不可能形成突破传统的决定性的推动力。那里向现代化的变革的启动力量来自外部"。这样，殖民主义就成为非西方世界实行现代化的先决条件，殖民扩张的主要影响就在于它促进现代化的作用。梁志明教授、郑家馨教授等人则认为，应客观辩证地理解"双重使命"说，不能把破坏性使命和建设性使命看成相互脱节的两个阶段，而应把它

① 高岱：《"殖民主义"与"新殖民主义"考释》，《历史研究》1998 年第 2 期。

② 高岱：《殖民主义体系的形成与构成》，《北京大学学报》1999 年第 1 期。

③ 高岱：《论殖民主义体系的终结及其影响》，《世界历史》2000 年第 1 期。

④ 高岱：《英、美学术界有关殖民主义史分期问题研究评析》，《历史教学》2000 年第 9 期。

⑤ 林承节：《关于殖民主义"双重使命"的几点认识》，《北大史学》第三辑。

⑥ 罗荣渠：《现代化新论》，北京大学出版社 1993 年版。

看成一个既相互矛盾又相互依存的互动过程，在过程的开端"建设性使命"就寓于"破坏性使命"之中，在整个过程的进程中，"破坏性使命"也同样寓于"建设性使命"之中。另外，值得注意的是这两个使命中都包含着阻碍和促进两种作用的因素，不能简单理解为破坏性使命起阻碍和消极作用，建设性使命才起促进和积极作用。当然，也有一些学者反对"双重使命"说。如董小川就在《关于"殖民主义双重使命理论"再认识》① 一文中认为，"殖民主义在人类历史发展过程中没有什么进步意义"。谢霖在《东方社会之路》② 一书中认为，"殖民主义统治导致历史的大倒退"。

　　总之，从以上分析可以看出，目前我国学术界关于非洲殖民主义史的研究还比较薄弱。在研究方法上也比较陈旧，新方法和新思维还运用的较少。许多著作还停留于宏观层面的大叙述上，对于微观和个案的研究着力不够。有关塞西尔·罗得斯的研究基本上是空白。同时，在学理层面上的问题意识也有待于进一步拓展，以加强所讨论问题的广延度和深度，突出自己的特色和立场。这些都表明当前在殖民主义史的研究领域，我们与国际学术界的研究水平还有较大的差距。当然从另一方面来说，我们的发展空间和潜力也是巨大的。

---

① 董小川：《关于"殖民主义双重使命理论"再认识》，《光明日报》1992 年 10 月 10 日。

② 谢霖：《东方社会之路》，中国社会科学出版社 1992 年版。

第一章　家庭背景及在南非①和
牛津大学的早期经历

第一节　家庭背景及时代状况

一　家庭背景

塞西尔·罗得斯生于 1853 年 7 月 5 日，出生地在英国赫特福德夏郡的比肖普—斯道福德。他的父亲弗朗西斯·罗得斯是赫特福德夏郡圣迈克尔教堂的牧师。据牛津大学罗得斯纪念馆的文件记载，有据可查的塞西尔·罗得斯的家族历史可以追溯到 17 世纪初，其祖上大多以农牧为生。1601 年，罗得斯这一姓氏首次出现在怀特摩尔（位于斯坦福德与克里维之间）的教区人口登记簿上。②

父亲弗朗西斯·罗得斯在成为牧师以前，接受了良好的教育。他是哈罗公学和剑桥大学三一学院的毕业生。在 1834—1849 年期间，他担任爱塞克斯郡布兰特伍德教区的副牧师。他乐善好施，人缘很好，那里的人们都喜欢称呼他为"大好人罗得斯先生"。甚至他还自掏腰包为当地百姓修建了一座小教堂。从 1849 年起，他移居比肖普—斯道福德，在那里一直生活到 1876 年。1878 年弗朗西斯去世。弗朗西斯是一个严守清规的人，有时甚至显得十分刻板。他在向会众布道时，时间一般精确到十分钟，不多也不少。由此，可以窥见他性格的一斑。弗朗西斯结过两次婚。他的第

①　本书中的"南非"除特别指出外，均为地理概念，与 1910 年成立的南非联邦以及后来的南非共和国的简称"南非"有本质不同。

②　*Cowan Papers*（Rhodes House），ch. 12，p. 16.

一任妻子在婚后两年就过世了，给他留下了一个女儿。塞西尔·罗得斯的母亲路易莎·皮考克是他的第二任妻子。1844 年，两人结婚。婚后，他们共生育了九个男孩和两个女孩，其中两个男孩未成年便夭折了。塞西尔在所有孩子中排第五，在男孩中排第三。长子赫伯特是个好动的富有冒险精神的孩子，爱好体育运动。在比肖普—斯道福德的童年岁月里，塞西尔和赫伯特关系最好，两人常形影不离。赫伯特的关于世界和帝国的奇思妙想深深影响了童年的塞西尔。赫伯特被父亲送到温莎公学读书，后来去了南非纳塔尔。次子弗兰克被父亲送到伊顿公学读书，毕业后参军成了英军第一龙骑兵团的战士，参加过在特拉维夫的战役表现勇敢，在乌干达服过役声誉良好，在埃及服役时荣获英军颁发的 D. S. O 埃及勋章受到长官高度评价。哥哥赫伯特死后，在诸兄弟中他和塞西尔关系最为密切。1895年，弗兰克卷入塞西尔导演的"詹姆逊袭击"丑闻中，为此他一度被英国政府撤销上校军衔。后来他被《时代》杂志聘任为驻苏丹特派记者，英布战争期间由于在莱迪斯密斯被围期间表现不俗，而被英国政府恢复上校军衔。塞西尔去世后，其在新马可特的遗产由弗兰克继承。1905 年弗兰克去世。四子欧内斯特后来也参了军，在军中升至上尉军衔。退伍后他去澳大利亚发展。最后，他又来到南非约翰内斯堡投奔兄长塞西尔，协助哥哥在南非统一金矿公司里做事。有关塞西尔的另外三个兄弟的情况，现在知之不详。只知其中两人也参了军，另一人后来去了南非。塞西尔的两个姐姐爱迪丝和路易莎则一直在英格兰过着平静的生活。

　　在未来职业的选择上，父亲弗朗西斯希望他的七个儿子能以他为榜样，都成为神职人员。他挂在嘴边的口头禅就是，"七座教堂里的七个天使"。① 但是后来七个儿子没有一个继承他的衣钵。由于父亲职业的缘故，家里的宗教气氛十分浓厚。父亲非常重视孩子们对"摩西十戒"中第五戒②的遵守情况。男孩子们在很小的时候就会被父亲送到主日学校去接受宗教知识的教育，表现好的孩子会从父亲那里得到宗教书籍作为奖励。塞西尔的母亲是一位非常文雅的富有同情心的女人，她持家有方，喜爱孩子，热衷教区公益事业。塞西尔对母亲非常敬佩，他曾回忆母亲时说：

---

① Basil Williams, *Cecil Rhodes*, p. 8.
② 内容主要是孝敬父母，参见［英］麦克拉斯《基督教概论》，马树林等译，北京大学出版社 2003 年版，第 45 页。

"我的母亲每天有干不完的活，我猜她可能是具有管理方面的天赋，因为她不仅总是把纷繁的家务做得有条不紊，而且还有足够的时间来处理我们小孩子的事情。现在想起来，我们那时一定让妈妈很疲惫。"[1] 塞西尔到南非后还一直给母亲写信，保持密切联系，直到她过世。关于塞西尔的性格，据说很小的时候他就表现得和其他孩子不太一样。在他的小日记簿上写着这样一句座右铭："努力工作抑或无为而亡！"他 13 岁时就对外宣布他将终身不结婚，他说结婚会让人分心，不能去完成生命中严肃的使命。[2] 这些话出自一个 13 岁少年之口的确让人匪夷所思。而且他说到做到，终其一生也没结婚。此外他做事也很有耐心，这一点给哥哥弗兰克留下了很深的印象。[3] 塞西尔到入学年龄时，由于体质较弱，父亲没有把他像两个哥哥一样送入伊顿公学或温莎公学，而是让他在家附近的语法学校读书。对此，多年后塞西尔仍然为没有尝试过伊顿公学或温莎公学的独立和集体生活而感到遗憾。塞西尔在语法学校上学时，学习十分认真，给教过他的老师留下了深刻的印象。在学校的教学科目中，他最喜爱的是历史课和地理课。

　　1869 年，塞西尔 16 岁时，他离开了语法学校，在父亲的直接监督下继续学习。此时，他已经对于未来有了自己的考虑。他在写给姑妈索菲亚的信中说："如果对您也支支吾吾不说真话就是虚伪，我得向您承认在一切职业选择当中我觉得做一名律师最好。尽管我同意您的观点这是一份不安定的职业。其次，我认为做一名牧师也是不错的选择。为了实现两个理想，我必须竭尽全力进入大学才行，因为接受大学教育对于实现这两个理想至关重要。"[4] 从这番话可以看出，较之牧师职业，少年塞西尔更希望长大后成为一名律师。而律师职业是一个纯粹世俗性的行业，它处理人与人之间的关系，解决纠纷、维护契约与权益。因此，可见在职业选择上塞西尔已偏离了父亲当初的期许，表明他更感兴趣的是世俗的、人间的、地上的事务，而不再像父亲那样对虚无缥缈的"天国的事业"情有独钟了。之所以会造成父子间的这种差别，根本原因是受到所处时代环境和社会风

---

① 　J. G, McDonald, *Rhodes—A Life*, p. 4.

② 　J. G. Lockhart and C. M. Woodhouse, *Cecil Rhodes*, p. 26.

③ 　Lewis Michell, *The Life of the Rt. Hon. Cecil John Rhodes*, p. 19.

④ 　Rhodes House Library. Mss. Afr. s. 115.

尚的影响。少年塞西尔的人生理想预示着他将与父亲走上一条不同的人生道路。但是塞西尔进入大学的理想被疾病粉碎了。离开语法学校不久，塞西尔就病倒了。后经家庭医生约翰·爱德华·莫里斯诊断，他患了结核病，肺部已经感染。① 最后，在莫里斯的建议下，父亲决定把塞西尔送到南非去投奔兄长赫伯特，家人希望海上航行和南非清新的气候能治好他的结核病。这样，1870 年 6 月 21 日，塞西尔登船启航远赴南非，从此开始了他一生与南非的不解之缘。

二　时代状况

上面简要介绍了塞西尔·罗得斯的家世与家庭背景，下面笔者拟就罗得斯出生至离开英国去南非治病这一阶段，即 19 世纪 50—70 年代的英国时代状况做个交代，以期从宏观层面和角度出发，更清楚地理解罗得斯的早年经历和早期思想脉络。

（一）工业革命极大地改变了英国的社会经济面貌

19 世纪 50—70 年代的英国正处于第一次工业革命的后期。这场肇始于 18 世纪 60 年代的工业革命是英国历史上一次巨大的经济变革。在经济领域，工业革命的一系列进展使英国的社会面貌发生巨大变化，它标志着工业社会的来临。工业革命既是一场技术革命，也是一场社会变革。从技术层面看，工业革命使社会生产力飞跃发展，经济结构明显变化；从社会层面看，它导致阶级结构变动、人口迅速增加、人口的流动加快和城市布局的新趋势。

有材料显示：1770—1840 年，就冶金业来看，英国工人日均生产率提高了 27 倍。在那些机械化程度较高的部门，劳动生产率则是成百上千倍地增加。工业革命前后，工业部门的生产量、生产率和经济增长速度都是空前绝后的。棉制品、煤、铁等几项主要指标均增长几倍到几十倍。另外经济结构的变化还包括：以机器生产为特点的工厂制度取代了以手工生产为特征的工场制度。工农业之间、地区之间、工业部门之间和部门内部的经济结构都发生了相应变化。

工业革命前，英国经济重心在伦敦为中心的东南部地区。工业革命后，煤铁丰富的英格兰西北部和苏格兰南部出现了曼彻斯特、利物浦、伯

---

① Rhodes House Library. Mss. Afr. s. 115.

明翰等新兴工业城市，并导致人口重心逐渐向西北地区转移。此外，在工农业产值和就业人口方面也发生了巨大变化，说明了工农业结构的改变。1801—1851 年，在英国国民总收入中，农牧业的比重由 31% 下降到 20%，而工业产值则有大幅度提高。全国从事工商业生产的城市居民人口开始超过农业人口，在全世界英国率先实现了由农业国向工业国的过渡。

工业革命还带来一个社会效应，即人口的增长速度加快。1541—1741 年，英格兰人口从 277 万人增加到 557 万人，用了 200 年才增加了一倍。可在 1750—1850 年间，由于国民生活水平的提高，医疗卫生条件的改善和死亡率下降，导致人口增长率提高。1800 年英格兰和威尔士的人口达889 万人，人口增长率突破了 1%。1811—1821 年增至 1.81%。此外，工业革命还引起了社会阶级结构的变化。随着新型工业的兴起和工业资产阶级的出现，人口众多的无产阶级也产生了。工业资产阶级与工业无产阶级的矛盾渐渐成为社会主要矛盾。①

（二）民主化进程逐渐加快

工业化与民主化具有一定的连带关系。因为工业化往往引起社会力量的大变动和新兴阶级的产生，导致旧社会的平衡格局被打破。工业化产生的新的力量要求分享权力，影响国家公共生活。一般来说，工业化完成得越彻底，则民主化的要求越迫切。英国工业革命对于英国民主化进程也起到了重要的助推作用。在罗得斯出生及至成长为青少年的时期，英国虽然在政治上仍然是一个贵族统治的国家，但是由于工业革命的推动，新的阶级的出现，使 19 世纪的英国政治发生了一系列显著变化。贵族对于国家的专权正被来自下层的力量一点点销蚀。为了缓解社会矛盾，这一时期的英国统治者被迫向民众让步进行了逐步的政治改革，以应对民众的呼声。

1. 1832 年议会改革

1832 年议会改革又称"第一次议会改革"，它的起因一是由于工业革命的发生导致工业资产阶级力量的强大，但在政治上却处于无权地位，引起他们强烈不满。二是因为工业革命导致原来英国人口分布重心改变，许多新兴工业城市崛起却无自己的议员。这两个原因导致了议会改革方案的提出。方案的提出实际上说明工业革命的发展、社会经济地理的变化和新兴资产阶级的成长已不能容忍英国当时的陈旧过时的选举制度，是新兴资

① 阎照祥：《英国史》，人民出版社 2003 年版，第 248—256 页。

产阶级与传统土地贵族、大商人和金融家之间为了争取权力而进行的斗争。1832 年议会改革法令规定，56 个"衰败选区"被废除，30 个小选区失掉一个席位。在伦敦和其他新兴城市，新设了 40 多个选区。改革法令使选民增多，在英格兰和威尔士，各郡选民由 20 多万人增至 37 万人，城镇选民由 18 万人增加到 28 万人。全国选民大约增加了 30 万，由 1831 年的 51 万增至 81 万人。另外，选民比例由 5% 提高到 8%。就议会阶级成分来看，议案并未动摇土地贵族的优势地位。[1] 但尽管如此，1832 年议会改革仍然是英国历史上的重大事件，是英国实行政治改革的起点，标志着工业资产阶级从此登上了英国政治舞台。1832 年改革又是一个转折点，其重要意义在于它表明英国已经跨进了民主的门槛。这不仅因为它是历史上的第一次，更因为它确立了英国走向民主的方式，即以渐进、改革的模式向前发展，旧制度在改革中更新，新制度在改革中发展。[2]

2. 人民宪章运动

1832 年议会改革后，由于没有选举权，英国工人阶级不满意于其结果。他们将改革视为骗局，积极进行新的斗争。1836 年开始至 19 世纪 50 年代的宪章运动就是在这样的历史背景下产生的。宪章运动是一场以工人阶级为主体，以争取议会改革为中心任务的群众性民主运动。宪章运动在 1837 年 5 月提出了"人民宪章"的改革法案，要求：成年男子享有普选权；按照代表和人口的比例合理划分选区；取消议员财产资格；议员支薪；代表无记名投票；议会每年改选一次。[3] 由于英国统治阶级的阻挠，宪章运动几经起浮，前后延续达 20 年之久。1858 年 2 月 8 日宪章派召开最后一次代表大会，宪章运动画上句号。宪章运动是英国无产阶级向统治阶级施加的巨大政治压力，它促使政府加快了政治改革的步伐。

3. 政治改革的进一步深入

1832 年的议会改革很不彻底，下院多数议席仍被土地贵族控制，他们在下院占有大约一半的议席，所有地产利益的代表超过 400 多人。[4] 这种情况不论是工业资产阶级还是工人阶级都不满意。最终政府决定让步，

---

① L. Woodward, *The Age of Reform 1815-1870*, 1962, p. 92.

② 钱乘旦：《第一个工业化社会》，四川人民出版社 1988 年版，第 160 页。

③ 阎照祥：《英国史》，人民出版社 2003 年版，第 290 页。

④ 同上书，第 298 页。

于 1867 年 7 月 15 日提出新的改革议案，经议会讨论通过。这就是 1867年议会法，该法案规定使全国选民由 130 万增加到 200 余万。法案再次调整选区设置，46 个"衰败选区"被清除，曼彻斯特、利物浦、伯明翰等新兴工业城市拥有 3 个席位，伦敦选区获得议席。1867 年议会改革的意义在于使土地贵族再次让步，工业资产阶级开始在议会扮演主角，表明工业资产阶级的地位得到了社会的普遍认可。其后，英国政府又进行了相关配套性改革。在议会改革的带动下，文官改革、司法和军队改革接踵而至。这样，在经济革命以后，英国政治也进入了一个改革时代。1855 年文官改革令出台、1870 年通过文官制度改革的第二个枢密院命令、1871年颁布军事改革条例、1873 年颁布最高法院令。

这一系列具有自由主义精神的改革沉重打击了封建政治制度的残余，使英国地主寡头体制趋于瓦解，资产阶级终于得到了与其经济实力相匹配的政治权力。另外，下层民众也从改革中受益，取得了一定的权利，保护了自己的权益。

（三）社会世俗化进程的加快和对人们观念的影响

工业革命带来的一个副产品是它对思想禁锢的破除。因为工业化的本质是对无限发展的追求，因此它离不开思想自由。思想自由是通过社会世俗化这一途径来实现的。我国著名英国史专家钱乘旦先生指出，所谓社会世俗化，是说社会破除思想禁锢，不以信仰作为价值的标准。或者换句话说，人们的行为不再依据《圣经》而循规蹈矩。在英国，社会世俗化进程从"光荣革命"起就开始了。工业革命中，社会世俗化进程的步伐明显加快。其主要表现是人的精神面貌发生了重大改变，人们不再把天国的价值奉为圭臬。现实的价值和世俗利益成为人们考量事物的标准和行为的出发点。决策和判断都不再盲从信仰，而是一切从实际需要出发。工业和科学使人们注重实践，上帝怎么说已显得无足轻重了。这种情况导致人们的生活出现了两重性：在处理实际问题时，人们秉承理性主义，以理性指导行动；信仰已退隐至纯粹的精神领域中。信仰仅是"自我"的私密事务了，它只属于精神领域。在社会交往当中，信仰的束缚作用已大大减弱。这种情况导致了信仰与现实分开，信仰与社会及国家分开的社会世俗化局面的出现。① 人们观念的另一变化是个人主义思潮的凸显。工业革命

---

① 钱乘旦：《第一个工业化社会》，四川人民出版社 1988 年版，第 127—130 页。

时期随着资本原始积累的进一步加剧和社会对个人追逐财富的合法化认同，一种与传统观念大相径庭的个人主义思潮显现出来。由于经济的发展和社会的进步，年轻人不再遵从传统家庭所传授的不切实际的知识和对自己职业与命运的安排。他们乐观地认为，只要拥有技术和财富，任何人都可以在新的开放社会寻找到属于自己的机遇和位置。可见这是对个人奋斗精神的肯定和张扬。

19世纪50—70年代，即罗得斯的青少年时期，如上文所述，此时的英国正处于风云激荡的改革年代。改革带来的一个显著变化是资产阶级甚至平民向以前封闭的上层社会流动的路径逐渐被打通。原来以血缘和出身为准入标准的上层社会，在新兴资产阶级强大的经济力量面前低下了头颅。资产阶级中的杰出人士，借助于议会改革法案和文官制度改革等法令得以踏上政治舞台，从而用他们的意志影响公共生活。约瑟夫·张伯伦就是一个典型代表。张伯伦在成为政治家之前，原来是一个螺钉制造商，是最早从事小商品生产和经营的企业家的典型代表人物。[①] 通过实业致富再进入上层社会，已成为平民获得成功的一条途径。

这个时期的英国社会和政治状况应当深深影响到了罗得斯的生活机遇和价值观的形成。工业革命带给传统社会经济结构的冲击，为他提供了不同于祖辈的以土地资源为依托发财致富的机遇和条件，包括后来他与哥哥能够移民南非，都与工业革命带来的人口流动加快等社会变化分不开。再看后来罗得斯背离父亲的期望，转而热衷实业在南非经营矿业致富，又涉足政坛的历程，我们认为完全有理由相信这是时代精神对个人人生轨迹的影响。罗得斯这位上进的中产阶级子弟在时代风云面前，逐浪潮头，充分发挥个人奋斗的精神，利用时代赋予的条件，走上了与父辈截然不同的人生道路，最终达到了寻常人难以企及的高度。因此，只有从时代背景出发才能更好地理解罗得斯的行为和思想。因为人都是其所处时代的产物，只能在时代赋予的框架内活动。人无法选择时代，只能顺应时代的要求。

---

① ［英］阿萨·勃里格斯：《英国社会史》，陈叔平等译，中国人民大学出版社1991年版，第238页。

第二节　在南非的早期经历

1870 年 6 月 21 日，塞西尔·罗得斯踏上赴南非的旅程，经过 72 天的海上颠簸，他于当年 9 月 1 日顺利抵达英国纳塔尔殖民地的德班港。当时南非已经发现了钻石，哥哥赫伯特由于外出寻找钻石，不能来接塞西尔·罗得斯，于是便委托他的朋友苏瑟兰德先生来接塞西尔。塞西尔被安排到苏瑟兰德先生在彼得马里茨堡的家中，和他们共同生活了一段时间，直到赫伯特回来。

一　1870 年前后的南非形势

1870 年在英国对南非的政策安排方面是个具有转折意义的年份。英国正式在南非立足开始于 1815 年。根据《维也纳和约》，荷兰被迫将其统治了 150 年之久的开普殖民地永远让予英国。在 1815—1870 年期间，英国殖民政府对于开普的政策和其前任荷兰东印度公司一样，主要把精力放在开普及其周围地区，对于当时还没有显现出经济价值的内陆地区兴趣不大。加之北上内陆地区极可能与非洲土著部落发生战争，因此英国殖民政府极力避免采取这一方针，以防止不必要的流血和财政支出。这一政策也影响到英国对于后来建立的两个布尔人共和国（指德兰士瓦共和国和奥兰治自由邦）的态度。由于两个布尔人共和国居民主要从事自给性质的畜牧业和农业生产，使商业和工业的发展极其缓慢，是当时世界各殖民地中经济最为落后的地区之一。因此，英国殖民政府认为它们缺少经济价值，对于向北扩张兼并它们缺少动力。

另一个导致英国政府不急于北上的原因是，在 19 世纪 70 年代前，还没有哪个欧洲强国在非洲对英国形成挑战。葡萄牙尽管在非洲拥有包括莫桑比克和安哥拉在内的广大殖民地，但由于它对殖民地的实际控制力有限，加之葡萄牙国力衰弱，英国根本不把它放在眼里。英国首相索尔兹伯里讥讽葡属殖民地是"考古学"意义上的殖民地，由此可见英国政府当时的心态。[1] 其他欧洲列强在这一时期对英国也不构成威胁。荷兰势力自 1815 年后已基本退出非洲，只在黄金海岸占有一些堡垒（1872 年后卖给

---

① John Flint, *Cecil Rhodes*, p. 9.

英国）；德意志和意大利在 1870 年前，主要精力用于国内统一问题上，无暇于非洲的竞争，在非洲没有殖民地；中欧另一强国奥匈帝国也被国内民族问题搞得焦头烂额，正集中全力维护其自身作为一个欧洲帝国的形式不被破坏；沙皇俄国此时正在专心致力于其亚洲东方殖民地的拓展，也无暇顾及非洲。只有法国此时是英国唯一潜在的对手。但由于 19 世纪前半叶法国经历了震撼人心的 1830 年和 1848 年大革命，加之 1852 年又爆发了拿破仑三世的政变，导致国内政局严重动荡，因此法国也难以在非洲腾出手脚和英国竞争，只能在北非做些动作。而英国在北非埃及、突尼斯、摩洛哥，包括土耳其，利用经济援助和外交压力两手策略，使这些国家听命于英国，因此对于法国在北非的行动设置了障碍。

但是 1870 年后，英国政府针对南非腹地的传统政策趋于瓦解。根本原因也有两个：一是 19 世纪 60 年代后，南非发现了储量巨大的贵金属矿藏，南非国际形势发生了巨大变化。1868 年南非发现了金刚石矿，1884年兰德金矿被发现，给英国殖民者向内地扩张提供了极为重要的动力。英国资本家和移民出于对金刚石矿和金矿的贪婪，强烈要求在内地兼并更多土地，建立殖民地和保护国。在此呼声之后，英国政府一反其半个世纪以来在南非殖民扩张政策上的慎重与迟缓态度，开始采取积极扩张和兼并步骤。[①] 二是 1870 年后由于国内统一问题的解决，德国和意大利开始把目光投向非洲，寻求建立殖民地或保护国；法国在普法战争失败后，由于在欧洲受挫，被迫把注意力从欧洲投向非洲，以期通过占领殖民地、夺取殖民地资源来复兴法国的力量。这种政策转向预示着欧洲列强瓜分非洲的斗争即将到来。英国面对这种情况不能不有所行动，那便是改变以往的政策，向内陆地区挺进扩张，抢夺地盘。

因此，当罗得斯抵达南非时，正是南非历史处于剧烈变动的转折之时。经济上，南非的重要性开始凸显，由过去被人视作没有经济价值的荒蛮之地，一跃成为殖民者、冒险家和白人移民心向往之的天堂和发财致富的热土。政治上，由于金刚石的发现提升了南非的国际地位；加之国际形势的改变，促使英国开始调整了对南非的政策，变过去的无为而治为积极扩张。这一切都为罗得斯的施展身手提供了条件。后来他先是卷入矿业革

---

① 艾周昌、郑家馨主编：《非洲通史·近代卷》，华东师范大学出版社 1995 年版，第854 页。

命中，建立了自己的矿业帝国；然后又充当大英帝国的马前卒，积极为英国在南部非洲和中部非洲的扩张出谋划策甚至身先士卒，牢牢把自己绑缚在大英帝国侵略扩张的战车上，这再一次印证了时代旋律与个人命运的关联。

二　在南非的早期经历

（一）棉花种植的失败

1870 年底，赫伯特回来了，两兄弟终于聚首。赫伯特把塞西尔带到他在乌姆考玛茨山谷的农场，那里地处彼得马里茨堡的南部。安顿下来后，兄弟俩决定在农场里试种棉花，他们应该算是纳塔尔最早的种棉户之一了。南非东西部的气候差别很大。西部海岸由于受到本格拉寒流的影响，全年降水量极少，经常有雾，是沙漠气候区。东部沿海地区气候温和，气温没有急剧的季节变化，而且湿度大，为栽培热带和亚热带喜温作物创造了有利条件。整个东部沿海地带后来成为南非共和国的主要农产区之一。沿海地带具有温和的气候、充足的水分和肥沃的冲积土壤，可以种植柑橘、烟草、棉花、蔬菜和甘蔗。① 但具体到乌姆考玛茨山谷这个地方，虽然它地处纳塔尔，在地理范围上属于东部地区，但情况却有点反常，主要原因是这里缺乏充足的水分，农作物种植主要依靠引水灌溉。一旦灌溉水源不足，就会给农业生产带来致命打击。这是导致后来罗得斯兄弟和其他农户种棉失败的主要原因。

罗得斯兄弟在城里的朋友警告他们，别做那种尝试，因为风险太大。但是他们发现附近农场的主人考内卡姆和波伊斯在棉花种植上已经取得了一些成功，这鼓励他们决定试试。跟朋友们预测的一样，第一年的收成很不好。由于缺少经验，兄弟俩把棉株种得非常密集，造成棉株空间过小，棉株在生长中发生缠结现象。加之，棉田里又发生了毛虫和棉红铃虫造成的灾害，所以许多棉花枯萎死亡了。全部收成只有几包棉花，损失很大。兄弟俩没有气馁，他们吸取了教训决定再试一次。他们把田里的杂草清除后，买回了优质的美国棉籽，又种了 55 英亩的棉花。这回他们加大了棉株之间的行距。另外，每隔 80 英尺他们还辟出一小块地种玉米，目的是

---

① ［苏］莫伊谢耶娃：《南非共和国经济地理概况》，开封师范学院地理系译，河南人民出版社 1977 年版，第 34—37 页。

吸引棉田里害虫的注意力，尽量保护棉花少受损失。经过这些努力，第二年的棉花收成很好，在当地举办的农业展览会上，他们种的棉花还获了奖。初尝成功的喜悦后，兄弟俩打算再接再厉，到1872年底，把棉花种植的范围扩大到100英亩。

农场的生活是单调而艰苦的，但也不失乐趣。赫伯特和塞西尔自己修建了两间小屋，一间作卧室，另一间作储藏和起居室。日常生活上，有黑人仆人照顾。他们和周围的邻居相处融洽，塞西尔还和一个叫华金斯的小伙子成了好朋友。华金斯的父亲是纳塔尔的地方长官。塞西尔和华金斯经常在一起学习，阅读古典作家的作品，谈论牛津大学。这期间，塞西尔暗下决心，等攒足了钱就去牛津大学上学。塞西尔和赫伯特早上起得很早，一天大部分时间待在地里，他们和大约30个黑人雇工一起劳动，从一开始，塞西尔就显示出很会处理和黑人的关系。他对他们态度很好但也不失威严，在他们遇到困难时，他能够及时帮助，因此黑人雇工对他既敬又爱。他在家信里说："我借了不少钱给卡弗尔人，因为又到了缴茅屋税的时候了，他们缺钱。如果你借钱给他们，他们会应你的需要随时来干活，当然除此之外，你还能在他们中间获个好名声。卡弗尔人很讲信用，把钱借给他们时，比借给英格兰银行更安全。"① 塞西尔对黑人的态度获得了回报，他的确在黑人中获得了好名声。黑人经常走很远的路来他的农场干活。

1871年5月，赫伯特抵御不了钻石的诱惑，再次离开农场到金伯利去寻找机会。对于南非当时的钻石狂潮，塞西尔头脑很冷静，他有他自己的看法。他认为期望依靠钻石发财是一种赌博行为。他在写给家人的信中说，钻石是"碰运气的事"，"棉花就不一样了，你照看它们越多，它们回报你就越多。这不单是运气的事，也不是每个人都可得到的。只要一个人有一块不错的土地，能合理地使用启动资金，那就是一条不错的谋生之路。而且你还能在卡弗尔人中间获个好名声。收入也很可观"② 。从这些话可以看出，塞西尔当时虽然很年轻，但在行动上却很有主见，他不喜欢人云亦云随波逐流。虽然他很需要钱实现上大学的理想，但在赚钱方面他不愿意采取投机的方法，这一点在当时的钻石狂潮中很是难能可贵。年纪

---

① Rhodes House Library. Mss. Afr. s. 115.

② Ibid..

轻轻，思想却很成熟坚定，这也许是塞西尔·罗得斯后来成功的一个因素吧。

　　赫伯特走后，塞西尔一个人留在农场里，照看即将成熟的棉花。7月份，棉花采摘了，收成很好，但由于当年棉花价格很低，塞西尔还是没能赚到钱。这个结果对于塞西尔以前的想法是一个重大打击。加之当年一些种棉户因灌溉水源短缺，纷纷离开农场去钻石矿区寻找另外的生路，这一切都使塞西尔十分困惑。好好种棉花，却得不到应有的回报，那么怎么办呢？既然此路不通，塞西尔决定追随赫伯特加入钻石行业，也去试一试运气。

　　1871年10月，塞西尔·罗得斯放弃了纳塔尔的农场，向钻石矿区进发。尽管种棉花失败了，但纳塔尔的农场生活教会他许多东西，让他终身受益。他学会了简单的投资方法。他还学会了如何自己养活自己，如何精打细算地生活。这在当时与他处于同一阶层的英国青少年来说是很少有的。此外在与非洲人的交往中，他也学会了如何管理非洲人。另外，他的健康状况也好转了。

　　（二）到金伯利去

　　1871年秋，塞西尔出发去钻石矿区。路上骑着马，有时坐着牛车。他身上还带着喜欢看的两本书：普鲁塔克的《传记集》和一本希腊语词典。从他原来的农场到钻石矿区有400英里的路程，路上走了一个月的时间。旅程虽然艰辛，但是对于塞西尔开阔视野很有好处，他见识了南非真正的风貌：山川、激流和大草原，所见所闻无不令他新奇和感叹。路上也不太平，他不敢离开无人看管的车辆太久，因为前往矿区的路上常有歹徒和坏人出没，他们会伺机向旅客的行李下手。尽管塞西尔很警惕，他还是丢了部分行李，其中包括他最喜爱的普鲁塔克的著作。①

　　最后，他终于抵达了目的地，考勒斯伯格丘陵（colesberg kopje）这个地方还有个别名叫新拉什，很快又被人们称为金伯利（纪念当时英国的殖民大臣）。塞西尔的哥哥赫伯特在这里拥有三块矿区份地。兄弟刚一见面，赫伯特就把矿区份地的管理工作委托给塞西尔来照看，自己立刻返回纳塔尔去处理那里农庄的善后事宜。18岁的塞西尔被迫挑起了大梁，但他对新环境适应很快，并充满了兴趣。他在抵达不久写给母亲的信中饶

①　Rhodes House Library. Mss. Afr. s. 115.

有兴趣地介绍了矿区的情况。他说："这里是一片广阔的旷野，在其正中密布着白色的帐篷和铁皮制的店铺。在它的另一边是露营地，原野的四周很平坦，到处都长着荆棘树……迄今为止，世界上产量最为丰富的钻石矿就处于这里。一座圆形的小山，其最高处仅比周围的原野高出 30 英尺，其宽度为 180 码，其长为 220 英尺，环绕四周的是大量的白色帐篷，这就是钻石矿的所在地。"在这片丘陵地带当时有大约 600 块矿区份地，矿区劳动力达 10000 人之多，塞西尔在信中把密密麻麻的人群比作"黑色的蚂蚁"。为了满足家人和亲友们的好奇心，在信中他还详细地描述了从采掘、选料、筛选、分类到钻石最后被提炼出的整个钻石矿区的工作流程。他写道："第一步是找到合适的地方，然后把挖出的土块磨成碎末。接着把这些磨成碎末的土块用一个粗糙的钢丝细眼筛子过滤一遍。这样做的目的是让磨细的原料通过，把无用的石子过滤下来，然后把石子丢在一边。下一步就是把过滤出的原料用绞车提出矿坑，然后工人把原料送到分拣台上。在这里首先用一个网孔更小的钢丝细眼筛子过滤原料，把杂质剔除。去了杂质的原料再次被送到分拣台上，这时一位分拣师会用一把小刮刀把原料摊平在工作台上，用刮刀在原料里一遍遍刮捡，发出轧轧的声音。发现钻石一般通过这么几个途径：一般大钻石是在矿坑里被黑人矿工直接发现，也有是分拣出来的；小钻石基本都是在分拣台上选出的。……钻石都是在这些旁有河流通过的小丘陵发现的，因此它们很可能是被水流带到这里的。金刚石矿的四周都是矿脉，钻石就是在那里发现的。矿脉是有用的土壤，它的上层是红沙，下面依次是黑色和白色石页岩，产钻石的土壤就在矿脉里。如果要我打个比方的话，我觉得矿脉构成很像（英国）斯蒂尔顿干酪……矿坑很深，几乎不见底，发现钻石的地方一般都在地下 70 英尺。你们知道这里的钻石储备是多么丰富吗？告诉你们吧，一般一个优质矿平均可从分选的一车原料里得到一块钻石，而一车的量大约是 50 吊桶……"[1] 信里的语言老道，透露出与年龄不相称的成熟。他还充满预见地说："未来某天，在如今曾经是山的地方，我们会看到丘陵变成了大盆地（钻石矿坑）。"从他在信中对周围事物的描述和对形势的判断来看，塞西尔已经显示出了异于同龄人的非凡的敏锐力和对新事物的旺盛的好奇心以及很强的适应能力。三个月前，他写的家信还是以棉花作为主要话

---

① Basil Williams, *Cecil Rhodes*, pp. 26-29.

题，现在则变成了钻石。在哥哥的份地上，他亲自采掘矿石，筛选、分类矿石，拣出钻石，最后出卖钻石。在信中，他说："星期六我拣出了一块重17.5—17.8克拉的钻石，它有点小小的破损，我希望可以卖得100英镑……现在每周我可以平均拣出30克拉的钻石。"①

　　总之，在赫伯特不在的日子，18岁的塞西尔完全依靠自己的能力帮助哥哥管理和经营他的矿区份地，同时，还要与矿区里的形形色色的人打交道。矿区的生活像一座简陋的进修学校，促使塞西尔快速成熟起来。几个月后，当赫伯特带着另一个兄弟弗兰克回来时，塞西尔已经十分老到了，以至于一些不相识的人认为塞西尔才是哥哥。② 弗兰克在写给家人的信中提到他初次见到塞西尔时的情景，"我们（指他与赫伯特——笔者注）找到他时，他正带着律师在测量矿区份地，他正对邻近的一个份地的主人大发雷霆，因为那人侵犯了他的地界……我想要是爸爸得知塞西尔控告别人的消息的话一定会感到惊讶"③。不仅如此，在别人的眼里塞西尔也是个很有个性的小伙子。罗得斯的一个业务伙伴诺曼·贾斯丁也谈到了他对罗得斯的印象。他说："（罗得斯是个）喜欢沉思的金发小伙子，常把手插在裤子口袋里，坐着时喜欢两腿交叉，想问题时对周围人的谈话显得很不在意，有时会一言不发地站起来就走，对于心中的目标他会努力去寻求。性格上属于复合型，喜怒无常的安静和爆发的冲动在他身上都有，时常会显出热情与狂暴的感情。但在努力达到目标时，他又会仔细慎重地设计他的计划。有时他会自己给自己出难题，习惯于从另一个侧面看问题。我想今后这可能对他的事业有很大帮助。"从这番谈话中，我们不难看出青年罗得斯是个特立独行的人，爱思考，有主见，行动上既有年轻人的热情和冲劲，又不乏中年人的成熟与稳健，与同龄人显出很大的区别。也许正是这种性格，最终成就了他后来在事业上的成功。④

　　塞西尔在哥哥不在金伯利的日子，工作十分勤奋，而且效率也很高。他一边经营赫伯特的份地，另一边还在其他份地主人资金短缺时找机会投机他们的份地。因此，尽管他未找到大钻石，但是收益还是很不错。由于

① J. G. Lockhart and C. M. Woodhouse, *Cecil Rhodes*, p. 42.

② Ibid., p. 43.

③ Basil Williams, *Cecil Rhodes*, pp. 30–31.

④ J. G, McDonald, *Rhodes—A Life*, pp. 21–22.

塞西尔脑子灵活很会做生意而且运气也很好，渐渐地在矿工中间有了一些名气。甚至"罗得斯的运气"成了一句口头禅在矿工们中间流传开了。塞西尔在信中告诉母亲说，"我现在平均每周可以赚100英镑"。弗兰克在写给家人的信中也证明了塞西尔干得不错，他说："马里曼先生把塞西尔表扬得上了天，他说塞西尔拥有了不起的商业才能，在赫伯特离开的日子，他把各项工作管理得井井有条，大家都非常喜欢他。……他还说大多数年轻人干到那个份上一定会骄傲自满，但塞西尔和他们恰好相反。"①

　　矿区的生活内容并不只是干活，在这里塞西尔还交了几个朋友，有的甚至成为终生的莫逆之交。除了前面提到的在乌姆考玛茨时的朋友华金斯外（他比塞西尔早一点来到金伯利矿区），在这里他还结交了约翰·马里曼和查尔斯·拉德两位朋友。约翰·马里曼的父亲是一位主教，他是一位有教养的年轻人，喜欢谈论政治学、古典文艺作品和历史。马里曼后来成了开普议会的议员。当时他和塞西尔经常骑马游玩，他俩立下誓言，以后要一起从政参与公共事务的管理工作。另一位朋友查尔斯·拉德出身英国北安普顿郡一个贵族家庭，在哈罗公学和剑桥大学三一学院学习过。他到南非来的最初动机和塞西尔·罗得斯一样，也是因为健康原因，遵照医嘱到南非疗养的。他来南非后，最初五年过着漂泊冒险的生活，后来才来到金伯利一试身手。他是一个工作上有条理、人品上信得过的年轻人。他成为塞西尔·罗得斯的商业伙伴，双方保持着终身友谊。认识罗得斯后，他们共同进行着金刚石矿的开采与钻石销售工作。其间，在经营上遇到困难时，拉德还和罗得斯合伙做过冰块生意，他们用机器造冰，然后把冰块卖给矿工们。

　　1872年，也就是在赫伯特和弗兰克从英国返回后不久，塞西尔病倒了。医生诊断为轻微心脏病，并警告说有加重的趋势。由于此病可能是过分劳累造成的，于是赫伯特决定让弗兰克和拉德留下照管矿区份地，他向别人借了一辆马车和两头公牛，带上塞西尔向北方旅行。赫伯特希望旅行可以让塞西尔恢复健康。8个月的北方旅行是塞西尔人生的又一个转折点。旅行中的淡然与闲适让塞西尔的身体慢慢好了起来。兄弟俩沿着"传教士之路"进入贝专纳兰，路上走得很慢，最远他们到了马弗京。在马弗京他们折往东方，然后再接着向北进入马拉巴斯太德（Marabastad）

　　①　J. G. Lockhart and C. M. Woodhouse, *Cecil Rhodes*, p. 46.

和默奇逊河流域，那里据说发现了黄金。这次漫长的北方旅行使塞西尔·罗得斯丰富了有关南部非洲的知识，加深了对南部非洲的土地、人民和各种动物的认识。在旅途中，他还结识了一些布尔农民，他和他们相处比较融洽。这应该是塞西尔·罗得斯最早接触布尔人的记录。旅行带来的另一个结果是，塞西尔·罗得斯头脑中的一个模模糊糊的想法逐渐成形。那就是，他必须赚钱而且要尽快发财致富，以帮助他成就某项事业，通过这项事业使他的思想变为现实。① 至于那项事业究竟是什么，当时他自己也不清楚。1873 年 10 月，他在写给他在纳塔尔的老朋友苏瑟兰德的信中阐明了这种困惑。他说："未来我是否会成为一个乡村牧师现在还不清楚。"这里我们需要注意的是，他甚至没提当初和姑妈说的最心仪的律师职业。由此我们可以推断随着年龄和阅历的增加，塞西尔·罗得斯在到南非以后已经逐渐改变了当初在英国时的理想，他在金伯利找不到自己未来理想的答案，也许在牛津可以找到它。

第三节　在牛津的求学经历及思想变化

一　求学经历

塞西尔和赫伯特从北方旅行回来后，兄弟俩都在为未来做打算。赫伯特已经厌倦了钻石行业，他下定决心去北方（德兰士瓦）产金地重新开始自己的事业。他把自己的矿区份地卖给塞西尔，永远离开了金伯利去了德兰士瓦。兄弟俩后来再也没有相见，赫伯特因事故于 1879 年死于尼亚萨兰（Nyasaland，今马拉维）。塞西尔也决定暂时离开金伯利，此时他已经拥有了一万英镑的财产，付得起牛津大学的学费了。他想实现自己以前的梦想，去牛津读书，获得梦寐以求的教育经历。于是他把钻石矿区份地委托给查尔斯·拉德管理，自己和弗兰克于 1873 年夏天乘船返回英国。

进入牛津并非一帆风顺，塞西尔·罗得斯先是试图申请进入牛津大学的大学学院，但由于他的希腊语和拉丁语成绩没有达到该学院的要求而遭到拒绝。他转而申请进入奥伦尔学院，该院院长华金斯博士是塞西尔·罗得斯在南非的朋友亨利·华金斯的亲戚，这样他最终得以在当年 10 月进

---

① J. G. Lockhart and C. M. Woodhouse, *Cecil Rhodes*, p. 47.

入奥伦尔学院，成了一名牛津学生。从当时人的眼光来看，罗得斯实为牛津的一名非同寻常的学生，因为没有哪个学生像他那样付出那么大的努力供自己进入大学。当时的英国大学和美国大学不同，它们从来不鼓励年轻人自食其力进入大学，牛津大学尤其如此。在当时，罗得斯几乎是唯一一个靠着自己的财力进入牛津大学的学生，完全可以说，他是自己把自己送入牛津的。

由于身体的原因，罗得斯的牛津生涯也是断断续续地拖了八年，不像其他同学那样一气呵成，这也是他另一个非同寻常之处。他只在牛津大学上了第一个学期的课就由于健康原因被迫于1873年圣诞节后返回金伯利。回到金伯利后，由于要处理生意上的急迫问题，他在那里整整待了两年（1874—1875年）。重新回到牛津大学已是1876年，他上了春季学期等三个学期的课。1877年，他上了所有学期的课。1878年1月后，他在牛津上了两个多学期的课。直到1881年，他上完了10—12月最后一个学期课后，才终于拿到了牛津大学文学士的学位，而此时他已是开普议会的一名新议员了。

牛津大学的办学理念和教育模式很对罗得斯的胃口。19世纪70年代的牛津大学仍属于一个封闭性的精英团体，其宗旨是要把年轻的绅士们培养成合格的帝国统治者，大学自身也以未来统治者的保姆自居。当时牛津大学的优势学科属人文学科。① 这样，牛津大学实际成为英国青年通往权力和上流社会的跳板。对此，罗得斯深为羡慕。他曾对别人讲："你们曾经想过为什么在政府各部门都拥有人数庞大的牛津毕业生吗？牛津大学的教育体制似乎很不切合实际，可是你们只要看一看周围，看一看英国各地，就会发现：除了在自然科学领域，处于顶峰地位的还是牛津人。"② 从以上话语可以推测出，罗得斯渴望上牛津的主要动机并不在获取知识，而是希望进入这个小圈子给自己镀金，为将来跻身英国上流社会奠定基础。

牛津大学除了向罗得斯提供了大量阅读经典作品的机会外，学校还喜欢经常在学生中开展辩论。罗得斯认为这种学习方式锻炼了他的才智，通过这种方式他可以在任何感兴趣的问题上理清思路。学校的生活严肃而不呆板，这深深吸引了他。他在这里接触到迥异于以前在斯道福德和金伯利

---

① John Flint, *Cecil Rhodes*, pp. 21–22.

② Ibid. , p. 23.

的社会氛围和思想方式。

二　思想变化

牛津求学时期正是罗得斯风华正茂的青年时期（20—28 岁），其思想上的最大变化是由 20 岁以前的对人生和理想的不稳定或模糊认识阶段进入到一个稳定的、认知清晰的时期。其最主要的表现就在于他终于找到了在南非时困惑自己良久的所谓"事业"或"终极目标"的答案。那就是，为英帝国的殖民扩张而奋斗终生！这一思想的最终形成受到了来自社会风潮和牛津大学校园文化的双重影响。

（一）社会风潮的影响

从 19 世纪 70 年代起，英国的世界霸权地位逐渐丧失，英国便加紧了在世界各地的殖民征服和统治。19 世纪 70 年代是保守党首相迪士累利统治的全盛时期，他以所谓强硬的、新的帝国信条取代了原来格莱斯顿的自由党政府的殖民政策。格莱斯顿统治时期，英国尚可保留工业霸权，因此他将殖民地视为"套在帝国脖颈上的磨盘"看作累赘，在发动侵略战争、夺取殖民地的问题上常常犹豫不决。到了迪士累利统治时期，由于英国国力下降，这种政策难以为继了。保守党政府四面出击，除了把印度作为重中之重外，它还把目光投向非洲，加紧了对非洲的军事侵略和经济渗透。1875 年，迪士累利不经议会同意，私自向英国银行家举贷巨资，购买了苏伊士运河的大部分股票，为英国在北非取得了最重要的立足点，赢得了资产阶级的喝彩。[1] 英国民众的民族主义情绪也被这一系列的行动调动起来，并形成一种强烈的帝国主义风潮。[2] 罗得斯深受这股社会潮流的感染，全心全意地支持政府的所谓每一个进取性的举措，反对在殖民地问题上的优柔寡断。这表明在政治立场上，他完全赞同迪士累利政府的殖民扩张政策，在思想上已俨然成为一名扩张主义者。

（二）牛津大学校园文化的影响

在牛津大学，对罗得斯影响最大的教师是约翰·罗斯金。约翰·罗斯金（1819—1900 年）是英国著名作家、评论家和艺术家，牛津大学美术教授。他博学多产，是个百科全书式的学者，其作品对维多利亚时代公众

---

① 钱乘旦、许洁明：《英国通史》，上海社会科学院出版社 2007 年版，第 304 页。

② J. G. Lockhart and C. M. Woodhouse, *Cecil Rhodes*, p. 51.

的审美观点产生了重大影响。但就是这样伟大的富于正义感和改革精神的学者，竟然在性别问题上对女性持歧视态度。他认为男子具有性别上的优越地位，宣扬男子是实行者、创造者、发现者，而妇女只能受指使和表示顺从。在种族问题上，罗斯金宣扬盎格鲁—撒克逊民族优越论。他在牛津大学发表的就职演说里鼓吹盎格鲁—撒克逊民族具有最好的北方血统和坚毅的性格，命中注定就该统治其他民族。他号召牛津的学生们加入到英国殖民扩张的大军里去，在尽可能多的地方，以尽可能快的速度为英帝国建立更多的殖民地，让英国移民到那里去生活。① 除此之外，罗斯金在课堂上还大肆宣扬所谓新的美的原则和为公共事业服务的信条。他的课总是人满为患，水泄不通，其政治思想深深影响了牛津大学的学生们，并形成一种校园文化。② 罗得斯也成为罗斯金的热烈追随者，对罗斯金的殖民扩张学说深为服膺。他在一张小纸片上草草写了几句话，以对罗斯金的思想进行释义，他写道："人们有各种各样的本性的冲动，它指导着人们的行为。这些本性冲动包括：宗教、爱、赚钱、野心和艺术创造等等。但我从人性的角度去审视这一问题，我觉得你应该反复思考它，一旦决定了它就是你要寻找的至善的话，就要用尽全力去努力而为之。C. J. 罗得斯。"③ 那么也许可以认为，罗得斯的这一至善或本性的冲动就是要为帝国扩张而尽力，这也就是他在南非时思考的他应从事的"事业"的答案。关于这一点，在1877年罗得斯立下的第一份遗嘱里有更加清晰的表白（关于其第一个遗嘱的问题，笔者将在后面的章节中给予详述）。罗得斯在这份遗嘱里阐明了他的最高理想和主要政治见解，即：建立一个类似耶稣会的秘密团体，这个团体由一些杰出的英国青年组成，它将为举世无双的目标而奋斗，那个目标就是推进不列颠帝国的扩张事业，把整个不文明的世界置于不列颠的统治之下，从而消除战争，为人类带来永久和平。这份遗嘱的出台表明罗得斯在时代风潮的背景下，正式继承了罗斯金的种族优越论的衣钵，标志着具有自己特点的扩张主义思想的初步形成，也标志着罗得斯的人生风向的最终确定。下一步就是为了实现这个所谓的"理想""事业"或"至善"而行动了。

---

① ［美］斯蒂芬·坎弗：《钻石帝国》，洪允息译，新华出版社1998年版，第72页。

② J. G. Lockhart and C. M. Woodhouse, *Cecil Rhodes*, p. 50.

③ Ibid..

第二章　建立钻石王国和金矿公司：为实现政治抱负奠定经济基础

前文述及，塞西尔·罗得斯与一般南非淘金客不同的是，他不把赚钱发财作为人生的终极目标，他认为赚钱的目的是服务某项"事业"。他在南非金刚石矿区苦苦寻觅不得这个所谓"事业"的答案，于是决定去牛津读书，因此去牛津的目的之一就是要解开这一疑惑。来到牛津大学后，由于牛津的精英主义办学理念以及19世纪70年代英国社会的帝国主义狂热逐渐升温，特别是由于他最崇拜的教师约翰·罗斯金的政治思想的影响，导致他幡然醒悟，认为自己终于找到了这个所谓"事业"的答案。那就是：为了大英国帝国的殖民扩张而奋斗终生！这一思想形成于他1877年的第一份遗嘱，即《我的信仰的声明》（以下简称《声明》）。在其中他有明确无误的表示。他在《声明》中主要表达了两层意思：(1)在他死后，将其财产交由英国殖民大臣和他的朋友西德尼·希帕德（后来的贝专纳兰代理专员）掌管，用以完成其遗愿。(2)其遗愿即：将整个世界置于英国统治之下，收复美利坚合众国；将盎格鲁—撒克逊人置于一个帝国统治之下；建立一个耶稣会式的秘密组织，它将由杰出青年组成，以完成上面的计划。

发表《声明》时，塞西尔·罗得斯只有区区24岁，也许有人会以为这份遗嘱涉及的内容完全是带有孩子气的不成熟的狂想。但情况并不如此简单，因为从其以后的人生轨迹和活动来看，可以认为是以《声明》中的思想为指引的。因此，可以倾向于认为自1877年后塞西尔·罗得斯的经济行为具有明确的政治目的，是为其政治理念服务的，即为了实现其政治抱负而夯实经济基础。从这一角度出发，我们认为在身份认定方面，塞西尔·罗得斯身上具有的政治因子的分量要大于经济因子的分量。他的人生主要旨趣在于以经济活动（赚钱）为手段从而最终达到影响公共生活的政治目的。

　　这一章的主要目的就是要对罗得斯 1877 年后的主要经济活动做个梳理，因为这些经济活动是其在非洲殖民事业的重要组成部分之一，对其政治活动的开展具有推动与帮助的意义。

第一节　建立钻石王国

一　建立德比尔斯矿业公司

　　上一章曾经提到，年少的塞西尔·罗得斯在帮助兄长赫伯特照管矿区份地的时候，就学会了投机别人份地的本领。自他与拉德结为好友后，在拉德帮助下，从 1873 年开始，他们加大了合并别人份地的行动力度。在别的份地主人经营不善或遇到困难时，他们通过出资收购的方式，将一些小份地置于自己的控制之下。当时除金伯利外，附近还有三个金刚石矿区，分别是：德比尔斯矿区、伯尔特方丹矿区和杜托伊斯潘矿区。罗得斯和拉德的兼并行动主要在德比尔斯矿区进行。[1] 从动机来看，当时他们的兼并行为与后期的南非金刚石矿区的大兼并还有区别。可以说，在成立德比尔斯公司前，罗得斯的兼并活动更多是受到了扩大经营规模、最大化增加经济利润的动机驱使，对于垄断经营的好处还没有清晰的概念。这与德比尔斯公司成立后的一系列兼并活动的指导思想存在显著差异。

　　当时在德比尔斯矿区，塞西尔·罗得斯主要有两个对手，一位是弗里德雷克·菲得普森-斯道先生，另一位是罗伯特·英格里希先生。[2] 罗得斯拿出了一个很长的建议合并的提案向这两人展开利诱与威胁，最终迫使两人于 1880 年 3 月同意。这样，罗得斯趁热打铁，于 1880 年 4 月 1 日正式向外界宣布成立德比尔斯金刚石矿业公司，简称德比尔斯矿业公司。该公司注册资金为 20 万英镑。罗得斯为新成立的公司绘制了宏伟的蓝图。他写信告诉一个合伙人说："我们的公司完全有可能永远存续下去，过去有人担心矿藏即将告罄，现在这种担心正在迅速冰释。……我想提请您注意，就其规模而言，这个公司现在是最合适的，而且种种迹象表明它将永久存在。因为仅就目前已经探明的矿藏深度来看，我们的金刚石矿按照现

---

[1]　Apollon Davidson, *Cecil Rhodes and His Time*, pp. 61-62.

[2]　Ibid., p. 62.

在的生产进度需要一百年才能开采完毕；而我们当然不知道它究竟还有多深。"① 在德比尔斯矿业公司里，罗得斯一开始就获得了一个重要的位置，他当选为公司秘书。这是一个拥有公司相当大权力的岗位。② 塞西尔·罗得斯很会钻营，只用了 3 年时间，至 1883 年他已成为德比尔斯矿业公司的主席。时年 30 岁刚刚而立之年，他就已经在这个新兴的行当名利双收了，这不可谓不是一个奇迹。到 1885 年，据说他的年收入已达 5 万英镑。

从 1882 年开始，德比尔斯矿公司利用自身优势，借助合适的社会经济条件，开始了对德比尔斯矿区其他小份地的大规模兼并活动。当年爆发了一场席卷资本主义世界的经济危机。这次经济危机带给南非金刚石矿区小矿主的打击是灾难性的。当时在金伯利矿区，由于常年开采，已形成了一个 300 英尺深的巨大矿坑。在德比尔斯和其他矿区，这种情况也存在。更为严重的是，由于常年开采致使矿脉塌方现象出现。到 19 世纪 80 年代初，几百万立方英尺的矿脉塌陷致使南非金刚石矿区里一半的矿坑被掩埋。面对这一紧急情况，矿业委员会（矿主自发组织的矿区管理组织）和一些富裕矿主立即采取了清理塌方的措施，但由于塌方数量巨大，这个办法完全行不通。矿主们逐渐明白，唯一的也是代价昂贵的解决办法就是在塌陷矿脉的下方嵌入升降井，在被掩埋的矿坑下开始地下作业，而这必定会带来金刚石产量的下降和其他一系列麻烦，因此只有最强大的公司才能在这次大灾难中存活下来。工作面不断深入地下，这就要求使用昂贵的机器设备和排水措施。即便如此，工作效率也受到影响。小矿主们既缺钱，又缺乏机器设备，面对这种状况束手无策。大公司则趁机展开了对它们的收购活动，小矿主们难以抵御这种进攻，一家接一家倒闭了。这样到 1885 年底，原来拥有 3600 个矿区份地的南非金刚石矿区就集中到了 98 个所有者手中。布隆方丹和杜托伊斯潘因为受塌方影响小一点，集中程度相应较低，分别还有 30 家和 37 家所有者（或公司）。在德比尔斯矿区只有 10 家所有者，在金伯利矿区尚有 19 家。由于兼并了越来越多的小矿主的份地，德比尔斯公司的资本上升很快，到 1885 年已达 84 万英镑。但即使矿区拥有者的数量减少了，也还不能从根本上完全解决所有问题。总计达 98 家的独立开采单位拥挤在区区 70 英亩的矿区各自作业，无论在资金

---

① ［美］斯蒂芬·坎弗：《钻石帝国》，洪允息译，新华出版社 1998 年版，第 104 页。

② Hedley A. Chilvers, *The Story of De Beers*, London, p. 48.

还是效率方面都是巨大的浪费。另外新的地下开采方法的引进也带来了新的问题。这个问题就是：矿区割据的格局导致不是在每个矿里只设一部主要的升降井，而是每个公司都有自己的升降井，挖掘坑道造成矿主们的矛盾增加，他们经常互相指责对方侵占己方区域。巴尔纳托后来对这种混乱现象作了解释，他说："为什么地下作业那时没取得成功呢？因为公司总是互相为敌。那就是说，如果一家公司在地下 500 英尺作业，它的对手公司就会偷偷地蚕食他们相邻的界墙和支撑柱，以致会到这么一种危险程度，即整个矿都处在随时随地崩塌的危险当中。"因此，只有实行矿区大兼并才是从根本上解决这一困难的唯一办法。①

二　建立德比尔斯联合矿业公司

随着德比尔斯矿业公司实力的扩大，罗得斯渐渐产生了要控制整个金刚石矿区的想法。到 1887 年，他的公司已吞并了德比尔斯矿区的其余 9 家小公司，基本统一了该矿区。从 1882 年至 1888 年，伴随着不断的兼并过程，罗得斯对公司也进行了富有成效的管理。罗得斯非常重视人才在企业发展中的作用，为此他高薪聘请了一批优秀的矿业工程师和管理人才协助他工作，其中比较著名的有美国工程师加德勒·威廉姆斯。1877 年，他聘请威廉姆斯担任德比尔斯矿业公司的总经理，此人以前曾担任英国著名财团罗斯柴尔德财团的顾问，后来在大兼并过程中成功帮助罗得斯战胜了另一位矿业大亨金伯利中央矿业公司的老板巴尔纳托。外来人才给公司带来了先进的技术和节约劳动力成本的各项措施，在他们的建议下，公司还买进了当时最先进的机器设备投入生产。这样一来，德比尔斯矿业公司的收益明显上升，不仅弥补了当初高昂的初始资本投入，还有很大盈余。在 1882—1888 年期间，德比尔斯矿业公司每生产一克拉钻石的成本从 16 先令 12 便士下降到 7 先令 4 便士。②另外一个有利于公司增加收益的措施是罗得斯在对黑人矿工的管理上发明了矿工院制度。当时的确有部分黑人矿工抵御不了钻石的诱惑，在矿场偷窃钻石，然后再拿到黑市贩卖。据矿主们估计，仅一年间就有大约价值 72.5 万英镑的钻石被偷窃。罗得斯正是以此为借口开始实施矿工

① Basil Williams, *Cecil Rhodes*, pp. 93-94.

② Ibid., p. 94.

院制度的。德比尔斯公司把黑人矿工囚禁在四周拉有铁栅栏或带刺铁丝网的营地里，工人工作生活都在里面，在劳动契约到期前不许自由出入，工人的一举一动都受到严密监视。契约到期的工人在离开矿工院时，还要被剥得一丝不挂接受公司人员的检查。德比尔斯公司辩解说，矿工院制度有利于黑人工人的身心健康，他们在矿工院里受到良好的对待，可以花很少的钱吃到不错的饭菜，更为重要的是可以隔绝他们和酒精的联系，这可以替他们省好多钱。但无疑，不论以何种说辞做解释，这种制度都是对人性尊严的侮辱与践踏。正是通过以上这些手段，德比尔斯矿业公司在当时整体钻石市场不景气的情况下依然稳赚不赔。在1882—1888年间，钻石的市场价已从最初的每克拉30先令下跌到18先令11便士，但德比尔斯矿业公司的资本却从1882年的20万英镑上升到230多万英镑。[1] 在罗得斯的努力之下，公司开采成本下降了2.5倍，公司股息增长了8倍，公司资本几乎增长了12倍，达到233.2万英镑。[2]

但是，罗得斯和他的同伴绝不是唯一在南非金刚石矿区实施兼并的人。当时，还存在其他实力雄厚的公司。由于多头竞争、市场无序造成钻石产量不断增加，难以控制，其直接后果就是钻石在世界市场上的价格下跌。仅仅五年间，价格已下降了三成。罗得斯明白这只是开始而已。罗得斯对钻石制品的市场需求有自己的看法。他认为其实这个市场是非常有限的，大宗买卖少之又少。市场的绝大部分顾客是即将结婚的新郎们。按照习俗，他们会买一枚钻戒送给自己的新娘。罗得斯估计，仅在欧洲和美洲大约每年有400万对新人结婚。换句话说，也就是需要400万颗钻石。钻石每克拉的价格大约为1英镑，那么400万颗钻石加起来也就是大约400万英镑的价值。罗得斯估计，这就是整个世界钻石市场的年生产能力。如果价格上扬，则卖出的钻石数量会下降，如果价格下跌，则销量会上升。但罗得斯认为，不管怎样，总价值都会在400万英镑左右。罗得斯据此得出结论：钻石市场绝不是无限的，对付价格下跌的唯一的解决办法就是由一家公司兼并整个金刚石矿区，将其置于统一管理之下，控制产量和价格，以适应行业发展的需要。

---

[1]　Basil Williams, *Cecil Rhodes*, p. 94.

[2]　Apollon Davidson, *Cecil Rhodes and His Time*, p. 79.

　　从 1887 年起，罗得斯开始着手统一整个南非的金刚石矿区。此时，罗得斯面对的一个最主要的敌手是处于金伯利矿区的金伯利中央金刚石矿业公司的老板巴尼·巴尔纳托。巴尼·巴尔纳托年龄约比罗得斯大一岁，是一名英国犹太人。为了寻找生计于 1873 年来到南非，刚开始换过很多行当，后来才投身金伯利的钻石行业。1876 年是他一生中的重要转折。这一年，他用积攒下来的 3000 英镑在金伯利矿区一下子购买了 4 块份地。① 巴尔纳托入行虽比罗得斯晚，但经营上却具有犹太商人特有的精明，因此事业进步很快。随着资本的增殖，他于 1878 年组建了巴尔纳托金刚石矿业公司。不久后又把这个公司改造为更大的金伯利中央金刚石矿业公司，巴尔纳托本人也因此成为金伯利矿区举足轻重的人物。尽管罗得斯不愿意承认，但事实上德比尔斯公司在实力上与金伯利中央金刚石矿业公司相比是稍逊一筹的。在个人财富上，巴尔纳托也比罗得斯更富有。当 1885 年，罗得斯告诉其朋友他的年收入是 5 万英镑时，巴尔纳托的年收入已接近 20 万英镑了。因此，巴尔纳托成为罗得斯兼并道路上的最大绊脚石。巴尔纳托对未来金刚石矿区即将到来的大兼并也看得很清楚，但他对自己公司很有信心，认为可以应对来自德比尔斯公司的各种挑战，他不会被收买，也不会被排挤出局。

　　罗得斯在打败巴尔纳托的战略上采取了迂回作战的方法，他没有马上向巴尔纳托开展声势浩荡的斗争，而是先试图挤进巴尔纳托的根据地——金伯利，待立足以后再进攻巴尔纳托。这一点充分表明了罗得斯的老谋深算。因为金伯利名为巴尔纳托的老巢，实为其软肋所在。巴尔纳托的金伯利中央矿业公司虽是当地首屈一指的大公司，但并没有完全控制金伯利矿区的所有地盘。当时在金伯利还有两家实力不小的公司，一家是 W. A. 霍尔公司，另一家是法国人开办的法国公司。因此金伯利实际上呈现三足鼎立的格局。罗得斯计划先向后两家公司下手将它们收购，然后再向金伯利中央矿业公司开战。但是在第一家霍尔公司面前，罗得斯就碰了壁。原因是有一个叫唐纳德·卡瑞的船主先罗得斯一步，已把霍尔公司的大部分股票买下了，实际控制了该公司。因为当时许多有远见的人对金刚石行业的兼并已看得很清楚了，卡瑞也想涉足这个行业分一杯羹。于是，罗得斯转而希望购买卡瑞手里的公司股票，他派出两名代表去和卡瑞谈判。卡瑞当

---

① ［美］斯蒂芬·坎弗：《钻石帝国》，洪允息译，新华出版社 1998 年版，第 62 页。

时正在返回英国的客轮上，于是谈判就在船上进行。罗得斯的两名代表提出了比卡瑞当初购买股票时更高的价格，希望购买他手里的霍尔公司的股票。但当船停靠葡萄牙首都里斯本时，卡瑞得知他手中的股票价格在股市中远高于这两名代表提出的价格，卡瑞认为这是不诚实的行为，以致他气愤地称呼这两个人为"贼"。眼看交易难以达成，两名代表无奈地把这个坏消息告诉了罗得斯。罗得斯闻知十分恼怒，他决定采取抛售其手中掌握的少量霍尔公司股票的办法，操纵股市价格，使股票价格下跌，以致卡瑞手中持有股票的价格最终还不到罗得斯当初答应给他的价格。罗得斯想通过这个办法，一来惩罚卡瑞，二来迫使其尽早就范。但罗得斯没想到卡瑞是一个死硬的家伙，宁肯手中股票缩水贬值也不出售。卡瑞认为罗得斯做的一切都是露骨的不光彩的行为，因此他决定采取"惹不起，躲得起"的策略，宣布永远不和塞西尔·罗得斯进行任何交易。

在霍尔公司身上栽了跟头后，罗得斯重整旗鼓，把主要精力放到收购较大的法国公司身上。摆在面前的主要困难是缺钱。法国公司市值约为150万英镑，但罗得斯一时拿不出那么多的现金。这时候，罗得斯的朋友兼生意伙伴阿尔弗雷德·拜特给了他巨大的支持。拜特与罗得斯同龄，是德国犹太人，1875年22岁时来到金伯利。在来南非前，他曾在荷兰阿姆斯特丹学习过有关钻石的知识，对于钻石的鉴定、估价等具有高超的水平。拜特首先利用他与法国和德国金融家的关系，从一家欧洲辛迪加垄断组织处筹措到75万英镑，条件是以部分德比尔斯矿业公司的股票作为交换。对于余下的款额，拜特建议罗得斯找英国金融家罗思柴尔德勋爵想办法。罗思柴尔德家族是英国的银行世家，罗得斯要找的罗思柴尔德勋爵，即莱昂内尔·内森·罗思柴尔德勋爵，他属于罗思柴尔德银行世家的第三代，是英国银行家和第一个犹太裔英国下院议员。罗得斯首先授意其心腹、矿业工程师美国人加德纳·威廉姆斯起草了一份详细文件，阐述了合并将会带给南非金刚石工业效益的各项有益影响。他把这份文件交给罗思柴尔德勋爵派驻南非的私人经济顾问 E.C. 德·科拉多，此人也是一名矿业工程师。罗得斯请求科拉多把文件转交罗思柴尔德勋爵，但是等了一段时间，罗思柴尔德勋爵还是没有回应，罗得斯有点着急了，于是决定亲自去面见勋爵。这样，在1887年7月底，他在威廉姆斯和科拉多的陪同下，启程赶赴英国。8月，罗得斯抵达英国不久就被安排与罗思柴尔德勋爵会见。据说，起初会见气氛比较冷淡，但随后勋爵渐渐地对罗得斯及其建议发生了兴趣。① 另一种说法是，刚开始罗斯柴尔德对罗得斯很冷淡。他的手下人只是告诉罗得斯，勋爵雇请的专家们正在考虑这件事，让他等等。没想到罗得斯也很倔强，他大声对那个人说："那么好吧，先生。我过半个小时再来。如果那时你们还没考虑好，我就到别处去了。"其实，罗得斯根本没有其他地方可去。这只是他的策略而已。但是这样一来反而引起了罗斯柴尔德勋爵对他的兴趣，他很想看看这个敢在他的办公室里大声说话还给他设置时间限制的南非访客到底是何许人也。② 勋爵发现罗得斯不像那些刚从金刚石矿区返回的矿主们那样谈吐粗俗和不讲礼貌，而是举止得体，气质不俗。也许是牛津大学的教育帮了罗得斯的忙。当然，礼貌绝不是最主要的打动罗思柴尔德勋爵的因素。首要因素应当是勋爵对当时南非金刚石行业发展趋势的判断。罗思柴尔德家族作为具有世界影响的大财团，他们在南非还派驻有商业顾问，因此不可能对那里正在发生的事情无动于衷。关于这一点，英国历史学家柯尔文也有同样看法。他说："我们知道那个时候罗思柴尔德家族已把敏锐的目光投向了南非金刚石矿区……毫无疑问它不止一次地试图在大兼并中插一手。"③ 可以认为，罗思柴尔德家族在大兼并前是有其主观期许的，他们只是在等待合适的时机与合适的人物出现，罗得斯只是碰巧成了那个进入他们"法眼"的幸运儿而已。

另一个打动罗思柴尔德勋爵的因素，应该是罗得斯具有的政治倾向和政治理想。相反，巴尔纳托则纯粹以赚钱为乐趣，根深蒂固的认为事业就是应该和享乐连在一起。因此在别人的眼里，巴尔纳托只不过是一个拥有商业天才头脑的暴发户而已，一旦生意失败他就会很快被人遗忘。此外，在金伯利还流传着一些关于他的财富来路不明的传言，这对他的声誉都有影响，人们羡慕他但并不尊敬他，他也不能被金伯利的上流社会所接纳。而罗得斯不一样，罗得斯始终认为其最高使命是要推动建立一个英国统治下的世界。另外，此时他已是开普议会的议员了。笔者相信正是这些观点与表现，最终帮助罗得斯战胜了巴尔纳托，赢得了勋爵对他的支持。因为从人生抱负上看，罗得斯与勋爵具有共同之处。罗思柴尔德家族也不是一

① ［美］斯蒂芬·坎弗:《钻石帝国》，洪允息译，新华出版社1998年版，第122页。

② Felix Gross, *Rhodes of Africa*, p. 117.

③ Ian Covlvin, *The Life of Jameson*, Vol. 1, 1922, p. 69.

个纯粹意义上的金融财团，他们对政治抱有热情，积极支持英帝国的扩张政策，因此享有"英帝国的银行家"的称号。① 还在 1875 年时，罗思柴尔德勋爵的父亲里奥尼就借给首相迪士累利 400 万英镑巨款用以购买苏伊士运河的股份，而拒绝收取任何利息。当时迪士累利正苦于议会拒绝批准这笔财政预算，因此罗思柴尔德家族的贷款简直就是雪中送炭，不仅挽救了迪士累利的计划，而且挽救了保守党政府的统治。几年后，内森·罗思柴尔德又再次慷慨解囊，贷给英国政府 800 万英镑用以解决埃及问题。因此，可以认为从 19 世纪 70 年代起，罗思柴尔德家族已与英国政府的非洲政策紧密关联了。

在罗得斯与勋爵的谈话临近尾声时，罗思柴尔德勋爵说："好吧，罗得斯先生，请您去巴黎看看您在收购法国公司的资产方面能有什么作为。与此同时，我要看看我能否为您筹措 100 万英镑。"② 罗思柴尔德一声"能否"足以改变世界。有了罗思柴尔德勋爵的帮助，罗得斯终于可以采取行动了。通过与法国公司的接触和谈判，最后双方同意收购价格为 140 万英镑。但是事态再次出人意料地发生逆转，原因是巴尼·巴尔纳托本人也是法国公司的大股东，他拥有该公司 1/5 的股份。作为公司大股东，因此巴尔纳托对罗得斯与该公司接触谈判的情况非常了解。所以，当他听说罗得斯准备用 140 万英镑买下法国公司时，他马上予以反击，提出用 170 万英镑由他购下法国公司。由于巴尔纳托比罗得斯的开价多了 30 万英镑，所以法国公司的董事们对此不敢掉以轻心。罗得斯闻知此事后，匆忙赶到金伯利，试图劝说巴尔纳托不要那么做。巴尔纳托当然明确予以拒绝。在提议遭到拒绝后，罗得斯迅即采取了一个令巴尔纳托感到震惊的行动。他告诉巴尔纳托，双方为了法国公司不断较劲的行为无异于双方共同灭亡。因此，如果巴尔纳托真想要法国公司，他愿意相让。罗得斯提出首先由他把法国公司买下，然后再将法国公司低价转给巴尔纳托，作为回报，他要求得到金伯利中央公司 1/5 的股份。也许巴尔纳托考虑 1/5 的股份并不影响他对公司的绝对控制，加之他还得到了整个法国公司。另外，有学者认为巴尔纳托对于罗思柴尔德勋爵在整个行动中的角色发生了误判，他可能仅把罗思柴尔德勋爵出资的行为当作是勋爵本人的一种针对金伯利中央公

---

① Apollon Davidson, *Cecil Rhodes and His Time*, p. 81.

② J. G. Lockhart and C. M. Woodhouse, *Cecil Rhodes*, p. 104.

司的投资行为，他以为罗得斯只不过是勋爵的傀儡罢了。那么巴尔纳托认为这是件好事，因为这是和勋爵搞好关系的好机会。罗思柴尔德勋爵做他公司的股东有什么不好呢？巴尔纳托想当然地认为，在他公司有难时，罗思柴尔德勋爵甚至会成为他公司的守护天使，那样一来反而能加强他的力量。但实际情况是：罗思柴尔德的钱是借给罗得斯的，并非其个人直接投资。① 巴尔纳托有此想法并不奇怪，因为当初罗得斯本人也对罗思柴尔德勋爵答应帮忙一事心存怀疑。他从投机商的角度揣摩过罗思柴尔德勋爵的动机，在写给朋友斯道的信里表示了自己的疑虑，担心勋爵会在他与巴尔纳托正在进行的股票大战中乘机捞油。他写道："（如果他买股票的话）没有一点风险他的股票就会涨到 25 英镑，他可以轻轻松松就赚 50 万，一便士的风险都没有。"② 当然后来证明罗得斯的担心是不必要的。但是从这件事情可以看出当时形势的微妙与复杂，因此巴尔纳托对此发生误判是可以理解的。

　　不管出于什么动机，最后巴尔纳托还是决定接受这项交易。从表面来看，巴尔纳托似乎大获全胜，他不仅拥有中央公司的大部分股票，而且拥有法国公司的全部股票。但实际情况并非如此简单。罗得斯通过以退为进的战略，表面上处于劣势，但他通过这笔交易拥有了金伯利中央公司的1/5 的财产，成功打进了巴尔纳托的核心领域。1888 年 2 月底，罗得斯开始考虑秘密投标买下金伯利中央公司发行在外的股票，要把这些股票全部买下需要 200 万英镑。拜特再次和罗得斯携手合作。他说："我们只要能够得到那些股票，就能得到钱。"③ 这样，罗得斯与巴尔纳托之间的正面冲突开始了。金伯利中央矿业公司的原始股为 176592 股，每股价格为 10英镑，这构成了该公司的原始资本。④ 1888 年 2 月中旬，金伯利中央公司的股票在伦敦和金伯利股票交易所挂牌价格是每股 14 英镑。尽管价格不低，罗得斯还是决定买下。由于罗得斯大量买进，造成中央公司股票价格不断攀升。罗得斯不顾一切地吃进中央公司股票。巴尔纳托害怕了，为了维持优势他也跟进买入。这样，一段时间后出现了奇怪现象，即：钻石售

---

① John Flint, *Cecil Rhodes*, p. 87. Felix Gross, *Rhodes of Africa*, p. 119.

② Baxter, *Transcripts*: *Rhodes to Stow*, *July* 1877.

③ J. G. Lockhart and C. M. Woodhouse, *Cecil Rhodes*, p. 106.

④ Felix Gross, *Rhodes of Africa*, p. 120.

价勉强才能维持成本，但金伯利中央公司的股票价格却不断飚升，短短几个月即从每股 14 英镑上升到每股 49 英镑。巴尔纳托原以为他的朋友和同行会保持坚定的立场，拒不抛售中央公司的股票。但他痛苦地发现，有钱能使鬼推磨，那些人一方面虚以应付他，另一方面仍然抛售股票。巴尔纳托因此一天天失去对股票的控制，也一天天失去对自己公司的控制。很快，罗得斯已夺得中央公司 3/5 的财产。最后，罗得斯掌握了 17 万股股票中的 10 万股以上的股票。① 眼看大势已去，在罗得斯一再紧逼下，巴尔纳托终于同意谈判。罗得斯则保证使巴尔纳托成为德比尔斯公司的终身董事，同时许诺帮助巴尔纳托在立法议会捞到一个席位。② 巴尔纳托最终同意了罗得斯的条件，由德比尔斯公司兼并中央公司。按照约定，巴尔纳托、罗得斯、拜特和一位罗思柴尔德家族的代表被任命为新的德比尔斯联合矿业公司的终生董事。终生董事是个肥差，他们四个人每年可以获得公司利润的 15%，也就是每人每年可得到 30 万—40 万英镑的收入。新公司的注册资本在 250 万英镑以上。③ 最后一次讨论未来新公司委托书的会议在罗得斯的朋友詹姆逊位于乡下的别墅举行。罗得斯一方的代表是罗得斯和拜特，巴尔纳托一方的代表是巴尔纳托和他的外甥伍尔夫·乔尔。在未来新公司的宗旨和经营范围方面，罗得斯和巴尔纳托发生了激烈争论。巴尔纳托坚持认为公司的工作就在于单纯地开采与销售钻石。而罗得斯不这么看，他认为巴尔纳托的主张是限制公司发展远景的缺乏想象力的计划。他认为公司未来的发展应该超越金伯利地区，把目光投向更远的北方。因为那里可能具有更加丰富的资源，不让公司接触它们可能会犯下悲剧性的错误。伍尔夫·乔尔讽刺罗得斯说："你的这些设想是否只是关于未来的梦想？须知梦想是没有收益的。"罗得斯回答说："不，我的朋友，这些设想不是梦想，它们是计划，计划和梦想是不同的。"罗得斯摊开地图向他们详细介绍贝专纳兰、马塔贝莱兰、马绍纳兰的领土，沿着赞比西河一直指到大湖地区。向他们介绍这些地方的统治者是谁，统治方式是怎么样的，哪些人对西方人怀有敌意，哪些人比

---

① Felix Gross, *Rhodes of Africa*, p. 121.

② ［美］斯蒂芬·坎弗：《钻石帝国》，洪允息译，新华出版社 1998 年版，第 126 页。

③ Felix Gross, *Rhodes of Africa*, p. 122.

较友好。他还指出这些地方可能存在的资源等。① 这次会谈整整进行了一天一夜，最后巴尔纳托同意了罗得斯的意见。至此，兼并的最后一道障碍也不存在了。

1888 年 3 月，公司大兼并正式实现。罗得斯集中他所有的资产，组成了"德比尔斯联合矿业公司"。在 3 月 31 日召开的最后一次老德比尔斯公司股东的大会上，罗得斯一方面对于取得了金伯利的兼并胜利而欢欣鼓舞，另一方面他警告杜托伊斯潘和伯尔特方丹矿区的小矿主们认清形势，他们终将难逃被兼并的命运。罗得斯宣称，他要把德比尔斯公司建成"世界上迄今为止最富有、最伟大和最有权力的公司"。②

兼并带来的效应很快就显现了出来。首先，罗得斯解雇了 200 名不称职的白人矿工，接着钻石的生产成本下降到每克拉 10 先令，而其在世界市场上的售价达到了 30 先令。很快，伯尔特方丹和杜托伊斯潘的矿主就撑不住了，由于巴尔纳托已经失败，加之 1888 年这两个矿区又遭到一次大的矿脉塌方的袭击，他们很快就向罗得斯投降了。1889 年，德比尔斯联合矿业公司兼并了伯尔特方丹和杜托伊斯潘矿区的小矿。1891 年又获得了奥兰治自由邦的加格斯方丹矿区。这样，罗得斯就控制了所有南非金刚石矿区，掌握了全世界 90% 的钻石生产与销售。实际上德比尔斯联合矿业公司已成为全世界的钻石辛迪加企业，从 1890 年起，该企业已经可以调整世界市场的钻石价格，控制其产量了。从那以后，钻石的价格终于稳定下来。另外，兼并也给公司普通职员的生活带来了好处。2000 名白人职工的日工资从兼并前的 16 先令 16 便士上涨到 1 英镑，并住进了配有家具、收费低廉的公司宿舍，每月租金在 2 英镑 10 便士到 5 英镑之间。此外还给单身职工开设食堂，每周伙食费为 25 先令。公司还美化了矿区的面貌，在街道旁种植了行道树，矿区以前脏乱的景象得到了改变。③ 至此，罗得斯当初要将钻石生产置于一个宏观机构的控制下的设想最终得以实现。

① J. G. Lockhart and C. M. Woodhouse, *Cecil Rhodes*, p. 110.

② John Flint, *Cecil Rhodes*, p. 91.

③ Basil Williams, *Cecil Rhodes*, pp. 105–106.

第二节　建立南非统一金矿公司

1884 年世界上最大的金矿——威特沃德斯兰德金矿（简称兰德金矿），在德兰士瓦境内被发现。据说，它是施特拉宾兄弟在瓦尔河与比勒陀利亚之间的非洲人废弃的矿井附近发现的。非洲人把这一区域称为果里。其地下绵延着几条硕大无比的金矿脉，最主要的一条矿脉长达 80 公里，宽达 30 公里。1886 年，从碾碎的砾岩中，洗出了第一批黄金，从此开始了世界上最大金矿的开采。[①] 就像当初金刚石矿被发现时那样，人们从世界各地蜂拥而至后来建成的黄金城——约翰内斯堡城的荒野，买地采矿，开采黄金。

罗得斯当时虽然正忙于金刚石矿区的大兼并，但对于威特沃德斯兰德地区发现黄金的消息也很敏感。他的朋友汉斯·沙尔医生是最早赶赴那里的人员之一。大约在 1886 年 6 月，沙尔医生从兰德地区带回一些金矿砂供罗得斯检验。罗得斯会同拉德请了两位澳大利亚金矿专家来鉴定，他们经过仔细研究，认为矿砂中含有很高的黄金成分。罗得斯立刻再次召见沙尔医生，请他速去兰德代表罗得斯购置金矿份地。罗得斯答应事成之后，沙尔将会获得一块份地，此外还可得到利润的 15%。几天后，罗得斯和拉德不能抵御黄金的诱惑，他俩急急忙忙地和沙尔一同向兰德进发了。罗得斯和拉德在兰德起初买了不少份地，但后来他们在进一步买入份地问题上发生了迟疑，结果证明这是错误的。他们拒绝买入的份地后来都为拥有者创造了价值百万的利润。[②] 究其原委，主要是因为黄金业对罗得斯与拉德来说是一项崭新的事业，两人对此把握都不大。特别是拉德，他对沙尔医生带回的金砂样品一直抱有怀疑，不相信有那么高的价值。另外，罗得斯经常咨询的美国矿业工程师加德纳·威廉姆斯对此也没有表现出过多的热情，想必对罗得斯也产生了影响。还有一个因素是，此时正值罗得斯与巴尔纳托就南非金刚石矿区兼并展开较量的最后关头，罗得斯的主要精力被迫始终放在金伯利的事业上面。由于正处在钻石行业大兼并的关键时期，罗得斯在心理上极力抵制自己被卷进一场新的冒险事业之中。不仅如

---

① 艾周昌、郑家馨：《非洲通史·近代卷》，华东师范大学出版社 1995 年版，第 886 页。

② Apollon Davidson, *Cecil Rhodes and His Time*, p. 91.

此，他对生意伙伴拜特热衷兰德金矿业的开发也提出了警告。他告诉拉德说："一定不能让拜特忘了钻石行业正在召唤他，如果拜特在黄金业卷得过深，我担心会失去他的支持。为了完成我的北方之梦，为了取得政治权力，我都必须有他的帮助。"[1] 此外，让罗得斯最初在黄金行业的投资上产生犹豫的另外两个因素是：第一，他认为真正的黄金储藏地是在马绍纳兰和马塔贝莱兰，而兰德矿脉只是马绍纳兰和马塔贝莱兰黄金矿脉的支脉而已。第二，兰德地区位于德兰士瓦，处于克鲁格的统治之下。他对于把资本投到那里是否安全存在担心。[2] 此时还有一个意外发生的插曲也对罗得斯投资金矿产业的工作产生了负面影响。罗得斯带着拉德和沙尔医生在兰德考察时，他突然接到一份来自开普的电报，告诉他他的好朋友兼秘书尼韦尔·皮克南已经病危。皮克南是当时罗得斯关系最亲密的伙伴，罗得斯对他给予了超过别人的最大的信任。得悉这一情况后，罗得斯决定立刻中止在兰德的考察返回开普。当罗得斯赶回开普后不久皮克南就病故了，这给罗得斯以很大打击。鉴于一些挑选矿区份地的选择权即将到期，沙尔医生赶忙给罗得斯发电报。可是无论沙尔医生怎么一遍遍地催促他回去或者要求他至少通过电报把他的决定发来，但是悲伤中的罗得斯始终不回答。[3] 显然，在当时的紧要关头，罗得斯这么做势必放走了许多投资机会。

　　总之，可能是这些方面原因影响，罗得斯在金矿业方面的成绩与他在钻石领域的成绩相比的确要稍逊一筹。在采金业领域，他始终没有获得一个绝对的垄断地位。罗得斯也曾考虑像钻石行业那样对兰德的金矿业实施兼并。但是，黄金和钻石的性质不同。黄金不是一种投机性的商品，金价也几乎是稳定的，低价抛售的危险几乎不存在。此外，大一点的金矿资本家都和国际金融机构或私人金融机构有密切联系，因此在获得产业发展所需资金上没有什么困难。这些因素其实就制约了在黄金行业出现像钻石行业那样的一家独大的局面的形成。罗得斯也曾经试探过与金矿巨头罗宾逊合作的意向。但由于罗宾逊在金矿领域比罗得斯进入早，已经占得先机，加之两人关系不睦，所以罗宾逊拒绝了罗得斯。因此，在约翰内斯堡的黄

---

① Felix Gross, *Rhodes of Africa*, p. 127.

② Ibid..

③ Ibid. , p. 129.

金领域始终存在着罗得斯、罗宾逊、拜特、包吉斯以及其他大投机商的多头竞争。1887 年，罗得斯组建了南非金矿公司，资本约 12.5 万英镑。南非金矿公司下辖 8—9 块优良的金矿份地，大多处于兰德储金带的西部地区。按照最初的约定，罗得斯和拉德有权获得公司纯利润的三分之一。1892 年公司易名为南非统一金矿公司。此时的公司已发展为兰德地区一家大型的股份信托公司，是善于进行深层采掘作业的企业。由于罗得斯经营有方，公司对股东的回报甚丰。1892 年红利达 10% 之多，1893—1894 年则上升至 15%，到 1894—1895 年则达到 50%。[1] 罗得斯本人也因此获利巨大，1894 年他公开宣称每年他可从自己的金矿公司获得 30 万—40 万英镑的纯收入。而且与德比尔斯公司不同，在金矿公司罗得斯几乎不受什么外来因素的制约。在德比尔斯公司，他有时还要受到罗思柴尔德勋爵的制约（勋爵的一名代表是德比尔斯公司的高层管理人员），而在金矿公司他则是唯一的主人。[2]

　　到 19 世纪 90 年代中期，南非金矿业已形成罗得斯的公司、罗宾逊集团、巴尔纳托集团、拜特集团等鼎足而立的态势。他们收买或控制了因生产费用上涨而濒于破产的几百家小公司，从而垄断了南非的黄金生产。[3]

　　罗得斯以矿业为抓手，在 19 世纪 80 年代后期至 90 年代中期，迅速成长为南非地区响当当的百万富翁和有影响的人物。但他和其他资本家的显著差异在于，他并不以赚钱为终极目标。兴办实业、发财致富只是他实现政治抱负的手段而已。这一点在他建立德比尔斯联合矿业公司时即很明显。前文述及，在罗得斯与巴尔纳托谈判中，一个主要分歧就是公司未来的职能问题。巴尔纳托是个纯粹意义上的生意人，因此希望公司仅以矿业开采为要务。但罗得斯不同意，他为公司提出了更高的目标，包括：从事钻石和贵重金属的贸易、铺设铁路、建立工厂、开凿运河、开设银行、占有"大片大片土地"、建立一支公司维持的军队等。[4] 最后，巴尔纳托被迫同意。实际上，按照罗得斯的设计，德比尔斯联合矿业公司已不单纯是一个以经营为主的经济体，它已成为带有政治使命的政治与经济共同

①　Basil Williams, *Cecil Rhodes*, p. 111.

②　Felix Gross, *Rhodes of Africa*, p. 131.

③　艾周昌、郑家馨：《非洲通史·近代卷》，华东师范大学出版社 1995 年版，第 887 页。

④　Basil Williams, *Cecil Rhodes*, p. 104.

体，形似后来成立的"英国南非特许公司"。南非统一金矿公司也不例
外，在南非统一金矿公司建立之初，在公司的委托书里，罗得斯给它规定
了与德比尔斯联合矿业公司相似的宗旨，即他可以利用公司收益用于他感
兴趣的北方事业发展。① 南非统一金矿公司地处德兰士瓦境内，在英布积
怨的历史背景下，加之罗得斯又是一个狂热的扩张主义者，于是不可避免
地带有一定的政治色彩。德兰士瓦发现金矿后，境内一下拥进大量外国探
宝客，其中许多是英国人，他们被德兰士瓦的布尔人称为"外来人"
（Uitlanders）。他们在数量上很快超过了当地布尔人。布尔人对他们的到
来态度很复杂，既高兴又担心。高兴的是他们高价购买金矿地区的份地并
上缴金矿管理税，使德兰士瓦摆脱了财政崩溃的危险，一跃而成为富裕的
国家。担心的是，布尔人认为这些外来人的到来把约翰内斯堡变成了一座
异己的、贪婪的和不信神的堕落之城。而且外来人逐渐向德兰士瓦当局提
出了给予公民权的要求，这令克鲁格总统非常不满。他斥责外来人的忘恩
负义，并指出金钱不能破坏德兰士瓦的法律，他不会为他们改变法律。②
罗得斯认为外国人特别是英国人大量涌进德兰士瓦是件好事，因为这有可
能带来德兰士瓦的某种变局，但他又对克鲁格的顽固无可奈何。1888 年 6
月 23 日，罗得斯在开普议会发表演讲抨击克鲁格的政策，他说："我认
为他（指克鲁格——笔者注）是南部非洲最著名的人物之一，但他又特
别不幸。我还记得保罗·克鲁格在国库囊中羞涩之时，他的目标竟然是将
其版图扩张到整个北方，我也记得他坐在比勒陀利亚眼睁睁地看着贝专纳
兰离他而去的样子（指 1885 年德兰士瓦在争夺贝专纳兰事件中失败——
笔者注），还有其他他周围的领土脱离他掌控的样子。最后，当他怀揣着
建立一个田园牧歌式的共和国的理想时，却发现那理想正在消散，他要被
迫对付成千上万的探宝客，而他们并不同情他。我真可怜他。"③ 罗得斯
在演讲中狠狠挖苦了克鲁格，历数了克鲁格在和英国争夺南部非洲中的败
绩，暗示克鲁格在对待外来人问题上也将遭到失败。后来，随着以罗得斯
为代表的国外金融资本与以保罗·克鲁格为代表的德兰士瓦保守的农牧业
大地主的矛盾因德兰士瓦金矿业的发展而不断膨胀，最终成为导致 1895

---

① J. G. Lockhart and C. M. Woodhouse, *Cecil Rhodes*, p. 120.
② Ibid. , p. 122.
③ （演讲集）Vindex, *Cecil Rhodes His Political Life and Speeches 1881-1900*, p. 204.

年"詹姆逊袭击事件"爆发的一个重要因素。南非统一金矿公司在这次不光彩事件中更是充当了叛乱大本营的作用。

综上，可以认为罗得斯建立钻石王国和金矿公司除了要谋取经济利益外，其很大一部分动机是为了实现其政治抱负。换句话说，罗得斯建立经济实体的主要目的是奠定政治事业的基础。罗得斯曾对戈登将军（即第二次鸦片战争期间指挥英法联军火烧圆明园的英法联军统帅——笔者注）说过："人仅有理想是不够的，他还必须拥有财富，没有财富的支持他是不能实现理想的。所以我一直尝试着把商业因素与理想结合起来，有幸到目前为止我还没失败过。"对罗得斯来说，金钱就等同于权力。他时常以比较赤裸的方式对别人说："金钱就是权力。没有钱一个人能干些什么呢？那就是我一定要有钱的原因。没有钱，理想也不会是什么好东西。……但我又并非为了金钱而金钱，金钱不是我的终极目标，它只是权力，我喜欢权力。……我需要权力。"① 从以后的情况来看，这一结论也是站得住脚的。因为后来无论在罗得斯为建立英国南非公司的奔波过程中，还是在南非公司管理河间地区遭遇财政困难时，以及在策动推翻克鲁格统治的计划中，德比尔斯公司和南非统一金矿公司一直为罗得斯能够达到目的而不遗余力地提供大量财政支持。② 所以，从其人生抱负和旨趣的角度来分析，罗得斯首先应被看作是一名政治家，其次才是一位成功的企业家。因为他身上闪耀的政治色彩要比经济色彩更浓烈、更突出。

---

① Felix Gross, *Rhodes of Africa*, p. 114.

② John S. Galbraith, *Crown and Charter*, pp. 262-264.

第三章　塞西尔·罗得斯与英国在南部非洲的殖民扩张

　　尚在牛津大学求学之际，由于受到当时英国政治气氛的影响，特别是牛津大学教师约翰·罗斯金的政治熏陶，年纪轻轻的罗得斯便立下了要为大英帝国开疆拓土的政治抱负。这一政治抱负在他写于 1877 年的《我的信仰的声明》一文中有详细阐述。罗得斯的政治抱负带有浓厚的种族和民族主义色彩。他认为，盎格鲁—撒克逊民族是世界上最优秀的民族，作为盎格鲁—撒克逊民族代表的大英帝国应该尽可能多地占有殖民地。他相信，大英帝国将会给落后地区的人民带来文明与希望，改变那里的野蛮与无序状态，大英帝国治下的世界将是和平与美好的世界。简单来讲，罗得斯的政治理想就是要把整个世界地图涂抹成一片"英国红"。这一点，在他踏入政坛前，就常和拉德、詹姆逊以及拜特等朋友商议。[①] 那么，具体到非洲地区，罗得斯的战略意图是以开普和开罗为基地，建立"开普到开罗"[②] 的纵贯南北非洲的英属非洲帝国。

　　1880 年，罗得斯当选开普议会议员，标志着其正式踏入开普政坛。成为议员后，罗得斯迅速在一系列政事上表现出其高超的政治判断力和敏锐性以及不达目的不罢休的精神，巴苏陀兰问题[③]就是一例。罗得斯反对

---

①　Felix Gross, *Rhodes of Africa*, p. 60.

②　"开普到开罗"一语出自英国报纸《每日电讯》编辑埃德温·阿诺德之口。见 Mark Strage, *Cape to Cairo*, p. 16。

③　巴苏陀兰即今莱索托王国旧称，巴苏陀兰迫于布尔人的压力在 1867 年接受英国保护，1871 年英国宣布将其合并于开普殖民地。1880 年英军司令沃尔斯利要求巴苏陀兰人交出其拥有的枪支，开普当局也下达了解除其武装的法令。巴苏陀兰人因历史上常遭周围强大民族包括布尔人、英国人和马塔贝莱人侵略，视武器为民族独立之标志，遂爆发起义。1884 年再度接受英国保护。

开普总理高登·斯普瑞格因解除武装令而挑起和巴苏陀兰人的战争。由于许多巴苏陀兰人在金伯利的金刚石矿区做工，战争的爆发造成巴苏陀兰人劳工短缺，因此，罗得斯和许多金伯利人都反对这场战争。另外一些人也对巴苏陀兰人拥有武器不以为意，认为不值得大惊小怪。有人就说："毕竟，枪支是我们卖给他们的，他们用自己辛苦挣来的钱购买枪，现在又要他们交出枪支，这真是件倒霉的事。"① 作为代表金伯利矿区的议员，罗得斯在这个问题上很快表明了自己的态度。1881 年 4 月 19 日他在开普议会发表的作为议员的首次演讲及六天后（4 月 25 日）的演讲中，都对斯普瑞格的解除武装法令提出了批评。罗得斯认为这项法令既不公平也缺乏政治远见，他将解除武装一事和导致 1857—1859 年印度土兵起义的涂油子弹事件相比拟，警告开普政府不要因小失大酿成无法收拾的后果。② 根据罗得斯的动议，开普议会对此问题投票表决，结果支持罗得斯一方与反对方的票数对比为 37∶34，罗得斯一方获胜。斯普瑞格眼看失败但故意拖延至 5 月 4 日也不执行，最后被开普议会以不信任决议投票的方式撵下了台，其总理职务由斯凯伦接替。③ 刚入政坛的罗得斯初露锋芒便大获全胜，使他在开普民众中的知名度大为提高。

从此以后，罗得斯利用其掌握的政治资源为实现早年的政治理想不遗余力。他在英国北向攫取贝专纳兰打通大北通路，以英国南非公司之名占领马塔贝莱兰和马绍纳兰，以及建立英属罗得西亚殖民地，为英国势力侵入非洲腹地立下了汗马功劳。在其政治生涯的后期，为了推翻克鲁格的统治建立南非联邦，他还孤注一掷地在幕后策划了"詹姆逊袭击事件"，结果失败。在这一系列的侵略活动中，罗得斯的行为均受到了英国政府的默许和支持。实际上，罗得斯充当了英国政府在该时期南部非洲和中部非洲腹地侵略扩张的急先锋的角色，被当时深陷帝国主义狂热的英国人视为卓有成效的大英帝国的建设者之一，受到追捧。

---

① Basil Williams, *Cecil Rhodes*, p. 63.

② （演讲集）Vindex, *Cecil Rhodes His Political Life and Speeches 1881-1900*, pp. 32-35.

③ J. G. Lockhart and C. M. Woodhouse, *Cecil Rhodes*, p. 72.

第一节　夺取贝专纳兰

一　贝专纳兰危机

贝专纳兰即现今的博茨瓦纳。19 世纪，那里主要居住着茨瓦纳人。英国人将茨瓦纳人的国家称作贝专纳，将其国土称作贝专纳兰。贝专纳国土的南面与英属开普殖民地接壤，北面与好战的马塔贝莱王国为邻，东面与布尔人建立的德兰士瓦共和国毗邻。1884 年后，其西部与德属西南非相邻。19 世纪，贝专纳兰境内邦国林立，存在着 8 个主要王国和酋长国。它们分别是：恩戈瓦托王国、恩戈瓦基威酋长国、魁纳酋长国、克卡特拉酋长国、雷特酋长国、特洛克瓦酋长国、罗朗酋长国和塔瓦纳酋长国。其中恩戈瓦托王国势力最大，拥有贝专纳兰 1/3 的人口和 44941 平方英里面积的领地。① 19 世纪中叶以后，贝专纳兰政局出现动荡，问题主要出在最大的恩戈瓦托王国身上。由于受到西方基督教传教士的影响，恩戈瓦托国王塞克高马一世的儿子卡马对西方文化十分倾慕，具有强烈的西化倾向。他不仅笃信基督教，而且训练士兵使用西方火器。在 1863 年，他训练的部队成功击败马塔贝莱人的侵袭，卡马在国内声名鹊起，获得了很高声誉。他还和弟弟克加马尼在宫廷中形成一个强有力的信教派别。在风俗习惯上，他们抛弃传统，着西服、识西文，推崇基督教一夫一妻制的婚俗。另外，还同西方军火走私商维持友好关系。卡马兄弟的西化行为与以老国王为首的传统派发生了激烈冲突。1865 年，因反对在士兵中施行割礼，卡马等人同老国王决裂，并于次年爆发内战。直到 1875 年，卡马终于打败传统派，掌握了政权。②

贝专纳的内讧为东部邻居德兰士瓦共和国提供了侵略此地的契机。德兰士瓦共和国之所以要向西侵略扩张领土，根本原因在于大迁徙后，曾经缓和的阶级分化又开始逐渐加剧，布尔人社会出现了贫富分化扩大的趋势。一些农场主靠出售土地或搞土地投机发了大财。不少熟悉土地行情的

---

① 艾周昌、郑家馨主编：《非洲通史·近代卷》，华东师范大学出版社 1995 年版，第 855 页。

② 同上。

大农场主靠转手倒卖土地成了巨富。与此同时，从布尔农场主中也分化出无地的拜旺纳（穷白人）阶层。这是因为有些农场主由于家庭人口增加，成年男子不断分家立户，致使农场土地一再分割，越分越小，有的一个农场竟被分割为 40 人所有。另外，许多布尔小农场主在生产方式上，仍然采用传统的农奴制和粗放经营方式，致使收益衰减，养家糊口都很困难。加之国家土地大多被大农场主占有，在边界内可供占领的非洲人土地也越来越少。这样，在德兰士瓦共和国内部逐渐出现了一个没有土地的贫穷白人阶层，成为布尔人共和国自建国后出现的新的社会现象。德兰士瓦布尔人统治集团认识到拜旺纳阶层的出现和增多，势必会影响到布尔人之间的团结和布尔社会内部结构的稳定以及布尔民团的战斗力。为了满足布尔统治集团对土地和货币财富的贪欲，缓和布尔社会中日渐剧烈的阶级分化，解决拜旺纳问题。从 19 世纪 70 年代始，德兰士瓦共和国变本加厉推行土地扩张政策，一些布尔农场主也自行组织武装人员参与这一过程，在边界内外加紧掠夺非洲人土地。德兰士瓦对贝专纳兰的侵略就是在这一背景下开始的。

德兰士瓦共和国的布尔人从 19 世纪 70 年代初始，逐渐向西扩张占领茨瓦纳人土地。但这一进程在 1877—1881 年间由于德兰士瓦共和国短期被英国兼并而中断。到 19 世纪 80 年代初，随着德兰士瓦复国，这一进程再次展开。1882 年和 1883 年，德兰士瓦共和国的部分农场主趁贝专纳兰的茨瓦纳人酋长之间内战，趁机介入，从战败的酋长手里抢占了一大片土地，成立了两个小独立共和国。一个叫“斯太拉兰共和国”，首都定在佛拉伯格，其领导人叫范·尼克可。另一个共和国叫“戈申共和国”，其首都在罗伊格劳德，领导人叫盖·范·皮提斯。[1] 不久，这两个共和国都宣布接受德兰士瓦共和国的保护。[2]

罗得斯得知德兰士瓦共和国入侵贝专纳兰的情况后，既气愤又担心。罗得斯是当时少数认识到贝专纳兰具有重要战略地位的英国人。贝专纳兰虽然缺少经济价值，但其境内延伸着一条通向北方的“传教士之路”。早年，英国和德国基督教传教士沿此路北上，在茨瓦纳人和马塔贝莱人中广泛传教。英国著名探险家和传教士利文斯顿和莫法特就是先后途经此路深

① J. G. Lockhart and C. M. Woodhouse, *Cecil Rhodes*, p. 83.

② 杨人楩：《非洲通史简编》，人民出版社 1984 年版，第 548 页。

入中非腹地的。罗得斯本人于 1872 年也和哥哥赫伯特沿此路向北旅行过。鉴于其独特的地理位置，罗得斯强调贝专纳兰是"通往北方之路"，是"瓶颈"。他进一步将其描述为"通往内陆的苏伊士运河"和打开"通往内陆之路的钥匙"。① 另外，探险家利文斯顿也认为，如果布尔人占领了贝专纳兰，将会封死英国人进入内陆的道路，因此英国人必须与其斗争。罗得斯认为布尔人建立在贝专纳兰境内的两个小共和国正好横亘在由开普通向北方的道路上，使这条陆上"苏伊士运河"断流。而且从长远来看会对开普殖民地的未来产生危害，罗得斯指出，如果贝专纳兰由于布尔人入侵形成的无政府和无序状态继续下去，则会使以此为中介的南北联系彻底中断。反之，如果两个小共和国建立了某种秩序，它们也会在将来成为德兰士瓦的卫星国（如果德兰士瓦不正式兼并它们的话），那么它们可能会切断与南方的贸易交往，至少也会对开普来的商品课以 30% 重税，就像德兰士瓦已经做的那样。从短期来看，这两个小布尔共和国的成立会给金伯利的矿业生产带来危害。罗得斯认为，金伯利矿区的非洲工人有许多来自非洲腹地，两个小共和国正好堵在这些工人来回矿区和家乡的要道上。一旦经过此地，这些工人会有遭遇布尔人堵截或抢掠的危险。②

因此，罗得斯极力呼吁开普殖民政府和英国政府对此情况要予以干涉。但当时英国政府对于贝专纳兰出现的变局却反应犹豫，迟疑不决。其原因主要来自以下两个方面：首先，经济上的考虑。英国政府认为贝专纳兰境内地貌属多石高原，还有广阔的卡拉哈里沙漠，经济价值不大。而且欧洲人和当地茨瓦纳部落的贸易也仅局限于鸵鸟毛和象牙的交易上。因此，贝专纳兰对英国政府的吸引力不大。其次，政治上的考虑。劳民伤财的第一次英布战争刚刚结束，英国政府不愿意马上又和德兰士瓦政府处于敌对状态，从而有可能招致新的战争，那样将给英国财政带来很大负担。③ 此外，当时让英国政府头痛的国际问题很多，一些英国政治家认为"茨瓦纳问题"还没到火烧眉毛的程度，可以先放一放再考虑。开普殖民政府虽与贝专纳兰有一些贸易往来，但也基于相似理由，对于那片遥远国土上发生的事情兴趣不大。

① Apollon Davidson, *Cecil Rhodes and His Time*, p. 74.

② J. G. Lockhart and C. M. Woodhouse, *Cecil Rhodes*, pp. 83-84.

③ Ibid. , p. 83.

1882 年，罗得斯在警告开普议会不能坐视贝专纳兰局势的发展，但未见成效后，决定自己单干。他前往斯太拉兰共和国的首都佛拉伯格，在那里会见了其领导人范·尼克可。这次访问使罗得斯得到一个讯息：斯太拉兰的布尔定居者们尽管反对大英帝国插手这里的事务、接管他们，但并不反对加入开普殖民地。他还遇到一个名叫曼考莱因的当地茨瓦纳头人，他的土地已被布尔人剥夺了。他向罗得斯陈述了他对布尔人的不满，并表示愿意让渡其余下国土给英国（意为求得庇护）。得到这些讯息后，罗得斯立刻赶回开普，他力劝开普总理斯凯伦采取行动。他警告斯凯伦说："放弃通往内陆的道路，就是自掘坟墓。"① 他以曼考莱因的请求和布尔定居者的愿望为理由，要求斯凯伦立即下令兼并斯太拉兰共和国。但由于斯凯伦要依靠"阿非利卡人协会"的选票支持——在贝专纳兰问题上，"阿非利卡人协会"领导人霍夫梅尔不希望英国政府，而是希望德兰士瓦政府兼并斯太拉兰，因此，斯凯伦不敢采纳罗得斯的建议，害怕会危及他的统治。事实上，除了斯凯伦，开普议会里也几乎没有人支持罗得斯的动议。幸运的是，罗得斯在议会外寻找到了支持他的重量级盟友——英国驻南非高级专员赫克留斯·罗宾逊爵士。但是，由于此时英国政府尚未改变先前在贝专纳兰问题上的立场，罗宾逊爵士虽然赞同罗得斯的主张，但也没有办法帮他。

二　转机的到来

1884 年，罗得斯关于攫取贝专纳兰这个所谓"通往内陆的苏伊士运河"的倡议终于在开普和英国本土得到了广泛呼应。导致开普和英国转变此前态度的主要原因是德国势力在西南非洲（今纳米比亚）的出现和加强。西南非洲位置偏僻且境内大部分领土是缺水的荒漠地带，缺少经济价值，因此在 19 世纪 70 年代以前一直未被欧洲列强所重视。18 世纪 90年代，荷兰东印度公司曾派人占领过西南非洲西海岸的鲸湾等两个小据点，但未再有更大的动作。1814 年英国正式接管开普殖民地后，从经济角度考虑，也没有向此处扩展殖民势力。直到 19 世纪 60 年代，金刚石的发现才促使英国对西南非洲的保护问题重视起来。1878 年 3 月，英国宣布吞并鲸湾及其附近地带，但由于英国不愿承担行政管理费用，导致对此

---

① J. G. Lockhart and C. M. Woodhouse, *Cecil Rhodes*, p. 84.

地带的统治非常不力。1880年，当西南非洲的土著人种——赫雷罗人遭
到境外其他部落进攻时，英国竟然撤销保护，撤退人员。[①]

　　德国势力最早进入西南非洲的代表是传教士，早在德国统一以前，德
国传教会就已和英、荷等国的传教会一道侵入西南非洲。他们的言行颇能
迷惑非洲人，比较容易取得当地人的信任和尊重。到19世纪80年代初，
德国传教会在西南非洲的根基已很牢固，以至1880年英国人撤退时，他
们还坚持固守不动。德国传教士请求政府对其实行保护，德国首相俾斯麦
决定利用这一机会试探英国的态度。1880—1883年，俾斯麦曾一再询问
英国是否负责保护德国在西南非洲的传教士和商人的安全，都没有得到英
国肯定的答复。[②] 这就为德国势力正式侵入此地提供了有利条件。德国不
来梅商人吕德里茨在得到俾斯麦政府支持后，前往西南非洲。1883年4
月，吕德里茨抵达安哥拉——拔格纳港（今吕德里茨港），用2000马克
和200支枪，从当地酋长处购得附近地带，并竖起德国国旗。此后德国殖
民者又分别与各酋长签订条约，向南扩张到奥兰治河，向北则扩张到南纬
18°地带。[③] 吕德里茨要求德国政府提供保护。此时，国际形势对德国兼
并西南非洲非常有利。英国正被埃及问题弄得焦头烂额，无暇分身。于是
德国政府便于1884年4月24日宣布对西南非洲予以保护。接此消息后，
开普总理优品顿向德方发出抗议，但为时已晚，德国已造成既成事实的局
面。英国政府虽然不满，但也担心过激反应会影响英德关系，最后决定牺
牲西南非洲，换取德国在其他国际事务上的支持。于是两个月后，英国外
交大臣格伦威尔勋爵宣布承认德国对西南非洲的保护，但鲸湾由于其自身
价值仍然属于英国。英国政府的声明，实际上承认了将西南非洲的西海岸
（除鲸湾外）及海岸线后面的广阔内陆地区都拱手让与德国。应该指出，
英国承认西南非洲属于德国势力范围，是被迫之举。实际上，英德矛盾因
西南非洲问题而变得日益尖锐起来，并牵涉英国对贝专纳兰问题的政策
修正。

　　罗得斯对于德国势力在西南非洲的加强既敏感又恐惧。他富于战略眼

---

　　① 艾周昌、郑家馨主编：《非洲通史·近代卷》，华东师范大学出版社1995年版，第879—
880页。

　　② 杨人楩：《非洲通史简编》，人民出版社1984年版，第540页。

　　③ 同上。

光地指出德国不会满足于停留于西南非洲，因为那里几乎没有任何价值。但是西南非洲的东面就是贝专纳兰，那里当前处于权力真空状态，只有一些土著部落和两个布尔人建立的不稳定的小共和国，其北面就是人迹罕至的非洲内陆。他认为，德国据有西南非洲已使贝专纳兰问题复杂化，贝专纳兰问题已不单纯是英国与德兰士瓦之间的双边问题，很可能将会是包括德国在内的三方问题，德国极有可能插手贝专纳兰事务。为此，他在开普议会向议员们大声疾呼："你们认为如果德兰士瓦占据了贝专纳兰，结果会怎样，德兰士瓦会安稳地保有这块土地吗？俾斯麦不会和德兰士瓦之间发生争吵吗？缺少物质力量，缺少足够人员，德兰士瓦又能做些什么？德国人会从安格拉—拔格纳港出发到达贝专纳兰。找些借口诸如酒类、枪支或其他问题挑起争端很容易，然后德国人就会把势力范围从安格拉—拔格纳一直（往东）延伸到德拉戈阿湾。鉴于最后德国政策的发展，本人认为有关德国人问题的观点我们目前还可能认识不足。德国人在东向道路上的障碍是什么？是贝专纳兰。"[1] 因此，罗得斯向时任开普总理的优品顿提出请求："不能让与一英寸的（贝专纳兰）领土给德兰士瓦。"[2]

三　最终解决

鉴于德国人已经占据了西南非洲，紧张的形势开始迫使英国政府从新的角度来看待贝专纳兰的未来，尤其是斯太拉兰和戈申两个小布尔共和国的未来。英国政府逐渐认识到要使开普通往北方的道路畅通，则必须把德国人拒斥于中部非洲之外，那么就必须把贝专纳兰握于手中。此时在英国国内也有一些社团和人员向政府施加压力，要求干预贝专纳兰危机。其中包括"土著人保护协会"和一些传教士。传教士约翰·麦肯齐是这些人士中最为著名的一位。麦肯齐在南部非洲居住过20年，对非洲土著人抱有深深的同情，是一个人道主义者。1882年9月和10月，在德兰士瓦共和国的农场主刚刚侵入贝专纳兰不久，麦肯齐就在英国巡回演讲，呼吁英国政府干预此事，兼并贝专纳兰的领土，保护当地茨瓦纳人。他在英国游历了29座城镇，平均每天发表演讲两三次，痛斥布尔人为"暴徒"。麦

---

① （演讲集）Vindex, *Cecil Rhodes His Political Life and Speeches 1881-1900*, pp. 114-115。

② J. G. Lockhart and C. M. Woodhouse, *Cecil Rhodes*, p. 87.

肯齐的行为得到了"土著人保护协会"的有力支持。① 南非高级专员赫克留斯·罗宾逊也回国向殖民部陈情，强烈反对坐视德兰士瓦入侵贝专纳兰于不顾。这样，在南非高级专员、传教士、"土著人保护协会"以及罗得斯等人的联合压力下，英国政府终于下定决心不让德兰士瓦兼并斯太拉兰、戈申和"传教士之路"，准备对外宣布保护贝专纳兰，并由开普殖民地负责提供有关经费。紧接着，英国政府任命麦肯齐为代理专员，派他去斯太拉兰。令人遗憾的是，麦肯齐虽然充满热情，但在政治上却不甚老练，缺乏经验。他在感情上强烈憎恨布尔人，把他们视作抢掠非洲人土地的强盗和压迫者，一心要把那些布尔定居者赶出贝专纳兰。他甚至因为开普居民中有大量布尔人，而对开普当局也不信任。他还讽刺罗得斯是"没有经验的金伯利小店主"。②他一到斯太拉兰就和那里的布尔定居者发生了冲突，最后在没有授权的情况下，他就在那里悬挂英国国旗，实际上宣布了对斯太拉兰的兼并。他还要求英国政府迅速派一支警察部队赶来支持他。罗得斯敏锐地指出，麦肯齐在这件事上铸成大错。首先麦肯齐的立场就有问题，麦肯齐认为贝专纳兰是一个黑人国家，不是一个白人国家。③ 罗得斯认为这是一种简单从感情出发的政治幼稚主义。其结果是以人种为标尺对要解决的问题进行简单粗暴的割裂，罗得斯认为这是无论如何也要加以避免的（因为开普有许多布尔人，这样做会伤害他们的民族感情——笔者注）。其次，罗得斯认为麦肯齐混淆了"保护"和"兼并"的概念。罗得斯指出："你（麦肯齐）必须记住这个国家不是被兼并，它只是被保护。你不能在一个保护国升起国旗，除非是兼并，你才能那么做。"④

不出所料，麦肯齐的行为激怒了开普的阿非利卡人。在他们的压力下，开普议会拒绝批准已经答应的向英国政府提供保护贝专纳兰的行政费用。开普总理优品顿为打破僵局，向英国政府提出了一项新动议，即由开普来兼并贝专纳兰。罗得斯支持优品顿的建议，为了说服霍夫梅尔和"阿非利卡人协会"不设置障碍，他用经济利益来引诱霍夫梅尔和他的支

① Apollon Davidson, *Cecil Rhodes and His Time*, p. 75.

② J. G. Lockhart and C. M. Woodhouse, *Cecil Rhodes*, p. 88.

③ （演讲集）Vindex, *Cecil Rhodes His Political Life and Speeches 1881-1900*, p. 118。

④ Ibid. , p. 121.

持者。罗得斯指出，两个小共和国阻碍了开普通往内地的道路，而这条道路的重要性关乎南部非洲的未来。罗得斯说，把这条道路和北方让与一个已经对开普货物课以重税的国家（指德兰士瓦）难道不愚蠢吗?① 罗得斯用这个方法逐渐做通了霍夫梅尔及"阿非利卡人协会"的思想工作。鉴于斯太拉兰的布尔定居者可能更希望与德兰士瓦合并，而麦肯齐和茨瓦纳人则讨厌德兰士瓦而希望英国政府接管，因此，罗得斯认为在当前情况下最好的解决办法就是由开普出面兼并，这样两派可能都会接受。由于麦肯齐的愚蠢行为已经在斯太拉兰造成骚动，德兰士瓦政府和开普政府都宣布他是一个给和平带来威胁的人。最终，英国驻南非高级专员赫克留斯·罗宾逊召回了他，让罗得斯取代他做代理专员。后来罗得斯在一次选举的演讲中回忆了当时的情景。"高级专员说：那么，你去吧。但我没有部队派去支持你，你要自己判断一切。我回答说：你允许我做我认为对的一切吗? 高级专员说：是的，但是你别把事情弄糟，那样我不会支持你。"我回答道："那就是我所希望的。"② 从对话中可以看出高级专员对罗得斯的器重与信任，以及罗得斯本人的自信。

罗得斯几乎没带随从（只有一个仆人相伴）便只身上任了。他先来到斯太拉兰共和国，会见了其领导人范·尼克可和军事领导人德·拉·雷中校，由于此前麦肯齐的行为激怒了布尔人，所以他们对罗得斯也很不友好。后来罗得斯回忆当时的场面说："当我和德·拉·雷说话时，他对我说，血是一定要流的。对此，我记得我的回击是：先吃早饭吧，然后我们再来谈流血的事。就是这样，我和他待了一个星期。最后，我成了他孙子的教父。我们还签了协定。"③ 经过罗得斯的斡旋，布尔定居者们终于同意承认英国的保护。但交换条件是范·尼可克留任当地行政长官；布尔人的土地产权得到英方的确认；麦肯齐通过的关于斯太拉兰事务的决定被废除。南非高级专员罗宾逊及时批准了这项协定，英国政府也很快地给予了肯定。

斯太拉兰问题解决得很顺利，但是在戈申共和国，罗得斯遇到了麻烦。这里的情况较之斯太拉兰更加缺少组织和秩序。领导人盖·范·皮提

---

① J. G. Lockhart and C. M. Woodhouse, *Cecil Rhodes*, p. 88.

② （演讲集）Vindex, *Cecil Rhodes His Political Life and Speeches 1881-1900*, p. 98。

③ Ibid., p. 99.

斯是个非常粗鲁的人。他从德兰士瓦带来的布尔民团士兵比斯太拉兰还要多。在罗得斯到访之际，他还向马弗京的一个部落酋长莫特沙发动进攻，致使一个名叫班西尔的英国人在冲突中被布尔人所杀。罗得斯无力干涉戈申的乱象，对于同胞被杀也只能眼睁睁地看着。最后，罗得斯警告皮提斯等人他们的行为是在向大英帝国政府宣战，就返回斯太拉兰了。离开戈申不久，罗得斯就听说皮提斯已经强迫莫特沙让渡了他绝大部分土地，而且德兰士瓦的朱伯特将军已经承认了皮提斯与莫特沙之间的条约。几个星期后，德兰士瓦总统克鲁格竟然宣布出于人道主义的考虑，德兰士瓦政府将向莫特沙的领土提供保护。实际上，这是德兰士瓦共和国试图正式兼并戈申共和国之举，从而威胁了大北道路的畅通。英国政府迅速做出反应，殖民大臣德比勋爵告诉英国驻南非高级专员罗宾逊，克鲁格必须放弃他做出的声明。鉴于当时的形势紧张而微妙，罗得斯担心如果不立即采取果断措施，贝专纳兰就有失手的危险。在他的建议之下，英国政府做出派兵决定，任命查尔斯·沃伦将军为总司令。1885 年 1 月，沃伦将军作为英国特使率 4000 名士兵抵达贝专纳兰。

沃伦到达贝专纳兰后，经联系与德兰士瓦总统克鲁格在瓦尔谈判，罗得斯作为沃伦的随员陪同参加。沃伦是英方主要的谈判代表，罗得斯除了倾听外没有什么话语权。最后，克鲁格迫于英方的军事压力，加之德兰士瓦财政状况不佳，不敢贸然与英国发生冲突，只好选择从贝专纳兰撤退。德兰士瓦的威胁因素至此不复存在，但矛盾开始转至英方内部。在如何处置贝专纳兰问题上，沃伦与麦肯齐形成一派，而罗得斯和开普政府是另一派。罗得斯主张安抚并善待斯太拉兰和戈申的布尔定居者，取得他们的支持。那样一来，开普的"阿非利卡人协会"是会同意开普方面来兼并这两个小共和国的。贝专纳兰的北部则由英帝国建立某种保护制度。简言之，其要求就是贝专纳兰南部由开普兼并，北部则由英帝国实行保护。沃伦与麦肯齐对此持否定态度。沃伦主张由英国政府兼并整个贝专纳兰，在中部非洲腹地建立一个隶属英国直接管理的"皇家殖民地"。[①]为此，他无视罗得斯的建议和存在，擅自毁弃此前罗得斯已和斯太拉兰及范·尼克可签订的条约，不承认布尔定居者在那里的土地所有权，还以谋杀罪的指控逮捕了范·尼克可（后被无罪释放）。鉴于沃伦是英国特使、权力很

---

① J. G. Lockhart and C. M. Woodhouse, *Cecil Rhodes*, p. 92.

大，加之英国政府对沃伦的行为又没有及时制止，罗得斯只好选择辞去代理专员之职，离开了贝专纳兰。后来，罗得斯在回忆这段场景时，为自己辩护说："在我离开（贝专纳兰）前，我坚持认为查尔斯·沃伦先生破坏了此前的协议，而且他还得寸进尺指责我是对于这个国家（指贝专纳兰——笔者注）和平的一个威胁。但事实上，我是在为一个目标而努力，即为开普殖民地获得通往内陆的贸易线路而奋斗。"① 罗得斯辞职后，沃伦将军在贝专纳兰采取了一系列极端的做法打击布尔定居者。他在贝专纳兰全境颁布戒严令，向戈申发动进攻，赶跑了皮提斯和他的士兵。最后，他还做出了一个让南部非洲全体荷兰裔人口所不能接受的决定。沃伦下令：只有英国人才能进入贝专纳兰。对于沃伦鲁莽的决定，英国驻南非高级专员和开普总理都很不满。这时，英国政府也已注意到了沃伦在贝专纳兰的一系列狂妄行为所带来的后果，同时也被他要建立一个大的"皇家殖民地"的宏伟计划所吓到，于是召回了他。但是，沃伦所造成的麻烦已经很难修复了。英国最终决定对沃伦和罗得斯及开普方面的方案做折中处理，即在贝专纳兰南部包括两个小布尔共和国和邻近的茨瓦纳部落的领土上建立一个"皇家殖民地"；北部的贝专纳兰地区设英国保护下的贝专纳兰保护国，归代理专员西德尼·希帕德治理。② 最后，各方接受了这一安排。十年后（1895 年），英国政府将"贝专纳兰皇家殖民地"转交给开普方面，从而实现了罗得斯最初的设想。

　　1885 年贝专纳兰问题终于基本解决，这是罗得斯从政后的第一个比较大的政治行动，从中可以看出他的政治敏锐和判断力。他的富有远见和前瞻性的呼吁与努力，对于英国政府和开普殖民地政府在贝专纳兰问题上转变态度发挥了积极的促进作用，打消了德兰士瓦和德国从东西两面挺进中部非洲腹地的企图，保护了开普殖民地向北延伸的通道，并为英国下一步以贝专纳兰为跳板将殖民势力深入非洲腹地奠定了重要的基础。贝专纳兰危机解决之际，欧洲列强关于瓜分非洲的柏林会议刚刚结束不久，"有效占领"原则已被列强所承认。这就进一步刺激了英国在非洲大陆建立"有形帝国"的欲望，作为帝国殖民主义急先锋的罗得斯也开始酝酿运用

---

① （演讲集）Vindex, *Cecil Rhodes His Political Life and Speeches 1881-1900*, p. 124。

② 艾周昌、郑家馨主编：《非洲通史·近代卷》，华东师范大学出版社 1995 年版，第856 页。

其财富和势力来完成对贝专纳兰以北土地的"有效占领"

第二节　柏林会议的召开及其
对南部非洲的影响

1884—1885 年召开的柏林会议在非洲史、殖民主义史和国际关系史上都具有重要地位，它的召开无论对于非洲还是欧洲均具有划时代意义。柏林会议所倡导的"有效占领"原则直接导致 19 世纪后 25 年欧洲列强对非洲的瓜分狂潮。具体到南部非洲地区，柏林会议的召开加强了英、德、葡和德兰士瓦诸列强在此区域的争夺，对转变英国政府先前在殖民地问题上的态度以及罗得斯把英国殖民势力延伸进马塔贝莱兰和马绍纳兰地区甚至更远的赞比西河以北地区起了推波助澜的重要作用。

柏林会议有多个名称，它还被称为柏林西非会议、刚果会议、西非会议和柏林非洲会议。[①] 1884 年 11 月 15 日至 1885 年 2 月 26 日，柏林会议在德国首都柏林召开，出席会议的有英、法、德、比利时等 15 个国家。导致柏林会议召开的契机是列强在刚果河口的争端问题，因此又称为刚果会议。刚果河口争端问题之所以会发生与西方资本主义国家发展形态产生变化，即由自由资本主义向垄断资本主义阶段过渡，列强之间摩擦与纠纷日渐增多分不开。1876 年以前，西方列强还仅仅占领了非洲大陆 10.8%的领土，除开普殖民地和阿尔及利亚外，一般都只在沿海地区。[②] 1876 年以后情况突变，列强相继深入非洲内地，争先恐后地展开竞争。不仅一些老牌殖民地国家，如英、法、葡等国，迅速在非洲扩大自己的殖民地，而且一些后起的新兴工业国家，如德国、意大利、比利时，也拼命挤入殖民主义国家的行列，希望在非洲夺取一杯羹。1861 年，比利时国王利奥波德二世曾豪迈地写道："海洋冲刷着我们的海岸，世界展现在我们眼前。汽船和电力缩短了距离。地球表面一切未占用的土地，能够成为我们行动和成功的地域。"[③] 这样，列强之间在非洲的矛盾变得尖锐起来。

---

① 郑家馨主编：《殖民主义史·非洲卷》，北京大学出版社 2000 年版，第 349 页。

② 王绳祖主编：《国际关系史》第三卷，世界知识出版社 1995 年版，第 99 页。

③ 转引自艾周昌、郑家馨主编《非洲通史·近代卷》，华东师范大学出版社 1995 年版，第 610 页。

刚果河流域地处非洲的心脏地带，自然资源丰富，具有重要战略地位，19 世纪 70 年代后成为欧洲资本主义列强争夺的重点对象。比利时国王利奥波德二世是挑起刚果河口争端的罪魁祸首。最早了解那里情况的是美籍英国人亨利·摩尔顿·斯坦利。1871 年 11 月，斯坦利曾到东非坦噶尼喀湖以东一带考察。1874—1877 年，他又第二次到刚果河流域探险，获得了大量有关刚果河流域的地理、政治、自然资源和风土人情等方面的情报。他发现刚果河流域的整个中部地带，都有可航行的河流，这是非洲任何其他地方所没有的。利奥波德二世得知这一情况后非常感兴趣，斯坦利从非洲返回后，利奥波德二世立即聘请他代表比利时去刚果河流域开辟殖民地。斯坦利奉命而去，后来在刚果盆地，通过对当地土著酋长威逼利诱，骗得几百项条约建立 22 个商站和据点，为比利时在刚果盆地取得优势地位立下了功劳。

1876 年 9 月，利奥波德二世又倡议在布鲁塞尔召开了所谓 "国际地理学会议"，这是列强掀起瓜分非洲高潮的一次国际会议。参加会议的有比、英、法、德、意、俄、葡、奥匈和美国的地理学家和探险家。与会代表在进行科学考察和传播文明的幌子下，以讨论 "开化非洲所应当采取的最好办法" 为借口，实际上真正讨论的是如何瓜分非洲。会议决定成立 "国际中非考察与文化协会"（通称 "国际非洲协会"）。利奥波德二世被选为会长，他把协会的工作比拟为发动一次新的十字军远征，要把欧洲的进步与文明带到非洲这个黑暗大陆去。协会总部设在布鲁塞尔，各国分别设立分会，会后纷纷派遣人员赴非洲探索。1878 年 11 月，比利时成立了 "上刚果研究委员会"（1882 年改称 "国际刚果协会"）。布鲁塞尔会议召开的意义在于它把非洲内陆探险同帝国主义瓜分非洲联系在一起，会议的实质是欧洲列强拉开了大规模瓜分非洲的序幕。斯坦利在刚果河流域的扩张与法国发生激烈冲突，后来葡萄牙也卷入进来，宣称在刚果河口两岸拥有主权，向比利时提出抗议，并向英国求援。英国和德国也不愿坐视刚果河流域被比、法瓜分，于是刚果问题变得复杂化起来。

柏林会议就是在这个背景下召开的。1884 年 11 月 8 日，德国政府和法国共同发起了解决刚果河流域争端的国际会议。会议东道主为德国。柏林会议召开的目的是保证列强在不发生武装冲突的情况下对非洲进行瓜分，并使非洲问题的解决接受国际准则的制约。为此，柏林会议试图完成两项任务：其一，在列强同意和约束下，使 "国际刚果协会" 占领的土地处于"国际共管"的地位；其二，起草一份国际公约，这份文件可以对欧洲列强获得非洲土地而采取的方式起某种控制和调节作用。会上，与会国之间立场相距甚大。德、英、美等国在刚果未占有领土，它们主张在刚果河流域尤其是河口地区实行自由贸易。法、葡在刚果地区占有领土和权益，它们极力反对在其占领区实行自由贸易。列强经过激烈的斗争，最终产生了1885年2月26日签订的《总议定书》。该文件共7章38条，6万余字，规定了列强瓜分非洲领土应共同遵守的原则。会议主要解决了以下三个问题：

第一，刚果归属问题。

这个问题是利奥波德二世利用列强间的矛盾在会外通过双边会谈解决的。起初，法国代表提出了对刚果河整个右岸和左岸部分地区的要求。俾斯麦和英国反对法国这一要求。利奥波德二世则一再向与会国保证，国际刚果协会主张在刚果地区实行贸易自由，从而得到德、英、美及多数与会国家的赞许和支持。因此，俾斯麦采取了促成法、比妥协以抵制英、葡结盟的策略。各大国谁都不愿让刚果被强大的对手所控制，它们宁可把刚果及其河口交给利奥波德二世的"国际刚果协会"（实际上是弱国比利时），也不划归法国或葡萄牙及其保护者英国。这样比利时就在大国博弈之间寻找到了空间和机会。经会下"国际刚果协会"与各国代表分别进行双边会谈，比利时的要求终于取得了各国的同意。在德、英两国的压力下，法国代表撤回了自己的要求，承认"国际刚果协会"对刚果河口地区的领土权利。但法国方面提出的交换条件是：今后"国际刚果协会"如果出售其领地，法国应享有优先购买权；协会同意法国占有刚果河以北和以西地区，但刚果河口除外。葡萄牙在法、德、英三国压力下，也被迫放弃对刚果河口北岸的要求，仅在卡奔达保持一块领地。会议期间，"国际刚果协会"先后与英、意、奥、西、俄、瑞典、挪威、丹麦、比利时达成协议。这些协议的内容大致相同，即各国承认"国际刚果协会"对刚果的主权；协定中没有国际共管的约束字眼。这样，利奥波德二世就堂而皇之地成为刚果的主人，把刚果盆地变为其私人采邑，称为"刚果自由邦"，利奥波德二世为该邦元首。

第二，关于刚果河流域自由贸易与自由通航问题。

议定书规定在刚果河流域、河口和附近地区，包括利奥波德二世的领地、法属刚果南纬2度30分以南和葡属安哥拉的南纬8度以北为自由贸易区。自由贸易地区可以一直伸展到印度洋沿岸，但须取得"主权国家"的同意。"各种船只，不分国籍"均可在上述领土的沿海地带、河流、刚果河及其支流、湖泊、港口通行无阻，"所有输入这些领土的货物一概免除进口税和过境税"。会议还规定："任何在前面所标地区享有或将享有最高权利的国家，不应在该地区对贸易实行垄断和享有特权。"① 比利时也同意这项规定，以换取其他国家对自己的支持。关于内河航运自由问题，英法都不允许自己占领区的内河"航行自由"，最后只通过了在刚果河流域实行国际监督下的自由通航。

第三，关于"有效占领"原则的确认。

会议对此问题争论激烈，德、法联合起来，力图遏制英国在非洲进一步扩张，它们联合提出今后在非洲取得领土必须遵循"有效占领"原则。即任何国家对非洲任何地区的占领，不应光是在文件上以及通过在地图上划线来确立，而必须由管理人员或者军队形成"实际占领"，每一个国家当它认为哪些土地已为自己占有时，必须通知"本议定书上签字各国，惮使他们及时提出其要求"，任何欧洲国家对有争议地区必须实行"有效占领"，才能获得合法"转让"。英国面对德、法的联合压力，最初拒不同意。因为英国在它几乎所有的非洲"保护国"中，仅具有"最高权力"的地位，并未构成"有效占领"。最后经过激烈争论，"有效占领"原则被写入《总议定书》第六章："关于在非洲大陆沿海取得新领土足以被认为实际有效占领的主要条件的宣言。"其中最重要的是第34、35条，提出了承认占领的两个条件。第34条规定："任何国家，如在其现有属地以外，今后再占领非洲大陆沿海的一块土地，或过去尚无此等属地，而今后将进行占领之任何国家，以及在非洲大陆已领有被保护国之同家，均应在进行新的占领时，分别通知本议定书之其他缔约国，以便彼等在必要时得以提出彼等之权利主张。"这就是所谓"有效占领"原则。第35条规定，本议定书缔约国今后在非洲大陆沿海地区占有领土时，必须"保证建立足以保护现有各种权利的统治权力，并在必要时，保证遵守规定条件的贸易自由"，才能承认其"有效占领"。②

1884—1885 年柏林会议及其《总议定书》，在帝国主义瓜分非洲的历

---

① 《国际条约集》（1872—1916），世界知识出版社 1986 年版，第 237 页。

② 王绳祖主编：《国际关系史》第三卷，世界知识出版社 1995 年版，第 102—105 页。

史上具有重要的意义。柏林会议召开之际正是贝专纳兰危机处于高潮时期，因此柏林会议的召开和"有效占领"原则成为列强解决殖民地问题的通则对于英国政府转变此前优柔寡断的态度，积极采纳罗得斯建议并于1885 年 1 月派出沃伦将军率 4000 士兵进占贝专纳兰，以及在 9 月宣布把贝专纳兰南部作为皇家殖民地、北部建成贝专纳兰保护国，具有直接推动作用。当然，导致英国在贝专纳兰问题上采取断然措施的因素还有其他一些，例如来自德国自西南非的竞争等，但柏林会议及其原则所发挥的推波助澜作用是不容小觑的。柏林会议后，德国、葡萄牙和德兰士瓦共和国在南部非洲对英国形成的压力明显增大。德国在占领西南非后，积极利用英国与两个布尔共和国的矛盾企图插手南部非洲事务。为此，德国甚至以种族主义为诱饵提出联合布尔人建立所谓"条顿非洲"的设想。1884 年德国与德兰士瓦签订商约，为德国资本在南部非洲的活动开辟了道路。以克虏伯公司为首的德国大公司供应了德兰士瓦所需的全部铁路设备，以德意志银行为首的德国各大银行在德兰士瓦掀起了投资热潮。德国还控制了德兰士瓦共和国的军火企业。1886—1896 年，德国对德兰士瓦的出口贸易从 30 万英镑增加到 1200 万英镑，10 年中增加了 40 倍。[1] 德兰士瓦共和国也因境内金矿的发现，为其带来了生机，而且打破了原来南部非洲的政治平衡。柏林会议后，德兰士瓦共和国向外扩张的意图逐渐明显，与英国的矛盾呈上升趋势。另外，由于受到柏林会议"有效占领"原则的刺激，老迈的葡萄牙帝国也变得蠢蠢欲动，它以历史上曾征服过莫诺莫塔帕王国[2]为借口，对马绍纳兰提出领土要求，希望将其在东非与西非的殖民地连接起来。[3] 为了增加对付英国的砝码，葡萄牙于 1886 年和 1887 年分别同德国和法国缔约，保证在占领马绍纳兰、打通其安哥拉和莫桑比克殖民地之间联系后绝不在其领地歧视其他大国（主要指德、法——笔者注）的权利，以此拉拢德、法支持它与英国斗争。德、法最终同意了葡萄牙的

---

① ［苏］苏斯曼诺维奇：《帝国主义对非洲的瓜分》，文志玲译，世界知识出版社 1962 年版，第 103 页。

② 莫诺莫塔帕王国存在于 15—19 世纪，其鼎盛时期领土包括林波波河和赞比西河之间区域和后来的莫桑比克大部，葡萄牙人 17 世纪时曾征服这个国家，莫诺莫塔帕王国向葡萄牙称臣纳贡。18 世纪后葡萄牙势力在该地区的影响日渐衰落。——见《中非史》。

③ John S. Galbraith, *Crown and Charter*：*The Early Years of the British South Africa Company*, p. 37.

要求。葡萄牙的野心引起了英国政府的不安，1887年索尔兹伯里勋爵以没有"有效占领"为借口断然拒绝了葡萄牙人对马绍纳兰的领土要求。[1]

因此，柏林会议在英国殖民史上的意义在于使英国政府面对外部环境的恶化，从根本上确立了建立有形帝国的决心，并对罗得斯的北进战略采取主动支持的态度。柏林会议带来的另一个后果是促使罗得斯更加主动向北扩展，要利用"有效占领"原则完成对贝专纳兰更北边的土地——林波波河以北土地的占领。[2]

第三节 侵略河间地区建立罗得西亚殖民地

解决了贝专纳兰问题后，罗得斯又将目光投向贝专纳兰北部的广阔土地上。那里处于赞比西河与林波波河两条大河的中间区域，因此也被称为河间地区。在当时，河间地区神秘而人迹罕至，在那片土地上生活着骁勇善战的马塔贝莱人，他们的国家被称作马塔贝莱王国。罗得斯明白要实现开普—开罗计划，就必须让英国势力左右河间地区。况且1885年柏林会议结束后，葡萄牙、德国和德兰士瓦共和国的布尔人都企图染指这片区域，以实行"有效占领"。英国此时已确立了建立有形帝国的坚强决心，当然不能坐视广阔的河间地区为别人染指。1889—1894年，在英国政府的支持下，罗得斯及英国南非公司最后打败马塔贝莱国王洛本古拉，以武力占领了这一地区。1897年，这片广阔的区域被称为罗得西亚。

一 攫取拉德租让书

19世纪后，一些欧洲的猎人、旅行者和传教士出于各种原因到过河间地区。从他们的描述中，人们开始逐渐了解了这块北方之土的有关情况。这些探险者把这个广阔的区域描述为像希巴和俄斐[3]那样的盛产香料、宝石与黄金之地，引得许多白人对此垂涎不已。这片辽阔的区域基本处于林波波河以北、赞比西河以南。它的北部地区被称为马绍纳兰，南部

---

① James Duffy, *Portuguese Africa*, p. 215.

② ［英］廷德尔：《中非史》，陆彤之译，上海人民出版社1976年版，第249页。

③ Sheba：希巴，阿拉伯南部一古王国，今也门地区，以经营香料、宝石贸易著称；Ophir：俄斐，产金地，见《旧约·列王传》。

地区被称为马塔贝莱兰。马塔贝莱人是这片土地的主人，在这里他们建立了强大的马塔贝莱王国。马塔贝莱人是恩贡尼人的旁系，恩贡尼人是晚铁器时代班图人的后裔。恩贡尼人原来居住在林波波河以南德拉肯斯堡山地区，以畜牧业为生。由于畜牧业发展需要，恩贡尼各部族逐渐形成了两大集团，分别由兹威代和丁吉斯瓦约领导。这两支恩贡尼人均采用军事体制，都具有很强的战斗力。后来，两大集团发生内战，兹威代领导的恩贡尼人战败。大约在19世纪30年代，这些被打败的恩贡尼人开始北迁。马塔贝莱人属于这些被打败的恩贡尼人的一支，他们在其首领姆济利卡齐的率领下，于1839年占领后来的马塔贝莱兰，消灭了原来居住于此的绍纳人建立的昌加米腊国家。马塔贝莱人的社会是一个军事体制的社会，其整个社会结构的组成就是为了对外征战和统治被征服民族。[①] 为此，整个国家划分成若干军区，分别由不同的首领领导。在姆济利卡齐时代，国家划分成四个军区；在姆济利卡齐的儿子洛本古拉时代，国家则分成五个军区，军区以下设有军团。由于沿用祖鲁人的模式，权力高度集中是马塔贝莱王国政治的一个特点。这一点与被其征服的绍纳人社会正好相反。[②] 国王是马塔贝莱王国的统治核心，拥有绝对权威。他集军事、经济、司法、宗教等权力于一身。国王以下有由酋长组成的顾问团，充当国王的参谋。马塔贝莱人频繁出击，将掠夺牲畜和俘虏作为直接的产品；被征服土地的贡赋则是间接的产品。因此，学者科宾对此评价说，"这个王国就是建筑在这样的组织上，因而具有的军事潜力绝对不同于邻近的以政治团体为单位的非洲国家"[③]。

　　英国人最早和马塔贝莱人发生联系是在1835年。当年，一个名叫安德鲁·史密斯的英国人率领一支开普官方探险队拜访了姆济利卡齐。姆济利卡齐认识到和英国人建立友好关系的重要性，因此他很快派了手下的一位高级官员前往开普，和当时的开普总督本杰明·德班爵士（1834—1838年在任）签订了一项友好条约，想借助英国人的力量帮他抵御当时正在向北方大迁徙的布尔人对其领地的侵略。后来证明这项条约没有发生丝毫效用，英国人根本无意帮助马塔贝莱人抗击布尔人。最后遭到布尔人

①　*Zimbabwe: A Country Study*, p. 14.

②　Ibid..

③　何丽儿：《南部非洲的一颗明珠——津巴布韦》，当代世界出版社1995年版，第51页。

和祖鲁人夹击的马塔贝莱人只好北迁至河间地区。[①]

从 1870 年 3 月开始，统治马塔贝莱王国的国王是姆济利卡齐的儿子洛本古拉。与其父相比，洛本古拉更为明智，并且对未曾亲见的外部世界有一些了解。他对白人的军事力量有所耳闻，因此尽力避免与白人发生冲突。但是 1865 年和 1866 年，先后在马绍纳兰及马塔贝莱兰发现金矿的消息传出后，这个地区立刻成为是非之地。许多国家的殖民者都开始打起这块土地的注意来。面对这一情况，洛本古拉十分头疼和为难。葡萄牙对这片区域一直心存野心，它希望占据这块区域以便将其在安哥拉和莫桑比克的殖民地连接起来。但与其他列强相比，葡萄牙是个穷国弱国，它不敢擅自使用武力夺取，而是希望通过外交手段达到目标。为此，它于 1886 年和 1887 年分别和德国、法国谈判，葡萄牙以占有安哥拉与莫桑比克之间土地但在那里不歧视其他列强的权利为前提条件，得到德、法支持占有此地。随后，1887 年葡萄牙又和英国商量，但遭英国首相索尔兹伯里勋爵断然拒绝。[②] 随后，德兰士瓦的布尔人也开始发难。德兰士瓦的布尔人对这里也有野心，一个原因是 19 世纪 80 年代后，特别是贝专纳兰成为英国势力范围后，德兰士瓦在东、西、南三个方向都受到英国的挤压，它只能向北方发展。另一个原因是 19 世纪 80 年代德兰士瓦发现金矿后，许多布尔农民为了获利纷纷把农场卖给了外来的淘金客，这就造成布尔农民缺地现象比较严重。因此，不仅是私人而且德兰士瓦政府也开始把目光投向林波波河以北的地方，希望在那里获得土地。[③]

1887 年，德兰士瓦总统克鲁格派出两名代表皮特·格罗布勒和弗雷德里克·格罗布勒访问洛本古拉，并于 1887 年 7 月 30 日说服洛本古拉同意与德兰士瓦政府签订一项所谓友好条约。但是这是一项不平等条约，根据条约，马塔贝莱王国实际成为德兰士瓦的附庸型盟友。按照条约，洛本古拉国王要应德兰士瓦要求提供军事支援；要保护在他领土上的德兰士瓦公民的安全；德兰士瓦公民的管理由德兰士瓦派驻的领事负责；所有德兰士瓦人与马塔贝莱人之间发生的民事案件要由德兰士瓦领事裁决。[④] 依托

① Edward C. Tabler, *The Far Interior*, p. 197.

② James Duffy, *Portuguese Africa*, p. 215.

③ Gann, *Southern Rhodesia*, pp. 71-72.

④ Ibid., p. 72.

这项条约，布尔人声称已经取得了洛本古拉领地的租让权。 条约签订不久，洛本古拉就后悔了，因为他觉得英国人虽然可怕但似乎对矿产的兴趣更大，而布尔人却是冲着他的土地来的。两相比较，显然布尔人更加可怕。结果，他后来否认了签过这份友好条约。条件对他是有利的，因为没人听说过条约签署的地点到底在哪里。见证条约签订的白人仅是德兰士瓦政府的两名代表，他们也没法确定见证洛本古拉签章的酋长们到底是哪些人。但德兰士瓦政府不为所动，决定按条约办事。它于 1888 年初任命皮特·格罗布勒为驻马塔贝莱兰的"共和国领事"。但是不久发生的一件偶然事件彻底破坏了德兰士瓦政府的安排。情况是这样，当皮特·格罗布勒接受任命后准备回德兰士瓦接家眷，结果他和随行人员在路上遭到了贝专纳兰的恩格瓦托部落首领卡马的武装人员的截击，皮特·格罗布勒在混战中被杀。

（一）莫法特条约

虽然从开普向北扩张一直是罗得斯的非洲战略，但具体到河间地区，他的反应却比布尔人慢了一拍。原因是在 1887 年以前罗得斯对这里的价值认识不足，他认为这里不适合欧洲人居住，因此任何关于在此地殖民的计划都被他斥责为荒唐。另外，他对这里到底有没有传说中的矿产资源也持怀疑态度。但是面对不断传来的探险者和访问者对当地的描述报告，他逐渐对河间地区变得热心起来。这里特别要提一下一个叫爱德华·A. 蒙德的英国人。蒙德 1885 年来到马塔贝莱王国，这里的情况给他留下了深刻的印象。他认为河间地区非常适合英国人占领，占领此地的途径首选外交途径，如有必要就采取武力。1886 年，蒙德将其在马塔贝莱王国的见闻以报告形式出版，在报告里他盛赞此处矿产资源之丰富，出版后引起不小反响。正是受到这些因素的影响，罗得斯开始认识到河间地区在地理上属于高平原地带，那里气候凉爽，的确适合欧洲人殖民。另外在矿产资源方面，他也开始认为在马塔贝莱兰和马绍纳兰地区可能会存在比兰德地区更加丰富的矿产宝藏。因此，河间地区的重要性在罗得斯的战略中凸显出来。 除罗得斯外，这时英国政客中对河间地区的重要性有清醒认识的，

---

① J. G. Lockhart and C. M. Woodhouse, *Cecil Rhodes*, pp. 128-129.

② John S. Galbraith, *Crown and Charter: The Early Years of the British South Africa Company*, p. 41.

还有英国驻南非高级专员赫克勒斯·罗宾逊爵士以及 1885 年出任英国驻贝专纳兰和卡拉哈里代理专员的西德尼·希帕德爵士。罗宾逊爵士虽然从内心里非常希望英国将势力范围延伸至赞比西河流域，但无奈英国政府在这个问题上还是磨磨蹭蹭。索尔兹伯里勋爵和他的前任格莱斯顿一样，也不愿承担将势力范围扩展至非洲内陆所带来的责任和义务，担心此举将给英国政府带来行政经费支出的增加。因此，罗宾逊爵士的处境变得十分尴尬，认为没有希望让英国内阁认同他的观点。[1] 希帕德则主张英国应将势力范围至少扩张至赞比西河。1887 年 5 月，他写信给罗宾逊爵士向其陈述河间地区对于英帝国的重要价值，认为这一区域是未来建立英国统治下的联合南非的必要组成部分。他认为占据这片区域再据有德拉戈阿湾的国家，就是掌握了打开南部和中部非洲财富与贸易的钥匙。[2] 德兰士瓦布尔人的行动令罗得斯十分吃惊，他决定立刻行动起来，不甘心马塔贝莱兰落到德兰士瓦手里。他恳求赫克勒斯·罗宾逊给予帮助。为了说服罗宾逊爵士不要再采取骑墙的两面讨好的策略，罗得斯邀请他一起来到桌山。望着桌山上那些废弃的碉堡，罗得斯感慨地说："两百年前那些可敬的先民们认为的边界线就是这些碉堡。但是看看现在的情况，我们在哪儿？我们早已越过了瓦尔河。设想那些先民们地下有知，会作何感想？"罗宾逊询问他："你打算在什么地方停下呢？"罗得斯回答说："我会在无人声称权利的地方止步。"[3] 罗宾逊爵士被打动了。最后，两人决定采取一个消极一些的方案，即设法让洛本古拉保证在没有英国政府的同意下，洛本古拉将不向任何外国政府承担义务。这样做的好处是并没有声明英国对洛本古拉的责任，却可将马塔贝莱王国置于英国的势力范围，这个方案和英国政府的基本政策不发生冲突。经过讨论，罗宾逊同意让希帕德尽快按照这一设想将此方案用法律形式固定下来。他让希帕德赶快写一封信给其助手约翰·莫法特，交代莫法特两项任务：首先，搞清楚格罗布勒与洛本古拉签订条约的真相；其次，说服洛本古拉与英国政府签订一项条约，承认英国在马塔贝莱兰具有排他性影响。

---

[1]　*Shippard to Moffat*, September19, 1887, N. A. R；Vindex, p. 189.

[2]　John S. Galbraith, *Crown and Charter*：*The Early Years of the British South Africa Company*, p. 44.

[3]　J. G. Lockhart and C. M. Woodhouse, *Cecil Rhodes*, p. 130.

　　约翰·莫法特是著名传教士罗伯特·莫法特之子。他曾是伦敦传教会的教士，受伦敦传教会委派来到马塔贝莱王国传教。由于在马塔贝莱王国传教很不顺利，后来他对这项传播福音的事业失去了热情。1865 年他离开了马塔贝莱王国，1884 年转而从政，被委任为贝专纳兰助理专员，是希帕德的下属。他的父亲罗伯特·莫法特也曾深得老国王姆济利卡齐的信任。因此，这是一个执行罗得斯使命的非常合适的人选，而形势对莫法特的行动也很有利。此时，洛本古拉正被白人特别是德兰士瓦的布尔人纠缠得十分苦恼。莫法特在和洛本古拉的会谈中，夸大了马塔贝莱王国遭到外敌入侵的危险，并向他夸赞"伟大的白人女王"（指维多利亚女王）的强大与仁慈，劝洛本古拉请求英国的保护。① 洛本古拉被打动了，因为他觉得与其被布尔人统治，也许选择宽松一些的英国的保护更好些。于是在 1888 年 2 月他同莫法特签订了条约，即"莫法特条约"。在这项条约中，洛本古拉保证没有英国驻南非高级专员的同意，他将不同任何其他国家签订条约或放弃任何领土。因此，可以推断根据这项条约洛本古拉已把他的国土置于英国的保护之下了，属于英国的势力范围。下面将条约内容扼要摘录如下："洛本古拉，阿曼德贝莱国的统治者会同附属马绍纳和马卡拉卡同意遵从以下条款及条件……大英帝国及其臣民与阿曼德贝莱人民的和平与友谊将永远保持下去；缔约方首领洛本古拉将尽自己最大的努力来阻止条约被破坏，保证严格遵守条约和执行条约。洛本古拉——阿曼德贝莱国的至高无上的统治者及其前述附庸兹进一步宣布：在没有英国驻南非高级专员的批准和知情以前，他将不与任何外国或势力保持联系或签署条约出卖、让渡或割让其领土，也不允许或支持任何出卖、让渡或割让其全部或任何部分的领土以及附庸的领土。……"②

　　莫法特条约的特点是比较契合英国政府的政治立场，但为了完全得到英国内阁对这一条约的支持，罗宾逊爵士还是决定先把这里的局势通报英国政府，他希望以此增加英国政府对这个地区的重视程度，以便莫法特条约顺利得到批准。1888 年 2 月底，罗宾逊爵士把德兰士瓦共和国已经在马塔贝莱兰地区建立保护制度，其范围包括塔迪金矿区的情报告之伦敦。英国外交部的首席非洲专家珀西·安德森爵士认为如果情报准确，那么表

---

① ［英］廷德尔：《中非史》，陆彤之译，上海人民出版社 1976 年版，第 253 页。

② J. G. Lockhart and C. M. Woodhouse, *Cecil Rhodes*, pp. 131–132.

明马塔贝莱兰地区的情况已经非常严重了。但索尔兹伯里首相对此表示并不担心，他认为《伦敦协定》① 中根本就没有批准德兰士瓦有建立这种保护制度的权力。但安德森爵士指出《伦敦协定》只是限制了德兰士瓦向其国境以西和以东土地扩张，对其向北方扩张没有规定。他认为这是英国谈判代表的失误。索尔兹伯里首相认为《伦敦协定》的第一部内容规定了禁止德兰士瓦与任何国家（state）或民族（nation）缔约，马塔贝莱王国至少符合后一个类别（即民族 nation）。② 通过交换意见，索尔兹伯里首相及其幕僚们针对马塔贝莱问题明确两点共识：首先，仍然不赞成英国政府对马塔贝莱兰采取直接行政管辖；其次，不允许德兰士瓦和其他任何欧洲国家兼并马塔贝莱兰地区。他们认为莫法特条约是符合索尔兹伯里内阁制订的外交基准的。那么到底应该怎么办呢？一些殖民部和外交部的官员支持对马塔贝莱王国采取保护国制度，因为那样一来英国其实是间接统治马塔贝莱王国，其责任与义务不会很大。对此提议，索尔兹伯里首相仍然不满意。最后经进一步讨论，索尔兹伯里首相提出他不反对推出一个非政府性质的代理人代表英国控制此地，就像 1888 年 4 月刚刚在东非由麦金农组建的英国东非公司一样，他欢迎采取这种模式以达到帝国的外交目的。因此从当时英国政府的外交方针来看，莫法特条约实际上为在南部非洲建立一个代表英国利益的特许公司敞开了大门，同时也只有这一选择才能满足索尔兹伯里的要求。从开普殖民地的角度来看，在当时开普方面对于代表英国统治河间地区既无兴趣也缺少行动经费。③ 所以，只有依靠建立一家代表英国利益的私人企业统治河间，才能使英国政府摆脱当前这一困局，除此之外没有更好的办法。那么谁最合适出面组建这个特许公司

---

① 《伦敦协定》是第一次英布战争后双方为解决善后问题而签订的条约。1883 年，克鲁格亲率代表团到伦敦要求修订 1881 年双方签订的《比勒陀利亚协定》，答应放弃受其保护的两个布尔人共和国斯太拉和戈申共和国，以换取英国取消对德兰士瓦的宗主权。最后，在 1884 年 2 月英布双方签订了《伦敦协定》。该协定虽然取消了《比勒陀利亚协定》载有的英国宗主权规定的《前言》，恢复了德兰士瓦的原名南非共和国，但德兰士瓦仍受英国两方面限制。协定第四条规定未得英国政府同意德兰士瓦不得与他国缔约，但奥兰治除外。第六条禁止德兰士瓦兼并其国境以西和以东土地，条文注明德兰士瓦没有此类缔约权。——见《非洲通史·近代卷》，第 864—865 页。

② *Notes on C. O. to F. O.*, *March* 6, 1888, P. R. O.

③ （演讲集）Vindex, *Cecil Rhodes His Political Life and Speeches* 1881-1900, p. 193。

呢？当然是罗得斯。罗得斯在领会了索尔兹伯里的用意后，对于由自己来承担这项任务非常自信。他相信自己可以比其他类似公司在扩大英国势力范围方面做得更好。他认为既然英国东印度公司（也是私人公司——笔者注）可以给大英帝国带来印度，那么他为什么不能给大英帝国带来南部非洲与中部非洲呢？① 因此，罗得斯立即展开了行动。

（二）拉德租让书

罗得斯决定了要由自己来占领和开发北方领土后，决定先派人去马塔贝莱兰谋取矿山的租让权，他认为矿山的租让权应是他谋划中的公司的基础。② 这时许多租让权谋求者已经成群地涌向马塔贝莱兰，其中有些人是为自己干的冒险家，另一些人则是代表其他大财团或商业公司利益的。③ 其中包括德国人舒尔茨率领的一批人，格雷汉姆斯顿辛迪加派来的约瑟夫·伍德、威廉·弗朗西斯、爱德华·钱曼等人，还有一个由开普商人和政客为后台的"大北金矿勘探公司"。"大北金矿勘探公司"的幕后老板成分复杂，包括开普的葡萄酒商人、开普商业银行的前经理、桌山港口委员会的秘书、阿尔福雷德·拜特的堂兄弟利佩特，以及金伯利的前任市长和开普敦市长。"大北金矿勘探公司"的许多幕后老板对采矿懂的并不多，然而他们确信取得矿山租让权就会给他们带来金钱。他们派了两个年轻人，一个叫弗兰克·约翰逊，另一个叫毛瑞斯·海尼，作为代表替他们向洛本古拉寻求租让权。④ 除此之外，还有一个后来给罗得斯带来很大麻烦的联盟公司"贝专纳兰勘探与开发公司"。为了保护自己的利益，罗得斯也立刻挑选出三名他信任的人：查尔斯·拉德、弗兰克·汤普森和罗奇福特·马奎尔作为代表，以德比尔斯公司为后盾，前往马塔贝莱兰以获取洛本古拉领土上的采矿租让权。拉德是罗得斯早期在金伯利的合作伙伴之一，是一个靠得住的朋友。汤普森在贝专纳兰时曾担任罗得斯的秘书，后来又进入德比尔斯公司工作，为公司组建过供土著劳动力居住的矿工院，并成功遏制了钻石的黑市买卖行为；此外，他还懂一些非洲土著人的语

---

① （演讲集）Vindex, *Cecil Rhodes His Political Life and Speeches* 1881–1900, pp. 193–194。

② Ibid. , p. 194.

③ ［英］廷德尔：《中非史》，陆彤之译，上海人民出版社1976年版，第253页。

④ John S. Galbraith, *Crown and Charter：The Early Years of the British South Africa Company*, pp. 49–50.

言，了解一些土人心理。第三位代表马奎尔是罗得斯在牛津时的同学，也是一位训练有素的律师。按照罗得斯的设想，拉德将主要负责商业事务方面的谈判，汤普森负责与非洲人的接洽，马奎尔的任务是把形成的协定内容用适当的法律语言表述出来。

三人一行于 1888 年 9 月 20 日抵达布拉瓦约，与莫法特会合，并很快与洛本古拉见了面。谈判工作迅即展开，担任翻译的是伦敦传教会的牧师 C. D. 海尔姆。但是会谈进行得十分不顺利，原因在于此时来到布拉瓦约的还有上文提及的其他一些白人访客，他们也抱着同样的目的。面对这些租让权谋求者们坚持租让权应归自己的强硬要求，洛本古拉左右为难，不知应该把租让权给谁才对。正当拉德三人一筹莫展时，西德尼·希帕德爵士的到来使事情出现了转机。希帕德作为英国在贝专纳兰的代理专员于 1888 年 10 月访问了洛本古拉，目的是讨论洛本古拉的王国和贝专纳兰的边界纠纷问题。① 希帕德与洛本古拉的会谈没有留下记录，但是显然希帕德帮他的朋友罗得斯说了话。希帕德走后没几天，形势就发生了有利于拉德三人的变化。10 月 30 日，洛本古拉通知拉德等人同意给予租让权。租约规定：洛本古拉授予被授权人"针对我的王国的一切金属和矿藏的管理权限，允许他们为了开采和获取这些金属和矿藏进行必要的一切活动"；该租约对被授权人之外的其他谋求租让权者具有排他效力，"同意在 10 月 30 日后，没有被授权人的同意不租让土地或开采权"。作为回报，洛本古拉每个月可得到 100 英镑现款，外加 1000 支来复枪、10 万发子弹和赞比西河上的一艘炮船或折价 500 英镑。最后一条给予汽船是罗得斯的主意。② 这份文件上盖有洛本古拉的签章和拉德三人的签字，见证人是海尔姆和乔耶。后来的情况表明，在租约内容的设定上，拉德三人欺骗了洛本古拉。租约的书面内容与他们口头告诉洛本古拉的内容存在巨大差异。洛本古拉认为白人最多只会来 10 个人到他的领土上开采矿物，他出让的权利是微小的。关于这一点，随行的翻译海尔姆曾有过评述，他认为洛本古拉只是想出让一个洞而已。③

---

① ［英］廷德尔：《中非史》，陆彤之译，上海人民出版社 1976 年版，第 254 页。

② Basil Williams, *Cecil Rhodes*, p. 126.

③ 何丽儿：《南部非洲的一颗明珠——津巴布韦》，当代世界出版社 1995 年版，第 61 页。

二　获取委任状，组建英国南非公司

罗得斯得知租让书签订后十分高兴。他把租让书的一份副本立刻送交英国殖民部审阅，上面附有南非高级专员罗宾逊的推荐意见。罗得斯知道高级专员罗宾逊是支持他的，因此对殖民部的反应并不担心。正当罗得斯兴高采烈准备向英国政府申请特许状时，情况发生了不利于他的转变。拉德租让书正式公布后，马塔贝莱人才知道上当受骗。许多马塔贝莱酋长甚至普通人都对租让书的签订深表气愤。1889 年 1 月 18 日，英国人办的小报《贝专纳兰新闻》刊登了洛本古拉的一封信，信里说："听说一些报纸发表消息说我已把我全国的矿产都租让给拉德、马奎尔和汤普森了。既然对此事有很大误解，我宣布一切以此租让权为根据的活动暂停。本王拟在我的国土上进行查勘。"① 这时，前面提到的 E. A. 蒙德（他此时是"贝专纳兰勘探与开发公司"的代表，来到马塔贝莱兰寻求租让权）利用这个机会，极力撺掇洛本古拉国王派几名他信任的酋长充当他的"眼睛和耳朵"，去英国朝见维多利亚女王。他的用意是想用这个行动向英国政府表明，拉德租让书并非具有法律效力的文件，企图以此挽回败局打击罗得斯，为自己代表的公司重新拿回马塔贝莱兰的矿产租让权。这一建议正合洛本古拉的心意，他也想利用派出使节去英国的机会，来看看那个久闻大名的"白人女王"究竟是否真有其人，她是否像拉德等人说的那样强大，还有罗得斯是否真是女王的代表。此外，洛本古拉还想和女王之间达成一个协议，劝说女王阻止其属下涌入马塔贝莱兰的领土。② 他选出了两名酋长巴比亚纳和姆希提，让他们带上他写给女王的一封信，在蒙德的陪同下向欧洲出发了。现实表明蒙德代表的两家联盟公司"贝专纳兰勘探与开发公司"，才是罗得斯寻求租让权的竞争者中最危险的敌人。他们不仅处心积虑要破坏拉德租让书，而且早在 1888 年夏天就向英国殖民部宣布两家公司将在获得政府特许状后，在贝专纳兰的茨瓦纳人领袖卡马以及马塔贝莱王国洛本古拉的领土上开采一切矿藏，并修建一条通到赞比西河的铁路。罗得斯非常气愤，因为这正是他的计划！罗得斯决定干掉这两个公司，他的策略是和在金伯利矿区对付竞争对手一样，如果可能先和他们做

① Apollon Davidson, *Cecil Rhodes and His Time*, pp. 141–143.

② Ibid., p. 145.

交易，实在不行再采取强硬手段。1889 年 3 月，罗得斯抵达伦敦。此行带着两个目的：第一，和竞争对手谈判，争取和平解决矛盾。他清楚拉德租让书是块大肥肉，许多人都盯着它，因此自己的敌人很多。第二，游说英国政府和英国民众，让他们同意将非洲内陆的管理与开发的权力委托给罗得斯组建的特许公司。① 第一个目标完成得比较顺利。当殖民部收到罗得斯和考斯顿（贝专纳兰勘探与开发公司的领导）的两份计划后，殖民部次长罗伯特·赫伯特暗示两家可以合作，这样他们的目标会更容易达到。罗得斯和考斯顿表示同意这样安排。为了加强彼此联系，罗得斯和拜特购买了考斯顿和吉福德的勘探公司的大部分股票，而考斯顿和吉福德也答应出任罗得斯即将组建的新公司（即英国南非公司）的高级行政官。② 这样一来，蒙德就不再成为罗得斯的敌人了，而两名出使英国的马塔贝莱兰酋长对此却一无所知，被蒙在鼓里。

但是第二个目标完成得十分艰难，想取得特许状很不容易。在伦敦，罗得斯遇见了他的老对手麦肯齐。麦肯齐在英国有许多支持者，势力很大。他呼吁英国政府绝不能向开普政府让渡更多的权力，极力反对将贝专纳兰皇家殖民地转让给开普政府管理。另外他也强烈反对将贝专纳兰保护国和马塔贝莱兰的行政权或商业垄断权委托给任何公司。在土著人保护协会和伦敦商会的支持下，麦肯齐向殖民大臣诺思福德提交了一份备忘录，指出只有建立皇家政府的直接管理才是使土著人获取正义的唯一途径。他说金伯利的萧条就充分说明了一个过于强大的公司的邪恶（暗示罗得斯的德比尔斯联合矿业公司——笔者注）。此外，反对罗得斯获得特许状的团体还有英国的"南非委员会"。该委员会包括许多政界著名人士、议会议员和一些宗教组织的代表，其中有福威尔·巴克斯顿爵士、阿尔伯特·格雷爵士、费福公爵、阿什利、阿诺德·福斯特和约瑟夫·张伯伦。张伯伦是该委员会的主席。该组织的主要宗旨是所谓致力于对非洲人利益的关注和保护，该组织认为非洲人的利益正受到殖民主义者和资本家的威胁，为了应对这一威胁，它呼吁英国政府对殖民地实行直接的统治。③ "南非

①　Basil Williams, *Cecil Rhodes*, p. 130.

②　J. G. Lockhart and C. M. Woodhouse, *Cecil Rhodes*, p. 143.

③　Arthur Keppel-Jones, *Rhodes and Rhodesia - The White Conquest of Zimbabwe* 1884 - 1902, pp. 107 - 108.

委员会"在一份通报里批评了拉德租让书。另外在众议院里一些著名的自由作家如拉布谢尔、布拉德拉夫等，也就南非高级专员罗宾逊与罗得斯的关系等提出了形形色色的问题。拉德租让书中关于给予洛本古拉枪支和子弹的内容也受到了强烈批评。南非布隆方丹教会主教和其他人士对拉德租让书中的此条内容给予谴责，认为这是对残暴的马塔贝莱人欺凌弱小民族的公然支持。他们的呼声在英国国内也引起了反响。约瑟夫·张伯伦也在下院对此连声附和。此外，索尔兹伯里领导的保守党政府在态度方面发生微妙变化也成为罗得斯获取特许状的不利条件。前文述及，在莫法特条约签订后，索尔兹伯里首相对采用私人公司形式统治河间地区是同意的。因此，他对于德国和德兰士瓦针对莫法特条约提出的抗议不予理会。但1888 年 6 月，英国政府在此问题上出现变化，他们表示愿意接受葡萄牙提出的占有莫桑比克和安哥拉之间领土的过分的要求。这就杜绝了罗得斯希望占据赞比西河以北广阔的中非土地的念头。在拉德租让书问题上，政府也表现得十分冷漠。甚至在 1889 年初马塔贝莱王国使者访问英国时，殖民大臣诺思福德竟以女王的口吻写了一封信让使者带给洛本古拉。信里用《圣经》中的语言方式劝告洛本古拉"不要把太多的权力交给先来的人……因为一个国王只应把一头牛给一个陌生人，而不是把整个牛群都给他"①。这封信被带回后引起洛本古拉的警惕，给罗得斯带来很大困难。幸亏罗得斯的朋友詹姆逊医生临危受命紧急赶赴马塔贝莱兰。他利用给洛本古拉治病的机会，和洛本古拉套近乎。这样暂时稳住了洛本古拉，保全了租让书。另外下院的阻力也很大，下院领袖史密斯也强烈反对政府把英属贝专纳兰让给开普。这一切都给罗得斯寻求特许状的活动带来重重阻力。

那么，为什么英国政府会在短短的时间内，在态度上发生这么大的转变呢？这里主要有国际和国内两方面的因素。从国际方面来看，和英国的实力下降有关系。19 世纪 80 年代的英国在资本主义世界里已不能稳操胜券，70 年代后资本主义列强逐渐展开了争夺世界的竞争。英国除了要面对法国、葡萄牙、沙俄等老对手，还要小心翼翼地提防后起的德国和意大利。尤其是德国的实力和野心更是让英国忧心。实际上从 19 世纪 80 年

---

① Colonial Office files879/30/372, no. 32, encl., pp. 24-25. 转引自 Arthur Keppel-Jones, *Rhodes and Rhodesia-The White Conquest of Zimbabwe 1884-1902*, p. 109。

代后，英德矛盾已逐渐成为英国外交考虑的重点。作为一个世界殖民大国，拥有遍布世界的殖民地和势力范围曾是英国引以为荣的事。但在其他欧洲列强崛起的情况下，英国在夺取和巩固殖民地方面已很难做到攻守均衡。遍布全世界的利益所在，迫使英国在外交上必须做好轻重缓急之分。这就是为什么在柏林会议制定的"有效占领"原则已成为列强角逐非洲的通则时，英国在前期的夺取贝专纳兰和当前面临的河间地区问题上犹犹豫豫、首鼠两端的原因。它不是不想扩大势力范围，而是对自己的实力有限有清醒认识，加之贝专纳兰和河间地区在价值上与它在世界其他地区的重要殖民地相比要稍逊一筹，这就导致了它对罗得斯态度的改变。从国内因素来看，和资本主义民主政治的发展有一定联系。19世纪末期的英国在政治上已是一个比较成熟的国家。议会制、两党制、院外集团以及一些社会团体和组织都对政府政策的制定有影响或暗示的作用。内阁在处理问题时须很小心，要在各种力量的博弈中找到最好的或损失最小的办法。由此可见，当时国内反罗得斯的各种势力和呼声肯定会影响政府的立场和决策。

为了化解这一不利局面，罗得斯也充分利用他的外交手腕，广交朋友，寻求支持自己的势力。罗思柴尔德勋爵是他的一个可靠的朋友。罗思柴尔德勋爵由于短期出任过英国首相，加之又是罗斯贝里勋爵（1894—1895年担任英国首相，自由党领袖之一）的岳父，因此在英国政界有很强的势力和影响。罗斯贝里勋爵受岳父的影响，对罗得斯的态度也是友好的。另一个坚定的盟友是前南非高级专员赫克勒斯·罗宾逊爵士，此时他已卸任回到英国。罗宾逊利用自己和英国殖民部以及殖民大臣诺思福德的老交情，充当罗得斯的说客，为其谋取特许状游说，逐渐把诺思福德拉向罗得斯一边。甚至面对罗得斯的对手，罗宾逊有时直接上阵利用刻薄与挖苦的语言帮助罗得斯予以反击，根本不怕触怒他们。他挖苦麦肯齐和土著人保护协会"是一群业余的、不负责任的、乱出馊主意的无事生非的家伙"①。此外，罗得斯还取得了爱尔兰自治党②的支持。罗得斯表示同情爱尔兰人寻求自治的政治诉求，支持"爱尔兰自治法"，曾赞助爱尔兰自治

① J. G. Lockhart and C. M. Woodhouse, *Cecil Rhodes*, p. 155.
② 爱尔兰自治党是1870年成立的一个爱尔兰人的政治组织，其目标在于寻求爱尔兰的自治，要求英国政府给予爱尔兰人管理自己内部事务的权力。1879年后由查尔斯·帕内尔领导。

党一万英镑作为活动经费。他在和该党领导人帕内尔谈话时说，他认为"爱尔兰自治法"的通过将带来帝国自治法的出台。因此，帕内尔和爱尔兰自治党都把罗得斯视为知己。在议会讨论特许状问题时，爱尔兰自治党的议员都给予了罗得斯热情的支持。此外，罗得斯在伦敦还结识了一些其他对他有帮助的新朋友。其中，哈里·约翰斯顿对他获取特许状的帮助很大。约翰斯顿身兼多种头衔，他既是艺术家、动物学家、博物学家，也是探险家和狂热的帝国主义分子。他和英国另一名在非洲的探险家斯坦利是朋友。1889年，约翰斯顿被英国政府任命为驻葡属东非的英国总领事。当年春天，约翰斯顿还在伦敦。经朋友牵线，他与罗得斯见了面。结果两人一见如故，相谈甚欢，彼此都很钦佩对方。约翰斯顿向罗得斯述说了自己希望在赞比西河以北的尼亚萨兰废除奴隶贸易，并使尼亚萨兰摆脱德国人或葡萄牙人侵占的决心。同罗得斯一样，他也希望从非洲南部到北部修筑一条南北贯通的大铁路，罗得斯对此十分欣赏。为了表示对约翰斯顿的支持，罗得斯当即给他开了两千英镑的支票，用于约翰斯顿在尼亚萨兰开展工作所需。由于英国外交部正限制约翰斯顿的经费，罗得斯此举就解了约翰斯顿的燃眉之急。罗得斯也向约翰斯顿讲了自己打算在马塔贝莱兰建立特许公司的打算。最后，两人就双方未来在非洲的发展达成共识：第一，罗得斯将完全支持约翰斯顿在赞比西河与白尼罗河之间自由开展活动；第二，罗得斯将把未来的委任公司的势力范围伸展到坦葛尼喀湖甚至更北的地区。由于约翰斯顿在工作上隶属外交部，而时任首相的索尔兹伯里勋爵同时兼任外交大臣。约翰斯顿就充当起了索尔兹伯里勋爵了解罗得斯的中介。当时，索尔兹伯里勋爵还不认识罗得斯，而约翰斯顿与索尔兹伯里关系很好，他在索尔兹伯里面前常替罗得斯说好话，赞扬罗得斯的非洲计划。久而久之，索尔兹伯里对罗得斯产生了好感，对其政治理想产生了同情心。[①]

除了在政界人士身上做文章外，罗得斯还注意到了获取舆论支持的重要性。时值19世纪末叶，英国的新闻业已有很大发展，有些报纸的发行量很大，在民众中的影响力和号召力不容小觑。《铁圈球新闻》（*the Pall Mall Gazette*）就是一份这样的报纸，它的编辑 W. T. 斯蒂德成为罗得斯急

---

① Arthur Keppel-Jones, *Rhodes and Rhodesia—The White Conquest of Zimbabwe* 1884-1902, p. 125.

欲拉进阵营的一员。斯蒂德在政治思想上信奉一种实用的、仁慈的帝国主义，他解释为不同于沙文主义的一种帝国主义。在拉德租让书问题上，斯蒂德倾向于罗得斯的对手麦肯齐的观点。在开普殖民地驻伦敦总代办查尔斯·米尔斯的斡旋下，两人终于在 1889 年 4 月会面。起初，斯蒂德并不想见罗得斯，最后才答应见他。谁知见面后，斯蒂德很快被罗得斯的个人魅力所俘虏，他们一连谈了三个钟头。罗得斯态度诚恳地向斯蒂德阐述了自己的计划和对世界的看法。这次谈话彻底改变了斯蒂德对罗得斯的看法。他在后来写给妻子的信中，这样评价罗得斯：他是我们的人，他的理想是建立一个联邦，并致力于帝国的扩张与巩固。为了实现这个目标，他不惜贡献出自己的万贯家产。听起来，真是一个美丽的梦啊！他认为罗得斯不是一个普通层面的宗教徒，而是一个把深深的宗教情结与对世界的职责紧密相连的人。从此以后，斯蒂德及《铁圈球新闻》和后来的《评论杂志》一直给予罗得斯大力支持，宣传他的思想。这一切对于影响英国公众的态度十分有用。斯蒂德甚至还向英国公众吹捧罗得斯是一位英帝国的新救世主。① 由于支持罗得斯的力量来自各个方面，英国政府面对压力也不得不对先前的态度有所调整。加之开普政府对于索尔兹伯里勋爵在葡萄牙染指中非腹地的问题上态度暧昧，提出强烈抗议。罗宾逊爵士也对下院领袖史密斯和麦肯齐提出批评，他对罗得斯的计划表示无条件支持。罗宾逊还以英国政府在贝专纳兰的直接统治带来的混乱为例（当时外界对英国在贝专纳兰的统治有意见，认为每年议会要给贝专纳兰边警队拨付大量款项，此外每年贝专纳兰还要向英国提出防卫和电话建设等许多要求。许多政界人士认为尽管花了很多钱但没见到有什么回报。——笔者注），指出在洛本古拉的领地如要避免同样的危险，唯一的办法就是建立一个强大的特许公司的统治，越早把政府肩上的负担移交给私人公司越好。这一切都对政府产生了很大影响。② 这些呼吁逐渐使殖民大臣诺思福德和英国政府开始倾向罗得斯的计划。

　　1889 年 4 月 30 日，罗得斯、吉福德、拉德和拜特联名向英国政府提出申请，请求赋予他们一份委任状，成立委任公司，公司将承担如下职责："把铁路和电话线向北延伸到赞比西河；鼓励（向该地区）移民和殖

① Basil Williams, *Cecil Rhodes*, p. 132.

② Ibid., p. 135.

民；促进贸易与商业的发展；开发矿产资源。"① 诺思福德将这份申请转交索尔兹伯里勋爵，但附有对申请书的评语。他认为，（如果特许公司建立）这将会使国家免于沉重的财政负担，避免出现在英属贝专纳兰那样出力不讨好的情况。而且与股份公司相比，政府也可以保有对特许公司更多的控制。由此可见，他支持罗得斯建立特许公司的态度很明确。其实，在此前不久诺思福德写给女王秘书的一封信里就已经表示了支持特许公司的态度。在信里，诺思福德说："我相信一个强大的委任公司会帮助我们通过和平的方式打开赞比西河以南地区的大门，会给我们带来发展该地区的最好的机遇。这个公司也会给当地的土著人领导和人民带来最多的实惠。此外，这个公司建立后也不会给纳税人带来负担，因为它的一切开销都来自它自身。"② 索尔兹伯里勋爵认为申请书里的目标太广泛，本应是政府的分内之事才对。但他在明确得知下院将不同意为这些事情拨钱时，对于罗得斯的计划也只好首肯了。至此，罗得斯获取特许状的努力基本取得成功。为了增加未来的委任公司的分量和影响，罗得斯还遵照索尔兹伯里勋爵的建议，在董事会里放几个有很高的社会和政治地位的人。为此，他同朋友、陆军上校尤安·史密斯商量可能的人选。起初，罗得斯想邀请贝尔福勋爵担任公司董事会主席，但由于贝尔福勋爵同政府的联系过密，使这一计划夭折。接着，他说服了阿伯肯公爵接受了这一职位。阿伯肯公爵非常富有，拥有数量庞大的地产，同时在政治上也是元老级人物，担任众议院议员达 20 年之久。除了阿伯肯公爵之外，罗得斯还将菲弗公爵拉进董事会，后者是威尔士亲王的女婿。此外，为了安抚对手，罗得斯还邀请"南非委员会"的杰出成员阿尔伯特·格雷加入。阿尔伯特·格雷是约翰·麦肯齐的支持者。和麦肯齐一样，他也要求英国政府采取积极的帝国政策，在殖民地问题上应发挥主导作用。③ 格雷根本不认识罗得斯，他向张伯伦打听罗得斯的情况。张伯伦说："我只知道关于罗得斯的三件事，这三件事我都反对。其一，他是个暴发户。其二，他是个亲阿非利卡分子。其三，他给了帕内尔一万英镑。"④ 但格雷认为罗得斯此人很有诚

---

① Apollon Davidson, *Cecil Rhodes and His Time*, p. 170.

② *Knutsford to ponsonby*, July11, 1889 in The Letters of Queen Victoria.

③ W. D. Mackenzie, *John Mackenzie*, *South African Missionary and Statesman*, p. 435.

④ J. G. Lockhart and C. M. Woodhouse, *Cecil Rhodes*, p. 165.

意，于是同意加入特许公司。格雷的加入对于消解麦肯齐对特许公司的偏见，进而获取其支持都非常有助益。而且格雷为人谨慎、诚实，在公共服务方面做出过杰出贡献，在英国政界和社会上都有极好的口碑。后来，他和罗得斯成为挚友，始终不渝地支持他。

经过上述的周折和努力后，罗得斯盼望的结果终于出现了。经殖民部和外交部会商，并经枢密院会议讨论通过，1889 年 10 月 29 日，维多利亚女王终于在特许状上签字了。这个日子可以视为一块新殖民地的诞生之日。根据特许状，英国南非公司被赋予的权力是巨大的。特许状许可公司治理贝专纳兰殖民地以北、德兰士瓦以北和以西及葡属东非以西的广大地区，但北界未予确定。北界未予确定的原因是外交部非洲问题专家珀西·安德森爵士认为，鉴于葡萄牙对于北方领土的野心顽固不化，他建议最好只确定公司未来行政区域的东西南界，即葡属莫桑比克以西、安哥拉以东，德属西南非以东，英属贝专纳兰以北。这样可以把广大的北部地区留给公司，以便今后它将其领地扩大到最大限度，直到刚果自由邦以南。[1]安德森的建议被政府采纳。在这片广大的区域里只有一个例外，那就是塔迪地区。由于一家矿业公司在拉德之前就从洛本古拉处得到了这里的租让权，所以罗得斯的特许公司的管辖区域不包括这块地方。[2] 北界未定状态就为罗得斯以后继续扩张势力范围预留了借口。特许状许可公司在这一广大地区享有如下权力：它可以签订条约、颁布法令、保护和平、维持一支警察部队并可进一步获得新的租让权；它可以进行修筑公路、铁路，修建港口等公共事业的工作；公司还可以拥有或出租船只，可以从事矿业或其他工业；公司也可以建立银行、出租土地，可以经营任何合法的商贸事业。[3] 从以上内容可见，英国政府完全承认英国南非公司统治包括现今津巴布韦和赞比亚的广大区域。英国南非公司已俨然成为具有政府性质的政治经济实体。

这里应该指出的是，英国政府颁布特许状给英国南非公司并非一种个别现象。其实在 1886 年英国政府就颁布过特许状给英国尼日尔公司，1888 年又向英帝国东非公司颁布了特许状。另外，1886 年刚刚统一不久

---

① *Note by Anderson*, *on C. O. to F. O.*, June 28, 1889, P. R. O.

② L. H. Gann, *A History of Southern Rhodesia*: *Early Days to* 1934, p. 82.

③ J. G. Lockhart and C. M. Woodhouse, *Cecil Rhodes*, p. 166.

的德意志帝国也宣布德国要在非洲建立一个"德国商业帝国",由政府支持的商业公司进行治理。1888 年德国政府向德国东非公司颁布了特许状。此外,法国、比利时在非洲也有类似商业公司进行活动。① 所以,恩格斯在评述这一历史现象时指出:"非洲已被直接租给各个公司(尼日尔,南非,德属西南非和德属东非)。马肖纳兰(即马绍纳兰——笔者注)和纳塔尔也为了交易所的利益而被罗得斯占有了。"② 那么,19 世纪末欧洲列强在非洲殖民扩张的过程中纷纷采取特许公司的形式治理殖民地,其深层动因是什么呢?这个问题仍与"柏林会议"的召开有密切联系。前文述及,柏林会议的召开是欧洲列强在非洲殖民进程中的一道分水岭,或者说一个转折点。柏林会议后,欧洲列强在非洲的争夺逐渐趋于白热化,这是特许公司出现的时代背景。那么,利用特许公司充当列强殖民非洲的工具到底有哪些好处呢?扼要来讲,主要有以下两点:

首先,政府向公司颁发特许状,置身私人公司身后,在遭遇矛盾时可以有更大的回旋余地。特许公司形成的一般过程是:第一步,公司从土著头人处获得"契约"或"协定";第二步,据此公司向所在国政府提出关于特许状的申请;第三步,由所在国政府向公司颁发特许状。特许状的颁发表明政府对于公司与土著头人之间形成的"契约"或"协定"的肯定和支持,同时,也意味着政府允许公司兼并土地和对土地的治理。特许公司是政府摆在前台的工具,政府自身躲在幕后,这样可以不必为前者的行为承担直接责任。按照英国首相索尔兹伯里所言,"他们(指特许公司)的行为根源于他们的风格,他们利用自己的资源,照他们自己设定的路线行事。在很大程度上,他们自己承担风险来从事所在地区的开发工作"③。因此,一旦与对手发生矛盾,即使在最糟糕的情况下,公司被迫让步或失败了,母国政府的损失也不大,并可以尽量避免列强间发生正面的、不必要的冲突或矛盾。

其次,利用特许公司作为殖民先锋可以大大减少母国政府的财政支出。兼并新的领土并不一定能马上带来经济收益和回报,尤其对于矿产资源的预期和对被占领地区的开发还是一个未知数的时候。反之,占领行为

① Apollon Davidson, *Cecil Rhodes and His Time*, p. 168.

② 《马克思恩格斯全集》第 25 卷,人民出版社 1974 年版,第 1030 页。

③ Apollon Davidson, *Cecil Rhodes and His Time*, p. 165.

还很可能导致土著民的起义。镇压起义和平息被征服土著民的敌对情绪和行为都需要花费大量金钱。另外，19世纪中后期欧美国家的政治现代化的进程已明显加快，权力制衡、多党轮流上台执政以及普通群众公民权利的扩大等新的政治理念和实践已逐渐成熟。这就使政府在财政开支上更趋小心，因为不当的财政支出极可能招致议会的否决和纳税人的反对。最后，兼并新的领土的计划也会使政党之间产生不必要的矛盾，并且给予反对力量以机会和时间用于反击。

因此，基于以上两个原因，19世纪末在欧洲列强殖民非洲的过程中，特许公司才可能成为一种现象并得到各国政府的普遍支持。

三　占领马绍纳兰

英国南非公司的特许状一到手，罗得斯就不失时机地考虑派遣人员到马绍纳兰去，以实施特许状中的各项规定。为什么要把目标首先选在马绍纳兰呢？主要有以下几个考虑：第一，由于马绍纳兰距离马塔贝莱人的大本营远，到那里去比较安全。罗得斯和公司的董事会成员经过讨论认为，如果没有一支强大的军队保护，贸然进入马塔贝莱兰几乎不可能。而马绍纳人比较温和，他们居住的地方气候凉爽，很适合英国人殖民。此外一些其他人士也持相同观点，如著名的猎人塞卢斯，他对马塔贝莱兰和马绍纳兰很了解，力主先去马绍纳兰。这样可以减少和马塔贝莱人发生冲突的可能性。[①] 第二，在白人是优秀民族的心理驱使下去拯救所谓可怜的绍纳人。19世纪后期，绝大多数英国人对于落后地区土著人的未来命运都比较关心。但这种关心是建立在白人是更高等的人种的种族主义观点之上的。他们把自己当作人类的主人，而把非洲人和亚洲人都看作孩子，总有一种要教育他们的意思。[②] 维多利亚后期的英国人更是如此，那时的英国议会、政府和报界都对弱小者的人道主义诉求十分敏感。"公平"与"光荣"这类字眼已不是什么时髦语。关于暴行的报道常常会引起社会很大的反响。许多英国人认为欧洲人尤其是英国人是最适合教育非洲人积极向上的，而且也最适合帮助他们开发他们的国家。绍纳人是马塔贝莱人的附

---

① （演讲集）Vindex, *Cecil Rhodes His Political Life and Speeches* 1881-1900, p. 231.

② ［英］维克托·基尔南：《人类的主人：欧洲帝国时期对其他文化的态度》，陈正国译，商务印书馆2006年版，第169页。

庸，在对待绍纳人的方式上，马塔贝莱人确实很残暴。这引起了许多英国人的反感。比如希帕德、莫法特等人甚至极端地认为马塔贝莱人是欺凌弱小民族的猛兽，他们被灭绝是有益于人类的。1889 年 12 月上任的南非高级专员亨利·洛赫爵士也持此种观点。① 可见这种观点的普及。罗得斯在选择进军马绍纳兰的问题上也有类似考虑，即将绍纳人从残暴的马塔贝莱人手里解放出来。因为在其特许公司的宗旨里就有要提高土著人福利的承诺。当然，罗得斯这么做完全是出于白人种族主义优越论，他的真实目的是要赶走马塔贝莱人而由自己来统治绍纳人。

关于人员的选拔标准，罗得斯也经过了深思熟虑，体现出他的工于心计与老谋深算。他要求合适的人选应该具备以下条件：年轻、健壮、最好未婚；有优秀的射击水平；最好从事过或有经营某项实业的才能；所属阶层不限。罗得斯期望通过这种阶层广泛的人员构成，在马绍纳兰的第一批移民中形成未来社会的基本雏形。另外，在候选人的来源地区上，罗得斯也采取了兼容并蓄的方针，即派遣人员来自南部非洲的各个地区，包括布尔人的两个共和国。这样做的目的是在感情上赚取南部非洲地区白人的支持（无论是英国人还是荷裔人）。罗得斯企图通过这一举措向他们宣布新领地不是又一块英属殖民地，它只属于开普和未来的南非联邦。招募人员的具体工作是由罗得斯委派的一个叫弗兰克·约翰逊的年轻人去做的。前来应征的青年很多，最终得以入选的有两百名。② 这些人被称为"先遣队"。先遣队中有不少来自开普上流社会的公子哥儿，他们对到新土地上勤奋工作并没有思想准备，吸引他们参加先遣队的原因就是出于爱冒险和贪欲。罗得斯想把这些青年作为工具使用。弗兰克·约翰逊后来回忆道，他当时之所以招这些富家子弟是应罗得斯的要求办的，罗得斯希望在先遣队遇到危险时，这些年轻人有势力的家长可以向英国政府施加压力让政府采取措施，从而保全整个先遣队。③ 由此可见罗得斯的狡猾与算计。先遣队员按照军队纪律组织起来，身穿棕色制服，绑着皮裹腿。罗得斯向他们发放每人每天 7 先令 6 便士的报酬。还向他们许愿，到达马绍纳兰后每人

---

① John S. Galbraith, *Crown and Charter：The Early Years of the British South Africa Company*, p. 131.

② J. G. Lockhart and C. M. Woodhouse, *Cecil Rhodes*, pp. 170-173.

③ F. Johnson, *Great Days*, p. 109

可得3000英亩土地和15份金矿地区矿工份地。① 罗得斯则向约翰逊许愿，占领马绍纳兰后，约翰逊将得到8万英亩的土地。② 可见这完全是一支出于掠夺目的而组织起来的强盗队伍。先遣队所走的具体路线由猎人塞卢斯设计，即沿着马塔贝莱兰的东部边缘行进，避免和马塔贝莱人冲突。这个计划被采用后，于1890年呈报英国驻南非高级专员洛赫。

伴随先遣队出发的另一支人马是英国南非公司的骑警队，人数大约有500人。按照英国南非公司的说法，他们的任务是在去马绍纳兰的路上保护先遣队，到达目的地后，则是维持当地治安。骑警队的指挥官是爱德华·格雷厄姆·彭尼法瑟中校。此人参加过对祖鲁人和布尔人的战争，经验很丰富。先遣队由弗兰克·约翰逊指挥，他手下还有三名人员充作分队指挥。此外，还有大约两百名贝专纳兰的恩格瓦托人随同行军。他们的主要任务是开路，照看牛群、车辆和马匹。③ 猎人塞卢斯则负责在路上随机选择路线。其他重要随行人员还有詹姆逊和A. R. 科尔库霍恩。詹姆逊是作为罗得斯的私人代表随先遣队出征的；而A. R. 科尔库霍恩则是在英国印度政府中担任过职务的行政专家，他到达目的地后将担任英国南非公司驻马绍纳兰的最高行政长官。

从1890年1月起，先遣队成员就集中在贝专纳兰北方边界的麦克劳齐河畔的根据地，等待命令，并进行军事训练。直到6月中旬，各项准备都基本完成了，先遣队希望在即将到来的旱季出发，赶在11月雨季开始以前到达马绍纳兰。南非高级专员洛赫据此发布命令，批准先遣队启程。除此之外，他还命令驻扎在马塔贝莱兰边境的贝专纳兰边警队加强力量，警惕洛本古拉的动向。6月27日，先遣队和英国南非公司的骑警队终于浩浩荡荡向马绍纳兰出发了。行军路线按照预先设定的路线，即尽可能绕着马塔贝莱兰的东边走，同最近的马塔贝莱人村庄始终保持不少于一百里的距离，以避免同马塔贝莱武士发生冲突。但问题随之而来，先遣队行程的困难程度大大增加了。他们要通过460英里的无人荒蛮区域，沿途多是丛林和沼泽，要一路开辟通道才能通过，还要渡过几条湍急的河流。

先遣队大队人马到达图利时与二十来个马塔贝莱人不期而遇。很快，

---

① ［英］廷德尔：《中非史》，陆彤之译，上海人民出版社1976年版，第262页。

② F. Johnson, *Great Days*, pp. 326–332.

③ ［英］廷德尔：《中非史》，陆彤之译，上海人民出版社1976年版，第262页。

洛本古拉得到了这个消息。他立刻派人给尚在图利的先遣队送去一封急件，信中以讽刺的口吻问道，"是不是国王（指洛本古拉）杀了哪一个白人，所以有一队军人集结在他的边境上？还是白人丢了什么东西，所以他们在寻找？"对于洛本古拉的质询，罗得斯的代表詹姆逊毫不在乎。他回了一封信说："罗得斯与国王并无瑕隙，这些人只是工匠而已，随行士兵是保护他们安全的。他们要去马绍纳兰所经过的道路也是国王本人批准的。"① 言下之意，先遣队是根据已经得到的协议开往马绍纳兰的。在隆迪河，先遣队又收到洛本古拉的第二封抗议信。对此，彭尼法瑟中校答复说："我只是遵照女王之命而行事，除非女王撤回命令，我们才能回去。"② 为了加快速度，在灌木浓密的地带，后勤人员开辟了两条平行道路，以保证车辆可以集中地前进。晚上宿营时，则把车辆首尾相连形成车阵以防袭击。同时，打开一个大型探照灯照亮四周的旷野，还时不时向车阵外施放冷枪冷炮。③ 尽管先遣队提心吊胆，小心翼翼，但在途中并没有遭到马塔贝莱人的袭击。

8月中旬，先遣队通过了普罗维顿斯隘口（这是塞卢斯起的名），距离马绍纳兰的开阔地域越来越近了。这也意味着遭受袭击的可能大大降低了。9月12日，先遣队到达汉普登山山脚下。第二天即在这里（现今津巴布韦的首都哈拉雷所处的地方）升起英国国旗，并鸣枪庆祝，先遣队以女王之名宣布正式对马绍纳兰的占领。在这个地方，先遣队修建了一座城堡，以英国首相索尔兹伯里的名字命名它，即索尔兹伯里堡。此外，在行军途中，先遣队还沿途修建了图利堡、查特堡（纪念获得特许状）和维多利亚堡三座城堡。弗兰克·约翰逊把安全抵达的好消息立即传送给了罗得斯。罗得斯闻讯后非常兴奋，他说："最后，当我听说他们已抵达索尔兹伯里堡时，我不知这个国家还有谁比我更快乐！"④

先遣队到达索尔兹伯里堡后不久，成员就散居到全区各地去了。他们开辟农场，经营英国南非公司许诺给他们的矿工份地。不久，就在查特堡、马佐埃和哈特利等地建立起了白人居留地。其他定居者则留在索尔兹

① Secretary, BSAC, Kimberly, to Imperial Secretary, July14, 1890. Public Record Office.

② J. G. Lockhart and C. M. Woodhouse, *Cecil Rhodes*, p. 180.

③ F. Johnson, *Great Days*, pp. 136-138.

④ J. G. Lockhart and C. M. Woodhouse, *Cecil Rhodes*, p. 181.

伯里堡，使这里后来发展为比较繁荣的商业中心。另外，索尔兹伯里堡还是白人居留地的军政中枢。1890 年底，英国南非公司发表了一份文件，即《关于允许在马绍纳兰勘探矿藏及金属的条款及条件之备忘录》。备忘录开宗明义地指出："任何要获得勘探执照的人都须承诺遵守公司法律，并听从公司安排、协助公司维护当地法律与秩序。"备忘录还说，每一个取得执照的人都有权取得 1 块冲积矿床份地，其规格为150×150 英尺；另外，还可获得 7 块申请购买地，每块规格为 150×400 英尺。执照获得者可在此区域内进行采金作业。备忘录还规定，执照获得者必须将其每块申请购买地上所获收入的一半上缴公司。最后，还规定执照费用为每月 10 先令。英国南非公司通过这一文件加强了对马绍纳兰矿藏开采的管理工作。[1] 从内容可以看出，要取得采掘执照所需付出的代价是很大的，南非公司以此攫取高额利润。另外，执照所有者的身份也是双重的，即平时为工，一旦有事则有为公司出力的义务，保护英国南非公司的权益不受外来威胁。备忘录的发表标志着瓜分马绍纳兰矿藏狂潮的开始。为了尽快把马绍纳兰发展起来，英国南非公司采取了不仅欢迎采金客也欢迎欧洲移民到此定居的政策。罗得斯宣称，南非公司在这里为欧洲人预留了可以发展为 1 万个农场的广大土地。为了吸引移民，公司代表还夸大到此移民的种种好处，即这里拥有丰富的"土著劳动力"可供白人驱使，以及让有移民倾向的欧洲白人相信，先前到达的先遣队成员所受到的待遇是极好的。[2] 但由于当时马绍纳兰的生存条件十分严酷，对白人移民的吸引力很小。因此，尽管南非公司官员卖力宣传，然而实际来此定居的移民并不多。倒是采金客来了不少，因为这些人多是短期效应心理，渴望一夜暴富然后一走了之，因此他们对严酷的环境可以暂时忍耐。正是由于这个历史原因，使得后来的整个津巴布韦地区的白人数量很少。据统计到 1986 年，津巴布韦白人总数只有 10 万，还不足总人口的 1.5%。[3]

马绍纳兰的行政系统比较简单，在初期还采用过开普殖民地的法律。最初的领导人是前面提及的曾在印度殖民政府工作过的行政专家科尔库霍恩。在最高行政官之下由区长治理区的工作。当时，马绍纳兰被划分为几

① Percy F. Hone, *Southern Rhodesia*, 1909, pp. 242-251.
② Apollon Davidson, *Cecil Rhodes and His Time*, pp. 197-198.
③ 《津巴布韦百科词典》，第 41 页。

个区。不久，科尔库霍恩由于管理不善离任，接任者是罗得斯的心腹詹姆逊医生。1891 年 8 月，詹姆逊接任南非公司驻马绍纳兰总裁。尽管当时有许多人对詹姆逊的能力表示怀疑，但罗得斯极力支持他担任这一职务。他说："詹姆逊是永远不会犯错误的。"同时，罗得斯还发电报给詹姆逊鼓励他说："你的任务就是管理这块土地，对此我帮不上忙。对你的一切决定我完全同意，有困难就告诉我。"表明了他对詹姆逊的完全信任和支持。詹姆逊担任公司驻马绍纳兰最高行政官后，不辱使命把工作干得很好。他接手前公司每年花在马绍纳兰的资金数额庞大，达 25 万英镑之多。但实际回报几乎没有。为了节约开支，他上任后的第二年就把原来公司驻马绍纳兰警察部队从 700 人精简到 40 人，然后从白人定居者中招募 500 名人员组成警察部队，这些人薪水很少，每人每年只有 4 英镑。此外他还在其他方面厉行节约，很快使公司花销由过去的每年 25 万英镑减至 3 万英镑。通过这些办法，詹姆逊帮助罗得斯和南非公司度过了早期在马绍纳兰的艰难岁月。①

　　与公司及移民的预期差别太大，马绍纳兰头几年的状况非常令人失望。这块曾令英国媒体为之疯狂的"黄金国""新兰德"，令无数探宝客趋之若鹜的福地并没有开采出多少黄金。这里出现的问题和 20 年前在塔迪地区遇到的情况很相似，而且规模更大，即矿脉含金量很少。例如，有一群寻金者在一个叫麦州山谷的地区苦干了三天，才仅仅挖出 1/4 钱（英国金衡）的黄金出来。还有许多人在含金矿脉采掘时，看到了规模庞大的前殖民时期遗留下来的金矿作业现场。他们很不安，因为此前就有人怀疑这里的黄金早在很久以前，就被当地的原始土著民开采完了。为此，安提涅矿的第一个采掘面就不得不打到地下 150 英尺的地方，因为原始土著民早已把采掘面以上矿层里的含金石英都拿走了。② 1892 年全年，马绍纳兰地区总共只开采出 779 盎司黄金。矿业专家据此认为，无论第二个兰德在哪里，反正它肯定不在马绍纳兰地区。这种情况对于该地区吸引外部资本进入很不利，1892 年仅有两家矿业公司成立。1893 年的第一季度尽管有四家矿业公司成立，但实际情况并没好转。英国南非公司濒临负债的境地，因为公司现金和股票收入几乎花完，只能每月依靠德比尔斯公司和

---

① （演讲集）Vindex, *Cecil Rhodes His Political Life and Speeches*, 1881–1900, p. 252。

② *Rhodesia*, 1, No. 19, 19 March 1898.

友人的资助才能勉强周转。① 罗得斯积极为南非公司筹集管理和运行经费。经他施加压力，德比尔斯联合矿业公司和南非统一金矿公司都同意向南非公司提供财政援助。在巴尔纳托的支持下，1893 年 2 月德比尔斯联合矿业公司董事会答应每月向南非公司提供 3500 英镑的经济援助（此前已经提供了 7 万英镑的援助了）。罗得斯又派拉德去金伯利找拜特，劝说他每月支持 500 英镑，拜特也同意了。面对罗得斯以辞职相威胁，南非统一金矿公司最后也同意每月支持 500 英镑。另外，罗得斯本人也保证每月个人出资 500 英镑给南非公司。② 这些经济援助持续了两年之久，通过这些外援，南非公司基本被保住了。

除此之外，普通移民的生活也遇到了很大困难。马绍纳兰的雨季常常造成河水泛滥，从而切断马绍纳兰与南方的一切交通。这种局面有时会持续三四个月之久。交通阻断造成移民所需的日常生活用品和食品的短缺。物价因缺货而大涨，黄油每磅卖到 11 先令，煤油每加仑卖到 2 英镑，啤酒每品脱 6 先令 6 便士。③ 更加可怕的是，移民们时常遭到疟疾等疾病的袭扰，正常的工作与生活秩序因此而被打乱。由于奎宁等药品短缺，有时为了救命，人们不得不花费 100 英镑来购买一盎司这样的救命药。有的人买不起这样的高价药，就用喝威士忌酒的办法来麻醉自己，期望渡过难关。结果如何，当然十分清楚。另外，社会风气也令人担忧。城堡里的人们生活是百无聊赖的，许多人的生活内容就是喝酒、赌博，偶尔出去打猎。有人说，待在图利会觉得每小时好像有 120 分钟那么长。住在那里的人们没有家具、吃着低劣的食物、没有书报可读，生活条件非常不舒适，而且每天的生活都好像静止似的，没有目标。④ 当然，可以想象图利的生活只是一个缩影，它反映了当时整个马绍纳兰地区白人居住地的生活状况和人们的精神面貌。严酷的生存环境、纯粹的物质利益对行为的驱动，以及这种驱动在遭遇黄金梦想的幻灭后人们的麻木不仁和悲观失望，使当时的马绍纳兰白人社会陷入了发展的困境。

追求黄金的幻灭使移民们对公司的抱怨越来越多，公司被看成是造成

① 　E. A. Walker, *A History of Southern Africa*, p. 426.

② 　*Curry to Hawksley*, February 11, 1892, N. A. R.

③ 　［英］廷德尔：《中非史》，陆彤之译，上海人民出版社 1976 年版，第 279 页。

④ 　Apollon Davidson, *Cecil Rhodes and His Time*, pp. 202-203.

移民生活苦难的罪魁祸首，移民把公司过去宣扬的一切都视为骗局。移民们特别反感公司制定的采矿条例，为此在 1892 年移民成立了一个维权组织——马绍纳兰土地所有者保护协会。该组织要求公司取消关于收取叫卖商手续费的决定。① 1891 年，当罗得斯访问马绍纳兰时，他遭到移民们的不断质问，他们向他抱怨采矿条例对他们的剥削以及马绍纳兰土地的贫瘠，和当初公司夸耀的简直两样。②

移民们气愤地指出，当初公司用广告小册子把这里吹嘘得像天堂，可他们现在在这里几乎不能谋生，原来的"天堂"现在成了令人讨厌的垃圾!③ 面对这种情况，公司的领导罗得斯等人十分苦恼。在马绍纳兰一直没有发现蕴藏丰富的金矿，公司的财政收入日渐减少，公司上市的股票已经由当初的每股 3 英镑多跌至 10—12 先令。④ 如果这种局面继续下去，最终只会导致公司垮台。罗得斯认为公司需要采取某种果断行动来恢复信誉，既然移民们抱怨的是马绍纳兰缺少矿产开采价值，那么平息他们怒气的办法就是公司为他们扩充新的地盘。⑤ 这个行动就是入侵马塔贝莱兰!这么做主要有以下几个考虑。首先是心存幻想，认为移民们一直神往的产金地带说不定就在马塔贝莱兰，企图利用入侵马塔贝莱兰的行动解决公司面临的急迫而复杂的经济压力。⑥ 此外，公司认为对马塔贝莱兰实行某种程度的控制也是可行的，因为它是英国南非公司特许状中规定实施管理与开发的地区的一部分。当时公司正在修建向北延伸至马弗京的铁路，如果延长到马塔贝莱兰的话，公司就需要对该地区实行更加就近的控制。公司驻马绍纳兰的总裁詹姆逊更是赤裸裸地说："得到马塔贝莱兰的广大土地将会极大地提升公司股票的股价和相关的一切价值。事实就是夺取它将会给这里和外部世界都带来巨大的好处。"⑦ 这一切都说明罗得斯和詹姆逊等人都已做好准备侵占马塔贝莱兰，把夺取马塔贝莱兰视为南非公司摆脱

---

① *South Africa*，September 3，1892.

② Sarah Gertrude Millin，*Cecil Rhodes*，pp. 163–164.

③ James Johnston，*Reality versus Romance in South Central Africa*，pp. 262–263.

④ 何丽儿：《南部非洲的一颗明珠——津巴布韦》，当代世界出版社 1995 年版，第 63 页。

⑤ John S. Galbraith，*Crown and Charter：The Early Years of the British South Africa Company*，p. 289.

⑥ I. R. Phimister，*Rhodes，Rhodesia and the Rand*，p. 79.

⑦ Ranger，*Revolt*，p. 94.

经济困境和移民不满的一种解决手段。

　　另一个促使南非公司入侵马塔贝莱兰的原因，是他们已从德国商人爱德华·利佩特处购买到了马塔贝莱兰土地的 100 年租让权。事情经过是这样：面对英国南非公司咄咄逼人的态势，洛本古拉于 1891 年 6 月 30 日和 8 月 6 日两次向英国南非公司发出抗议信，指责他们在马绍纳兰的侵略活动。与此同时，洛本古拉试图利用英德矛盾，采取以德制英的策略，来保卫马塔贝莱兰的权益不被英国人侵犯。1891 年 11 月，洛本古拉同德国金融资本家利佩特签订租约，承认利佩特在马塔贝莱兰和马绍纳兰地区享有建立农庄、城市、牧场等土地专利权，期限为 100 年。和拉德租让书一样，这份协定也并非体现白人善意的法律文件，签字双方对文件内容的理解也完全两样。由于当时马塔贝莱人的社会发展阶段较低，尚无私人土地所有制出现，因此他们丝毫不能理解让渡土地所有权的意义。洛本古拉相信他只是给予了利佩特建立定居点及在牧场自由放牧牛羊的机会，这根本不是对土地的占有。他认为，这样做将会使德国人与英国人为敌，起到帮助他牵制英国人的目的。英国政府得知这一消息后，迅速作出了保护英国南非公司的决定。殖民大臣诺思福德打电报给英国南非高级专员洛赫，命令他不承认利佩特协定，一旦利佩特来到马绍纳兰立刻逮捕他。[①] 利佩特在那段时期也急于寻求德国政府的支持，但未获成功。究其原因是因为英德两国虽然存在矛盾，但此时德国首相俾斯麦的关注焦点还在欧洲大陆，处理德法矛盾及防范法国东山再起是德国当时一切外交的基石和出发点。因此，此时德国外交政策的特点仍是"大陆政策"，尚未发展到"世界政策"阶段，所以与英国的矛盾并不占重点，它尽量与英国采取妥协的态度。利佩特在寻求德国政府的支持失败后，深知凭他一己之力是无法行使协定赋予其权利的。因此，在这种情况下，他被迫选择了与罗得斯团伙媾和的策略。他决定把协定转卖给英国的罗思柴尔德勋爵，而罗思柴尔德勋爵则把购买协定权转让给英国南非公司。经过双方密谋，最终达成交易。南非公司用高价收买了利佩特协定中的所有权，利佩特在同洛本古拉订约时只付了 2400 英镑，而罗得斯却以 300 万英镑的公司股份付给利佩特。[②] 这一事件深刻表明了 19 世纪末欧洲列强及其代理人在非洲殖民过程中的

---

　　① Apollon Davidson, *Cecil Rhodes and His Time*, pp. 210-211.

　　② 何丽儿：《南部非洲的一颗明珠——津巴布韦》，当代世界出版社 1995 年版，第 63 页。

既斗争又勾结的特点，而非洲人民总是他们交易的牺牲品的丑恶事实。

四 吞并马塔贝莱兰

南非公司收购了洛本古拉给予利佩特的土地专利权后，使公司的地位得到了加强。从某种意义而言，南非公司此时可以认为自己就是洛本古拉土地的主人，可以随心所欲地租借或出售土地了。实际上这就为南非公司势力进入马塔贝莱兰提供了直接的借口。有学者认为其实罗得斯决心侵略马塔贝莱兰的计划在很久以前就已形成，只是在等待时机而已。巴塞尔·威廉姆斯在其著作中提到一个事实：早在1890年还在先遣队远征马绍纳兰期间，罗得斯就和弗兰克·约翰逊谈过推翻洛本古拉的计划。罗得斯说："也许有一天，我会按照你们希望的那样去做。但你们必须记住我在那里只有采金的权利，只要马塔贝莱人不侵害我的人员，我就不能向他们宣战，剥夺他们的土地。但只要他们损害了我们的权利，我会立刻结束他们的游戏。"① 从罗得斯这番话可以看出，未来向马塔贝莱人开战的打算已经形成，所需要的只是某种公司权利被损害的借口而已。

从1891年到1893年之间，南非公司与马塔贝莱人的矛盾不断加深，罗得斯期盼的开战理由逐渐成熟了。1891年，索尔兹伯里堡西北方的一个酋长洛马古思迪没有像往常那样向洛本古拉缴纳一年一度的贡品。为此，洛本古拉派去马塔贝莱兰的武士杀死了这个酋长及其一家，俘虏了幸存的妇女和儿童。稍后，维多利亚堡附近的一个酋长契比也因同样原因被杀死。当詹姆逊提出抗议的时候，洛本古拉回答说这种事情同白人无关。② 1893年，在维多利亚堡地区发生了更严重的纠纷，事态发展到了危急关头。罗得斯等待已久的开战借口终于来临了。当年5月，一群住在维多利亚堡附近的绍纳人偷了英国南非公司人员准备用来铺设电话线的45米铜线圈。公司要求偷盗分子所属的部落赔偿，结果他们的头人赔了一些牛给公司。本来事情看来就要解决了，但是突然，洛本古拉插手进来。他认为那些赔付的牛是属于马塔贝莱兰的，不是绍纳人的财产。于是，他派了一支军队来到维多利亚堡附近，一则调查此事，二来惩罚罪犯。为了消除南非公司的疑虑，6月29日他派人送给詹姆逊一封信，向他保证派去

① Basil Williams, *Cecil Rhodes*, p. 174.
② ［英］廷德尔：《中非史》，陆彤之译，上海人民出版社1976年版，第285页。

执行任务的马塔贝莱人已接到命令，不许伤害白人定居者。或许，洛本古拉急于通过这次行动向绍纳人表明，尽管先遣队来了、修筑了城堡，但是他仍然是该地区的最高统治者。可是令洛本古拉意想不到的是，他的军队的到来给了詹姆逊开战的最好理由。南非公司把这看作是充当绍纳人保护者的最好的机会。7月10日，詹姆逊给洛本古拉回信，要求他禁止士兵穿越"边界"。这封信完全可以看作詹姆逊的一种挑衅行为。因为马绍纳兰与马塔贝莱兰之间并无这样的"边界"存在。另外，即使从两份马塔贝莱人与白人签订的协定来看（指拉德租让书和利佩特协定），文本中也没有提到任何白人可以引证的两者间的"边界"字眼或条文。我们知道前一个协定仅涉及采矿权，后一个则是同意修建定居点的协定。从法律上来说，两份协定没有向白人让渡任何土地所有权。因此，洛本古拉无法理解"边界"的含义。我们分析，詹姆逊的"边界"很可能是指主要由绍纳人居住的区域与主要由马塔贝莱人居住的区域之间的分界线。换句话说，詹姆逊可能希望洛本古拉的统治只限于马塔贝莱人区域，而南非公司则在绍纳人区域实行统治，而这是与以上两份条约内容相违背的。

发出抗议信后，7月18日詹姆逊又召集统领马塔贝莱武士的洛本古拉的酋长们去维多利亚堡谈判。这些酋长们遵照洛本古拉的命令不许和白人发生冲突，因此来到了维多利亚堡。詹姆逊向他们发出最后通牒，要求酋长们率兵退至"边界线"以外，否则他发出威胁将解决他们。由于马塔贝莱武士有严守纪律的传统，加之洛本古拉有令在先，因此对詹姆逊这种明显带有侮辱性的行动，他们并不敢武力相向。马塔贝莱人按照詹姆逊说的方向撤退。但是，詹姆逊的开战决心已下，即使马塔贝莱人息事宁人也无济于事。在马塔贝莱人撤退后一个半小时，詹姆逊即派伦迪上尉率38名骑警从后面追击他们。由于马塔贝莱人步行撤退，因而很快被追上了。伦迪上尉率军进攻马塔贝莱人后卫部队，造成马塔贝莱人士兵30—50人死亡。但尽管如此，马塔贝莱人仍然未予抵抗。事件发生后，詹姆逊即刻向英国驻南非高级专员洛赫打报告，在报告中詹姆逊反诬马塔贝莱人率先向伦迪的士兵开火。在随后给南非公司领导层写的信中，詹姆逊则赤裸裸地要求宣战。他说："三年的谈判只是让他们（指马塔贝莱人）得寸进尺，侵占的更多。"① 显然，这是詹姆逊无中生有的造谣，这话用在

① Apollon Davidson, *Cecil Rhodes and His Time*, p. 219.

他们自己的身上倒是最恰当不过。南非高级专员洛赫收到詹姆逊的报告后，也给英国殖民部写了报告，在报告中表明了他支持南非公司和詹姆逊的立场。这就等于英国官方已默许了南非公司下一步的行动：开战。开战决定是由罗得斯最后拍板的。他在回复詹姆逊的电报中，只用了短短几个字："请读《路加福音》第十四章第三十一节。"詹姆逊读了这段经文："或是一个王，出去和别的王打仗，岂不先坐下酌量，能用一万兵去敌那领二万兵攻打他的王吗？"罗得斯的言下之意是问詹姆逊是否有足够兵力开展军事行动？对此，詹姆逊很有信心地回电说："我已读了《路加福音》第十四章第三十一节，完全正确。"① 詹姆逊的信心来自公司所拥有的优势装备（当时公司军队已装备了马克沁机枪）和移民们对征召志愿兵的响应上。公司开出的条件是：战争结束后，每个士兵可得 6000 英亩土地和 15 块矿脉地区金矿份地以及 5 块冲积份地。另外，所有战利品（主要是马塔贝莱人的畜群）也将在战后被瓜分，原则上为一半归公司，一半归官员和志愿兵平分。② 从公司所开具的条件，可以非常清楚地看出这次战争所具有的侵略和掠夺的性质。面对这些诱人的条件，征兵工作进行得十分顺利，很快招募了一支 1000 人的军队。公司势力范围内的男性欧洲居民几乎全部参军了，甚至还有一小部分德兰士瓦的布尔人进入马绍纳兰参加了志愿军，另外还把绍纳人征召入伍充当搬运工和其他辅助人员。③ 为了取得南非公司其他高层官员对这次行动的支持，罗得斯还从其个人收入中拿出 5 万英镑给予赞助。罗得斯认为通过战争彻底摧毁马塔贝莱王国的统治，比勉勉强强维持和平其实更省钱。④

在积极备战的同时，詹姆逊和罗得斯等人还不断在英国国内鼓噪战争气氛，歪曲事实为他们将要进行的侵略战争寻求官方与民间的舆论支持。詹姆逊不断向英国普通民众灌输所谓马塔贝莱人正在备战的消息、他们的军队对公司城镇的侵略以及他们对绍纳人和欧洲人的进攻。事实上，这些报告纯粹都是捏造出来的。不明真相的普通英国民众听得多了，便信以为真，以为马塔贝莱人真的在采取行动。在议会里，这些被捏造出来的消息

① J. R. Maquire, *Cecil Rhodes: A Biography and Appreciation*, 1897, pp. 399-401.

② Stafford Glass, *The Matabele War*, 1968, p. 149.

③ Apollon Davidson, *Cecil Rhodes and His Time*, p. 221.

④ *Harris to London office*, BSAC, September 6, 1893, National Archives Rhodesia.

也在不同的会议上被人不断重复着。最后，议员们要求政府采取果断措施。代表谢菲尔德的众议院议员艾利斯·阿西米德—巴特里特公然提出"女王陛下的政府应当给予马绍纳兰的白人当局自由行动的权力，以抵抗马塔贝莱人的进攻"[1]。马塔贝莱人在英国被描述为凶残的食人者，他们对绍纳人的行为比古希腊时代的斯巴达人对希洛人还要坏。鉴于这种敌视马塔贝莱人的情绪在民间的蔓延，英国政府决定采取措施，顺应民意。这样，罗得斯和詹姆逊的企图终于得逞了。8月初，英国政府命令驻扎在贝专纳兰的军队做好战争准备。同时，贝专纳兰英军司令还和詹姆逊磋商了一旦战事爆发，英军参战的有关事宜。英国政府还允许南非公司大规模扩充其武装力量。得到允许后，罗得斯向英国政府报告说南非公司将很快在四个城堡所属地区布置上千人的武装骑兵。英国驻贝专纳兰当局还扣留了一批洛本古拉购买的步枪。最后，针对战争爆发后开普与马绍纳兰之间的运输问题，罗得斯决定和葡属东非当局谈判修筑一条从开普向东通往印度洋沿岸葡属莫桑比克贝拉湾的铁路。9月，铁路的第一个区间从贝拉向西延伸大约120公里的一段最终开通。至此，南非公司的军事准备工作大体完成了。

正当罗得斯及南非公司厉兵秣马做着战争准备时，有迹象表明洛本古拉对此也有所警觉。还在伦迪上尉率兵在维多利亚堡附近袭击马塔贝莱军队不久，洛本古拉就把原来驻扎在赞比西河北岸的一支马塔贝莱军队调回了布拉瓦约。同时，他还下令在通往布拉瓦约的沿路上都布置上警卫部队。但尽管如此，洛本古拉并无主动开战的迹象。居住在布拉瓦约的欧洲人报告说："国王很生气，但是其态度不像要开战。"[2] 开普殖民地的一名高级官员格伦汉姆·鲍对此也有同样看法。他在1893年8月17日书写的一封官方急件里曾说道："很明显，洛本古拉急于得到和平，看起来正尽力阻止他的手下的不理智的行为，并正尽力保护住在布拉瓦约的欧洲人的生命安全。"[3] 对于因担心战争爆发而离开布拉瓦约的欧洲人，洛本古拉也给他们提供向导并确保其在旅途中的安全。他还给维多利亚女王和英国

---

[1]　*Parliamentary Debates*, *Fourth Series*, Vol. 17, 1893.

[2]　*The Times*, August16, 1893, p. 3.

[3]　Great British. Colonial Office, *The British South Africa Company in Mashonaland and Matabele-land*, London, 1893, p. 28.

殖民部官员写信，控诉白人的背信弃义，否认詹姆逊所谓"边界"的存在，以及强调他对和平的渴望。洛本古拉在信中说："我想询问您，为什么您的人民要和我的人民争吵？我的人民曾经做了什么，以致你的人民要和他们开战？如果他们（马塔贝莱人——笔者注）是被派来作战的，他们早已向你们开火了，但情况并非如此。"他还说："我已经向詹姆逊先生求教过以上问题了，但是他没有回答。或许他们告诉您了，那么请您转告我吧。"① 此后，在 8 月 19 日，洛本古拉又专门给维多利亚女王写了一封信，就南非公司的侵略行为提出控诉，并请求女王过问和干预此事。② 为了向女王表白马塔贝莱人真心避战的决心，洛本古拉选派了三名酋长组成一个新使团，其中一人还是他的兄弟。使团在英国商人詹姆斯·道森的陪同下准备前往英国，向女王陈情，道森兼任翻译。使团于 10 月 16 日启程，一天后到达英属贝专纳兰。结果在这里发生了意想不到的事情，洛本古拉的和平梦想也彻底破碎了。情况是这样的：当道森外出和朋友聚会的时候，贝专纳兰英军以不清楚三名酋长的身份为借口，要逮捕他们。在混乱中，一名酋长因拒捕罪名被杀害，另两人则逃回了布拉瓦约。这件事情的真相到现在也没有搞清楚。有的学者认为是道森的粗心大意造成了双方的误会，进而产生了悲剧性的结果。但也有学者不这样看，如原苏联学者戴维森就认为此举是英方的故意行为，借此以挑起战端。③ 笔者倾向于后一种观点，因为如果真是误会的话，那么英方在事后就应该迅速做出补救措施，以挽回影响。但我们没有看到他们这样做，联想此前的英国军事部署和各项准备，我们有理由相信这是一次在英方战意已浓的时候故意产生的"误会"，其目的就是要激怒洛本古拉，挑起战争。

　　在英国人的一再进逼之下，洛本古拉无路可退，战争终于爆发。这时南非公司的军队部署情况如下：总兵力达 1500 人，其中欧洲人占 1000 多名，另有 500 名被强征的非洲人，分为三路纵队。第一队从索尔兹伯里堡出发，由行政官福布斯少校率领；第二队从维多利亚堡出发，由阿伦·威尔逊上尉率领；第三队从约翰内斯堡出发，由拉夫上尉率领。拉夫曾参加

---

① Great British. Colonial Office, *The British South Africa Company in Mashonaland and Matabeleland*, London, 1893, pp. 50-51.

② Ibid. , pp. 76-77.

③ Apollon Davidson, *Cecil Rhodes and His Time*, p. 227.

过南非的祖鲁战争，是一个很有经验的军人。三队总指挥是英属贝专纳兰边警队的古尔德—亚当斯中校。① 马塔贝莱人的抗英战争持续了四个月（1893年10月—1894年1月）。在英军向布拉瓦约推进过程中，16000名马塔贝莱战士奋力迎击侵略军。较大规模的战役有三次：第一次战役，1893年10月24日马塔贝莱军事首领姆特沙尼和马南达率领5000多名战士，在尚加尼河畔阻击福布斯率领的英军。虽然马塔贝莱战士作战英勇，但在英军优势装备面前，特别是面对马克沁机枪的巨大威力，马塔贝莱战士失败了。此役大约有500名马塔贝莱战士伤亡，英军损失微乎其微。尚加尼河几乎成了一条血河，最后马南达自杀。第二次战役发生在1893年11月1日，马塔贝莱人出动了所有精锐部队，包括从布拉瓦约调集了近5000名士兵，总兵力达七八千人，在本贝齐河抗击英国侵略军。马塔贝莱人数量上占明显优势，但他们的武器太原始，英国人则拥有机枪、大炮等杀伤力很强的武器。在战术上，马塔贝莱人仍沿用传统的密集方阵冲锋的办法来对付英国军队，结果短短两个小时的战役阵亡将士就达1000多人。第三次战役发生在1893年11月2日，马塔贝莱战士在兰姆夸本河畔阻击一队英军。这队英军来自贝专纳兰，随同他们前进的还有洛本古拉的老对手卡马的部队。这次战役持续了三个半小时。尽管英军仍有强大的火力支援，但马塔贝莱战士奋勇杀敌，给予卡马的部队大量杀伤，并造成卡马与英军生隙，撤回贝专纳兰。

三次战役后，英军乘胜逼近布拉瓦约，马塔贝莱人采用坚壁清野战术，烧毁了布拉瓦约。洛本古拉率残部弃城逃往北方。11月4日，布拉瓦约沦陷。留在城里欢迎英军入城的只有两名英国商人，他们是洛本古拉命令士兵不许杀害而得以生存下来的。这场战争在英国当时出版的书籍和文章中被炒作得沸沸扬扬，称作"马塔贝莱战争"。但我们可以看出，这场被称作战争的军事事件，也许更应该称作大屠杀才对，即拥有先进武器的欧洲军队对一个落后原始民族的屠杀。这么说，应该并不过分。

英国人起初对洛本古拉诱降，劝说他返回布拉瓦约，说保障他个人的人身安全。但他们发现洛本古拉渡过赞比西河加快向北撤退的意图后，詹姆逊立即派出大约300名英军，携带四挺机枪和一门加农炮向北追击，企图活捉洛本古拉。12月3—4日，在尚加尼河畔，英军少校阿兰·威尔逊

① 何丽儿：《南部非洲的一颗明珠——津巴布韦》，当代世界出版社1995年版，第64页。

率领的一支约 35 人的英军侦察队与洛本古拉的部队相遇。马塔贝莱战士
经过激烈战斗全歼英军。事后，英国人把这次事件称为"尚加尼悲剧"。
在罗得斯的大力支持下，英国许多报纸大肆鼓吹威尔逊等人的所谓英雄事
迹，威尔逊也因此一时间成为英国的民族英雄。英国殖民军最终也没有抓
住洛本古拉，但在 1894 年 1 月传来了洛本古拉的死讯。英国南非公司从
一名洛本古拉身边的酋长处得到消息说，洛本古拉死于天花。洛本古拉的
死因扑朔迷离，也有谣言说洛本古拉是自杀的。① 关于他的死因、死亡日
期和地点一直也没有弄清楚。许多年以后，在马塔贝莱兰还广泛流传着洛
本古拉还活着的说法。人们说他没死，他还会再次出现并领导人们反抗英
国殖民者。这些传播于民间的说法，其实表明了马塔贝莱人仇恨英国殖民
者的民族情绪和对他们曾经的首领洛本古拉的爱戴。

　　洛本古拉之死标志着一个时代的结束。罗得斯采用武力粉碎了洛本古
拉的统治，人为阻断了马塔贝莱王国自然发展的历史进程，强行将其拉入
英国设定的历史路线之中，马塔贝莱王国从此成了一个历史名词。英方在
战争中的直接花费大约为 66000 英镑，其中绝大部分资金由罗得斯的南非
统一金矿公司和罗得斯以及他的朋友拜特提供。② 洛本古拉死后，马塔贝
莱人由于缺少领导核心，酋长们陆续开始向英国人投降。最后一名酋长于
1894 年 4 月投降，此外罗得斯还命人把洛本古拉的三个儿子带至开普看
管起来。

　　战争结束后，罗得斯考虑的问题是怎么让南非公司不受英国政府干预
而自由处理这块被征服的广大区域。为此，他回到开普与英国南非高级专
员洛赫商量。罗得斯认为他手里握有两张王牌：（1）公司仅凭自身财政
而不需英国政府的支持就可以统治这块地区。（2）洛本古拉已经死了，
其继承者空缺。罗得斯胆子很大，在英国政府批准尚未下达前，他就吩咐
詹姆逊赶快处理马塔贝莱兰的土地而无须等待。他的解决方案是：首先，
对于参加战争的欧洲人一定要按照战前的承诺，给予他们农场和矿工份
地。罗得斯说，那是他们的权利，因为他们已经攻克了这个国家。其次，
给土著人留下两块保留地，以维持其生存，具体位置在格怀河和尚加尼河

① Apollon Davidson, *Cecil Rhodes and His Time*, p. 232.

② *Harris to London office*, BSAC, September 6, 1893, N. A. R.

沿岸。① 最后，分配洛本古拉的畜群。

1894 年 7 月 18 日，英国政府颁布枢密院令，基本同意了罗得斯的善后方案。这就使南非公司对马塔贝莱兰的占领合法化了。个中原委主要是：（1）英国政府不愿意承担直接统治带来的财政负担。（2）从法律上讲，自 1889 年英国政府颁布特许状给南非公司时，这个地区已经包括在公司管理的范围之内了。（3）负责与罗得斯谈判的南非高级专员洛赫在 1894 年越来越多地把精力花在对付德兰士瓦总统克鲁格及布尔人问题上，在对待罗得斯和南非公司问题上不得不有所让步。（4）英国国内舆论对罗得斯及南非公司的支持，迫使英国政府顺应民意。在马塔贝莱战争期间，众议院议员、罗得斯的老对手拉布谢尔斥责罗得斯和南非公司在战争中对待马塔贝莱人的残暴行为，引起部分英国群众对南非公司的反感。但战争结束后，这一情况发生了逆转。一些参加过战争的英国人包括前面提及的猎人塞卢斯等纷纷回到国内。他们向英国民众美化他们在马塔贝莱兰的经历和故事，从而导致社会舆论急转风向，转而倾向罗得斯和南非公司。英国民众开始认为，由一小群人，其中绝大多数人还不是职业军人，却攻克了这么广阔的土地，这是一种英雄行为，是值得赞扬而不应该遭受谴责的了不起的行为。有些人还联想到以前英国与祖鲁人之间进行的长期而代价高昂的战争，与其相比，南非公司进行的马塔贝莱战争时间短、见效快，并且没有花费纳税人一分钱，因此罗得斯应该值得称赞而非诟病才是。另外，当时"尚加尼悲剧"和故事在英国流传甚广，人们在为威尔逊少校等英国军人悲哀的同时，思想感情上发生有利于罗得斯和南非公司的转向是很容易理解的。②

按照英国政府关于马塔贝莱的命令，南非公司于 1894 年任命了一名总裁负责处理这里的行政事务，总裁之下辅之以四名成员组成的委员会，另外还设立了一个由法官主持的法庭。马塔贝莱兰的行政机构拥有同马绍纳兰的行政机构同样的地位。1895 年 5 月，英国南非公司采用"罗得西亚"这一名称，以称呼在它统治下的所有领土。1898 年英国政府也正式

① ［英］廷德尔：《中非史》，陆彤之译，上海人民出版社 1976 年版，第 298 页。
② J. G. Lockhart and C. M. Woodhouse, *Cecil Rhodes*, p. 269.

开始使用这一名称。① 罗得西亚包括马塔贝莱兰、马绍纳兰以及赞比西河北部地区。1897 年后，罗得西亚分成南北两部分。马塔贝莱兰和马绍纳兰被称为南罗得西亚，赞比西河以北至坦噶尼湖之间区域被称为北罗得西亚。

第四节　罗得斯的政治冒险和失败：詹姆逊袭击及其影响

　　1895 年对罗得斯来说是一个意义非凡的年头。此时他不仅是一个成功的企业家，而且仕途也很平坦，当年他已担任开普总理五年之久。前一年（1894 年）刚刚把洛本古拉的大片国土兼并进大英帝国的版图，他的文治武功都已达到了个人生涯的顶峰。1895 年他只有 42 岁，却拥有了与其年龄不相称的巨大财富和政治影响，成为英国民众街谈巷议的热门人物，并成为英国上流社会社交圈的宠儿。这一切都造成了罗得斯对自身力量的误判和自信心的过度膨胀。1895 年他策划的以推翻德兰士瓦总统克鲁格为目的的"詹姆逊袭击"事件失败，不仅结束了他自己的政治生涯，而且激化了英布矛盾，为英布战争的爆发埋下了伏笔。1895 年成为罗得斯生命之中的转折之年。

一　"詹姆逊袭击"发生的背景

　　组建南非联邦一直是罗得斯殖民政策中的一个主要目标，他认为如果没有这个联邦，那么他在北方扩张所取得的广阔领土和他在开普殖民地致力的英裔与荷裔白人的亲善关系都是残缺和不完全成功的。② 罗得斯的计划是建立一个包括开普、纳塔尔和两个布尔人共和国在内的南非联邦，由于计划难以推行，才决定铤而走险发动推翻克鲁格的武装政变。这是詹姆逊袭击发生的根本原因。

　　（一）"白人南非联邦"设想的失败

　　关于建立南非联邦的问题，其实早在 19 世纪 70 年代英国政府就有此

---

　　①　John S. Galbraith, *Crown and Charter*: *The Early Years of the British South Africa Company*, p. 309.

　　②　Basil Williams, *Cecil Rhodes*, p. 242.

打算。自 1867 年后南非多处发现金矿和金刚石矿，这引起了南非国际地位的巨大改变。出于对金刚石矿和金矿的贪婪，开普英国移民中的资本家和政府官员要求在内地兼并更多土地，建立殖民地和保护国。这样一来，英国政府遂改变了以往的迟缓态度，转而采取了积极扩张和吞并的政策。但由于当时两个布尔人共和国正把其东西北三面地界以外的非洲人的土地视为扩张对象，这就造成了英国与布尔人矛盾的加深。在英国同两个布尔人共和国争夺南部非洲殖民利益的尖锐斗争中，保守党政府（1874—1880）决定推行"白人南非联邦"计划，企图用武力兼并两个布尔人共和国。当时担任殖民大臣的卡纳房勋爵从 1876 年起就打算推行这一计划，以解决困扰英国的布尔人问题。他的思路是以维多利亚女王为元首，把开普、纳塔尔、奥兰治和德兰士瓦组成一个联邦，其中开普殖民地是主宰，以期通过这一安排来保护英国属地和臣民的安全。[①] 1876 年，德兰士瓦共和国进攻附近非洲人的佩迪王国遭到失败，在国内产生动荡。军事挫折使布尔人对于单凭自身力量统治非洲人的信心产生了怀疑。在这种形势下，卡纳房勋爵决定趁德兰士瓦政局不稳的时机以兼并的方式推动联邦计划的实现。卡纳房派出一个叫谢普斯通的英国人充当说客，谢普斯通对时任德兰士瓦总统的伯格斯软硬兼施。他威胁伯格斯说，德兰士瓦的财政和军事都已陷入破产境地，无法有效控制共和国境内的非洲人，更无法应对受到祖鲁人支持的佩迪王国的挑战。他提出的解决方案是，由英国接管德兰士瓦政府，加强白人力量，保证维持布尔人所实行的种族不平等政策。最后，在内外交困面前布尔人统治集团被迫接受了这一方案。1877 年 4 月，英国发表声明，德兰士瓦成为英国殖民地，任命谢普斯通为行政长官。这样，英国对德兰士瓦的统治从 1877 年一直延续到 1881 年。英国的四年统治并不成功，英国本想把兼并作为实现建立南非联邦的第一个步骤，结果发现事与愿违。英国的统治使布尔人的民族主义思想迅速反弹，并使开普和德兰士瓦两地的布尔人联合起来。1878 年开普成立了布尔人的民族主义组织——"保护农民协会"；1880 年在开普又成立了一个布尔人民族主义组织——"阿非利卡人协会"，该组织在德兰士瓦设有分会（1883 年上述两个协会合并）。1880 年 12 月，德兰士瓦的布尔人趁英国与祖鲁王国作战、后方兵力空虚之机举行起义，宣布恢复德兰士瓦共和国的独立，第

---

① ［法］路易·约斯：《南非史》，史凌山译，商务印书馆 1973 年版，第 190 页。

一次英布战争由此爆发。英军由于两线作战，加之担心引起德兰士瓦境外布尔人的反抗，被迫同意议和。1881 年 3 月 6 日，双方签订停战协定。8 月 3 日，签订比勒陀利亚协定，规定：英国给予德兰士瓦以自治的地位；但保留三项特权，即对外事务的领导权、对德兰士瓦当局同非洲部落间关系的控制权以及战时英军借道德兰士瓦的权利。① 德兰士瓦重获独立的事实说明英国政府推行的"白人南非联邦"设想的彻底失败。它使英国更加清楚德兰士瓦的布尔人是其争夺南部非洲的强硬对手，双方的矛盾在"和平"的掩盖下其实更加尖锐了。

（二）克鲁格的统治及其强烈的反英情绪

保罗·克鲁格是德兰士瓦布尔人反英武装斗争中的一位将军。在战争中，他与儒贝尔将军和前总统比勒陀利乌斯并称布尔人的"三杰"。在布尔人的解放战争结束后，他于 1883 年当选为德兰士瓦总统，从此以后直到 1898 年的五次总统选举中，克鲁格一直当选为最高行政首脑。② 可以说，克鲁格是德兰士瓦共和国后期最具影响力的领导，他强烈的反英情结深刻影响了德兰士瓦共和国后期的政治走向。克鲁格的反英情绪来自他早年的经历，幼年时他随家人和其他布尔人为躲避开普英国人的统治而迁徙北上来到德兰士瓦，因此仇英、恐英的思想种子很早就植根于他幼小的心灵中。有人认为，在个人性格方面，克鲁格是一个传统和保守的人，具有家长制作风，兼具 17 世纪人的僵化与古板。③ 同时，在宗教信仰上具有清教倾向。他的政治哲学是极力维护布尔人利益不受侵犯的种族主义政治哲学。他认为应该永远维持布尔人的独立状态，南非共和国绝不要居于英国卵翼保护下的独立，它要的是完全彻底的独立。他非常瞧不起英国人对黄金和金刚石矿的贪婪与追逐。当兰德发现大金矿，众多英国人一拥而入时，他又告诫德兰士瓦的布尔人要保持自身清白，不要被约翰内斯堡的罪恶和腐朽玷污了自己。对于外来的采金客（他们大多是英国人），克鲁格采取纯粹的实用主义态度，即允许他们开矿，收取他们的税费用以巩固德兰士瓦的独立，当黄金采完后他们就会自动滚蛋。此外，他认为这些采金客不配享受德兰士瓦的政治权利，也不能被给予选举权，在议会里他们也

---

① ［法］路易·约斯：《南非史》，史凌山译，商务印书馆 1973 年版，第 203 页。

② 同上书，第 220 页。

③ John Flint, *Cecil Rhodes*, p. 175.

不可以拥有议席。原因很简单：他们不是布尔人，不能成为布尔农民；他们是外来人和过客。① 可见克鲁格的政治思想的特点是坚持布尔人唯我独尊的排外的、种族主义哲学，他不仅歧视黑人，而且不能容忍其他白人种族与布尔人的平权地位。

1884 年德兰士瓦境内的兰德大金矿被发现，轰动世界，引起英国资产阶级的关注。兰德金矿的发现一方面改变了德兰士瓦共和国的经济面貌，使其财政充裕、国力增强，另一方面加速了英帝国重新吞并德兰士瓦的步伐。从 1886 年上半年开始，罗得斯再次提出建立英国领导下的包括德兰士瓦在内的南非联邦的计划。表面看来，这似乎是老调重弹，其实不然。罗得斯认为建立英国治下的南非联邦的关键是要消解布尔人心中积存已久的恐英情绪。他的具体想法是以建立开普与德兰士瓦的关税与铁路联盟为手段，通过加强与布尔人的经济联系，培植英国人与布尔人的友好关系，抛弃曾经的历史恩怨。简言之，罗得斯希望在增强双方联系的过程中，用所谓的英国文明来改造布尔人，最终让他们放弃强烈的仇英民族主义感情，在此基础上顺水推舟建立南非联邦。② 当然，罗得斯也明白这一计划的执行需要的是耐心和等待，因为他已经充分认识到建立南非联邦的困难是巨大的（特别是由于英国人和布尔人两个民族的不相容的价值观）。③ 1886 年，罗得斯在开普政治舞台上的影响力还很有限，因此他的这一提议在开普议会未予通过。此后，如何解决德兰士瓦布尔人问题，英国政府一直未拿出一个明确的政策。此问题出现转机是在 1894 年。当年 6 月，南非高级专员洛赫访问德兰士瓦首都比勒陀利亚，就斯威士兰问题和德兰士瓦境内的外国人（许多是英国人）因反对德政府征兵而引起骚乱事件与克鲁格会谈。德兰士瓦境内的外国人的数量及其拥有的势力给洛赫留下了深刻的印象，他产生了联合德兰士瓦境内的外国人，利用武装叛乱颠覆德兰士瓦政府的大胆想法。他在和德兰士瓦的外国人组织——"约翰内斯堡矿业协会"主席利奥尼·菲利普斯的交谈中提出，如果 3000 名来福枪手就可以控制约翰内斯堡的话，他就建议帝国政府干涉德兰士瓦

---

① John Flint, *Cecil Rhodes*, p. 175.

② （演讲集）Vindex, *Cecil Rhodes His Political Life and Speeches*, 1881–1900, pp. 131–132。

③ Basil Williams, *Cecil Rhodes*, p. 242.

内政。① 洛赫说干就干，7 月回到开普后，立刻把英属贝专纳兰的警察部队调到德兰士瓦边境。同时，他请求英国殖民部派 5000 名英军士兵来开普，并授予他干涉德兰士瓦的权利。但是，殖民大臣里彭勋爵认为该计划存在很大风险，拒绝批准。这样，洛赫的计划流产了。其实，洛赫的计划与卡纳房的计划在性质上是一样的，都是企图以武力为后盾达到兼并德兰士瓦的目的。

罗得斯在得知洛赫的详细计划后，表示反对。他认为南非问题的解决主要应该发挥南非白人的创造力。他反对来自帝国的自上而下的解决方式。但是洛赫计划中的两个因素对罗得斯具有启发：（1）在约翰内斯堡挑起外国人的武装叛乱；（2）在贝专纳兰与德兰士瓦边界布置准备干涉的英军，确保政变获得成功。他后来在自己的计划中对这两个因素都有采用。

（三）罗得斯遭遇挫折

1890 年罗得斯当选开普总理后，决定逐步推行自己以前的建立南非联邦的计划，以期用经济手段，在文化心理上彻底摧毁德兰士瓦布尔人的抵抗。南非高级专员洛赫也支持开普同德兰士瓦建立关税同盟的计划，但是该计划提出后遭到克鲁格的拒绝。于是，罗得斯又打起铁路的主意。由于德兰士瓦是个内陆国家，缺少出海口，这就大大妨碍了其经济的发展。于是，德兰士瓦希望从葡萄牙东非殖民地的洛伦索—马贵斯港修建一条直达约翰内斯堡的铁路。但是，投资修建铁路的一家荷兰公司在财政上出现了问题，使计划搁浅。罗得斯得知消息后，提出他可以给予财政支援，但前提是德兰士瓦政府要许可从开普修建到约翰内斯堡的铁路延伸至比勒陀利亚。德兰士瓦的人民议会迫不得已，只好同意。这样，1893 年 1 月 1 日，开普—比勒陀利亚线开始通车。罗得斯的打算是希望这条铁路能够对产生南非联邦起到推动作用。但是，老谋深算的克鲁格又给罗得斯出了个难题。1895 年，从洛伦索—马贵斯到约翰内斯堡的铁路终于修好了。克鲁格认为这条铁路是体现民族独立的新工具，他希望布尔进口商多使用这条铁路线而少使用英国人从开普修到德兰士瓦的铁路线。为此，他擅自提高从开普—兰德线的货物在德兰士瓦境内一段的运费，使这些商品的输入

---

① John Flint, *Cecil Rhodes*, p. 178.

在经济上完全不合算。① 克鲁格此举实际是在和罗得斯唱反调，他是要通过这一手段彻底割裂开普与德兰士瓦的经济联系。这使罗得斯非常恼火，他开始对通过和平手段建立南非联邦的理想产生了动摇。

迫切希望攫取兰德金矿也是罗得斯考虑动武的一个因素。1894 年 9 月，罗得斯在詹姆逊和他的金矿公司的新任总工程师、美国人约翰·汉斯·汉莫德的陪同下视察了马绍纳兰和马塔贝莱兰。他们此行的目的是要对这两个地区的采金业潜力做一个大致确定的评估。在考察这片区域并参观了几个正在作业的金矿后，汉莫德从一个专业人士的视角阐述了他对河间地区坦率而令人沮丧的观点。他认为，在河间地区不可能再发现一个新兰德。相反，汉莫德非常看好德兰士瓦的约翰内斯堡，他强调在约翰内斯堡附近有大量丰富的含金石英矿脉几乎没有被开采。他预言新的深层采掘技术将会在约翰内斯堡持续几百年地开采出大量黄金，产生难以估量的利润。他还断言，德兰士瓦的黄金储藏不是仅能开采短短几十年的矿藏，它简直就是永久的源源不断的财富的来源。汉莫德的话对罗得斯触动极大，尽管他热爱金伯利，也对河间地区满怀憧憬，但是这时也只能面对现实了。因为南非金矿公司是他此时的主要投资项目，公司要发展，除了需要新资本和新技术，更需要富含金矿的新矿区。汉莫德的话让罗得斯觉得，他可能只能在兰德地区孤注一掷了。但是怎么才能攫取兰德呢？还在这次旅途中，汉莫德在和罗得斯的谈话中就向他暗示，“如果约堡不产生激进变革的话，那里的人民（外国人）终将爆发起义”②。汉莫德作为一名工程师而能有这样的政治见解，让罗得斯感到惊讶，从后来的经过来看，相信他此时已决定采纳汉莫德的建议，既为了他的黄金事业，也为了实现他追求已久的政治理想——建立南非联邦。因此可以认为，罗得斯下决心推翻克鲁格的统治，是把他对德兰士瓦经济层面的兴趣与他的南非联邦之梦结合在一起了。从罗得斯当时政商两栖的双重身份来看，这么说也许并不过分。另外，还有的学者从健康角度考虑，认为罗得斯决定采用武力推翻克鲁格的动机，与他对自己的健康状况缺乏信心有关。他急于在有生之年实现自己的理想，面对克鲁格的顽固已对通过和平渐进的手段解决德兰士瓦问题失去了兴趣。

---

① ［法］路易·约斯：《南非史》，史凌山译，商务印书馆 1973 年版，第 231—232 页。

② John Flint, *Cecil Rhodes*, p. 179.

最后还有一个导致罗得斯迷信武力的原因是刚刚结束的马塔贝莱战争。马塔贝莱战争取得的辉煌胜利，南非公司付出的微小代价，以及战后罗得斯在英国获得的追捧，很可能使罗得斯对使用武力解决复杂问题产生了依赖和惯性思维。

二 "詹姆逊袭击"及其失败

1894年12月，罗得斯的行动计划形成了。该计划的主要内容是：第一，罗得斯将主要使用自己私人公司的力量推翻德兰士瓦政府；第二，由在约翰内斯堡的金矿公司资助并组织一个名为"改革委员会"的秘密团体，其成员均为罗得斯的公司雇员和同盟者，由"改革委员会"发起反对德兰士瓦政府的起义；第三，起义所需武器弹药由金伯利的德比尔斯公司负责偷运进约翰内斯堡，并藏于金矿公司内；第四，在起义日期，"改革委员会"将向其支持者配发武器，占领约翰内斯堡，并建立防御工事以防政府军进攻。届时，詹姆逊将率领南非公司的警察部队侵入德兰士瓦，参加约翰内斯堡的反叛事件；第五，将请英国南非高级专员出面收场，他将作为"调停者"调解双方矛盾，以避免更大流血事件发生。罗得斯希望高级专员将以兼并德兰士瓦作为解决矛盾的办法，就像谢普斯通在1877年做的那样。罗得斯设想，那样一来，开普、纳塔尔和德兰士瓦将组成联邦。不久后，奥兰治自由邦也将加入进来，否则它将面临难以承受的经济与商业制裁。[①]

要执行这个计划，首先，詹姆逊率领的南非公司警察部队就需要在贝专纳兰—德兰士瓦边界拥有一个基地，而贝专纳兰保护国处在英国政府的管理下，因此这需要得到英国政府的同意才行。其次，罗得斯与时任南非高级专员洛赫关系不融洽。他认为洛赫在未来计划的执行中很可能会给他带来麻烦，而且洛赫是一个坚定的英帝国主义者，反对把贝专纳兰的非洲人置于南非公司统治之下。因此，罗得斯希望英国政府把洛赫调走，以方便他执行入侵德兰士瓦的计划。1894年12月，罗得斯、詹姆逊和南非公司秘书卢瑟福德·哈里斯启程去英国，就上述两件事情寻求解决之道。此时的罗得斯在英国拥有巨大的影响和很高的声望，被英国人视为充满爱国热情的帝国建设者的缩影。他和詹姆逊立刻成为英国上流社会社交圈的焦

---

① John Flint, *Cecil Rhodes*, p. 180.

点人物。当时，英国报纸上充斥着关于罗得斯行踪的报道。维多利亚女王还在温莎宫接见了罗得斯，她问罗得斯，自从上次见面后他一直在做什么？罗得斯很自豪地说："我为尊敬的女王陛下治下的帝国又增加了两个省份（指占领马绍纳兰和马塔贝莱兰——笔者注）。"女王以赞许的口吻说："要是我的其他大臣和你一样就好了。"给予罗得斯很高的评价。[1]　在首相罗斯伯里的安排下，罗得斯在 1895 年初又被任命为枢密院枢密顾问官。正因为如此，罗得斯要办的两件事情进展都比较顺利。首相罗斯伯里得知罗得斯的大致计划后，只是警告他只能在约翰内斯堡发动起义后，詹姆逊才能进行干涉。[2]　这表明英国政府已经完全同意了罗得斯的计划。殖民大臣里彭尽管未给罗得斯什么特殊的许诺，但也未否决南非公司的计划，而是采取一种缄默的态度。这与他此前否决洛赫计划时的果断形成鲜明对照，因此可以认为他也是同意的，至少也是纵容罗得斯的。撤换洛赫的要求得到了英国政府的批准，新的高级专员的人选竟然是罗得斯的老朋友、前南非高级专员罗宾逊。罗宾逊此时已年届 70 岁高龄，而且疾病缠身，非常不适合担任这个职务，并且在经济上罗宾逊与德比尔斯公司有扯不清的联系，他依赖罗得斯企业的经济支持是公开的新闻。为此，罗斯伯里首相和殖民大臣里彭严密封锁消息，甚至其他内阁成员也不知晓此事。1895 年 3 月，任命罗宾逊为南非高级专员的消息公布后，引起一片哗然。财政大臣威廉·哈克特气愤地说，罗宾逊不是帝国任命的官员，他是罗得斯提名的，是为了罗得斯的政治目的和经济利益服务的。这话说的应该没错。另外，约瑟夫·张伯伦也在众议院对此进行了抨击。但罗斯伯里和里彭依据自由党传统的外交政策予以反击，结果反对者没有成功。

罗得斯的英国之行基本上取得了预期效果。他于 1895 年 2 月回到开普，着手准备约翰内斯堡的暴动。1895 年 6 月，罗斯伯里的自由党政府由于发生分裂而倒台，索尔兹伯里组成保守党新内阁，其中索尔兹伯里任首相兼外交大臣，约瑟夫·张伯伦出任殖民大臣。自由党失去政权时正值英国经济走下坡路之际，英国已丧失了工业垄断地位，这使英国资产阶级渴望夺取更多的殖民地，扩充商品市场、原料产地和投资场所，以弥补他们在国际竞争中的损失。为此，新政府的基本国策是实行帝国主义政策，

---

① Basil Williams, *Cecil Rhodes*, p. 234.

② John Flint, *Cecil Rhodes*, p. 182.

加强对殖民地的控制是一个主要方面。① 7 月 9 日，罗得斯请求张伯伦解决贝专纳兰问题，把贝专纳兰保护国让给南非公司管理，其理由是需要将开普铁路经贝专纳兰延伸至罗得西亚。紧接着，罗得斯又派公司秘书卢瑟福德·哈里斯于 8 月 1 日去伦敦和张伯伦会见，继续商谈此事。在会谈中，哈里斯暗示张伯伦德兰士瓦即将爆发一场革命，南非公司需要贝专纳兰作为詹姆逊部队的入侵基地。整个 8 月，哈里斯一直都在和殖民部的官员就这件事进行磋商。最后，张伯伦表明了自己的态度：从公务上讲，他完全不清楚南非公司的计划。但是和前任首相罗斯伯里一样，他既不反对也不阻止该计划。很明显，这是张伯伦的狡猾伎俩。他实际是怂恿罗得斯进行政治冒险，让罗得斯充当他推行帝国主义政策的马前卒，却又故作不知此事，目的是避免承担责任。因此，对于罗得斯把贝专纳兰作为入侵德兰士瓦跳板的要求，他尽量给予配合。经过他的帮助，罗得斯终于得到了贝专纳兰保护国沿德兰士瓦边境的一块条状地带。这块土地把贝专纳兰保护国和南非公司责任统治地连在一起。贝专纳兰保护国余下区域仍由英国管理。由于这不是整个贝专纳兰保护国，罗得斯十分气恼，但在当时他也只能接受。这样，在 1895 年 10 月底，250 名南非公司警察就进驻了条状地带。另外，约翰内斯堡的"改革委员会"的领导人选，经罗得斯安排由四人组成。他们是里奥尼·菲利普斯、汉斯·汉莫德（罗得斯金矿公司的美国工程师）、弗兰克·罗得斯（罗得斯的哥哥）和查理·李奥纳德。南非公司资助"改革委员会"61500 英镑，另外罗得斯的金矿公司又大约资助了 12 万英镑。暴动的具体安排是，詹姆逊将带领 1500 人和枪支进入德兰士瓦；在此之前，将有 5000 支步枪、3 挺马克沁机枪和 100 万发子弹走私进约翰内斯堡；暴动时，约翰内斯堡的暴动者将分兵至比勒陀利亚，夺取那里的布尔人军火库。

1895 年 11 月 6 日，张伯伦正式把那块贝专纳兰边境的条状地带移交给南非公司。同时，他命令解散英国贝专纳兰边警队，把他们的装备卖给南非公司。边警队大部分成员则立即加入詹姆逊的部队，这使詹姆逊领导的武装人员达到近 600 人。② 显然，这是张伯伦对南非公司即将进行的武装行为的明目张胆的支持。11 月 19 日，詹姆逊来到约翰内斯堡与"改革

① 阎照祥：《英国政党政治史》，中国社会科学出版社 1993 年版，第 322—323 页。

② John Flint, *Cecil Rhodes*, p. 189.

委员会"领导碰头，确定暴动日期。最后，双方一致同意把日期定在 12 月 28 日。为了给干涉德兰士瓦寻找正当理由，由詹姆逊口授、查理·李奥纳德起草了一封所谓居住在约翰内斯堡的外国人妇女与儿童写给詹姆逊的控诉信。信中控诉德兰士瓦当局对外国人实行暴政，呼吁詹姆逊采取措施以阻止流血事件发生，拯救妇孺。① 这封伪造的书信成为罗得斯等人侵略德兰士瓦蓄谋已久的铁证。

暴动日期已经确定了，但是此时约翰内斯堡的形势却有所改变，对于举行暴动非常不利，这是罗得斯和詹姆逊始料未及的。1895 年是约翰内斯堡采金业繁荣的一年，白人矿工兴高采烈地忙于工作，对于上街构筑路障同政府军作战没有兴趣。同样原因，由于忙于经营，矿业资本家中也只有一小部分人支持"改革委员会"。私运枪支进入德兰士瓦的计划进行得也不顺利，到 12 月底只有 2500 支步枪运进德兰士瓦，带进约翰内斯堡的只有 1500 支。另外，也招募不到足够人员去占领比勒陀利亚的军火库。实际上，原定计划当中的部分安排已难以执行。"改革委员会"内部的领导也很混乱，致使效率低下，优柔寡断。詹姆逊也只能征集 600 名人员，而不是原来计划的 1500 人。此外，暴动的保密工作也做得很马虎，"改革委员会"的成员竟然在德兰士瓦的电报线上用近乎明码的语言发送电报。12 月 20 日，在开普和伦敦的报纸上也出现了关于暴动情况的报道。这一切都表明即将到来的暴动非常不合时宜。

12 月 26 日，"改革委员会"的负责人鉴于以上情况，决定改变计划。查理·李奥纳德发表了一个宣言，要求德兰士瓦政府进行改革，"改革委员会"准备将此宣言于 1896 年 1 月 6 日呈交克鲁格。这表明"改革委员会"有终止暴动，改用和平手段达到保护自身权益的打算。与此同时，"改革委员会"又采取了几项措施，以确保詹姆逊不要侵入德兰士瓦。弗兰克发电报给弟弟罗得斯，要求他约束詹姆逊的行为；查理·李奥纳德还亲自去见罗得斯，请他阻止詹姆逊；罗得斯的金矿公司总工程师、"改革委员会"领导之一的汉斯·汉莫德则直接给詹姆逊发电报，要求他无论如何绝不能进入德兰士瓦；为了确保安全，"改革委员会"还派出海尼少校和邦尔登上尉沿不同路线疾驰詹姆逊驻地，与其联系，劝止其行动。②

① Margot Asquith, *Autobiography*, Vol. II, london, 1922, pp. 17-19.

② John Flint, *Cecil Rhodes*, p. 191.

但令人奇怪的是，詹姆逊一直未收到以罗得斯名义发来的阻止他进入德兰士瓦的指令。相反，在 12 月 26 日、27 日、28 日三天，南非公司秘书卢瑟福德·哈里斯连续拍电报给詹姆逊，要他固守原地。詹姆逊并不理会，他在 28 日回复哈里斯的电文里说，如果他得不到取消行动的命令的话，将会于次日傍晚进军德兰士瓦。事已至此，为什么罗得斯还要刻意避免以自己的名义阻止詹姆逊的行动呢？笔者认为，这可以解释为罗得斯的一种故意的态度，其真实用意是暗自希望詹姆逊侵入德兰士瓦。罗得斯是这时唯一可以阻止詹姆逊的人，他明明有时间加以阻止却迟迟不采取果断措施。因此，可以推断此时的罗得斯也已改变了原来的计划，即约翰内斯堡不发生暴动，詹姆逊也要进入德兰士瓦推翻克鲁格的政权。这一情况说明，罗得斯要粉碎德兰士瓦布尔人统治的决心是多么强烈！

另外，此时的国际形势对于采取这样重大的行动也有制约。12 月 18 日，美国总统克利夫兰在其呈交国会的报告中，就委内瑞拉与英属圭亚那的边界争端问题采取了支持委内瑞拉的强硬立场。张伯伦嗅觉敏锐地预见到未来几个月中英美之间的紧张关系将达到顶点。鉴于国内外各方面的不利形势，张伯伦在最后一刻改变主意，决定终止推翻克鲁格的计划。[1] 12 月 27 日，他打电话给罗得斯，提出如果约翰内斯堡不发生暴动就要停止执行"詹姆逊袭击"的计划。[2] 但罗得斯磨蹭了几个小时也没有和詹姆逊联系。随后，他手书一封内容冗长的电报，在说了一大通不着边际的话后才说："我希望友好地处理约翰内斯堡的事态，一点忍耐和常识是当前唯一需要的。无论如何你不能行动，我坚决反对这样的行动。"[3] 当南非公司的官员于星期天晚上拿着这封电文去电讯室拍发时，才发现电报已经不能发出了，詹姆逊的人已经切断了电报联系。对此唯一能做的解释是，罗得斯发电报是迫于张伯伦压力的虚以应对，他拖延时间的目的是希望詹姆逊收不到电文。这样，一旦行动失败，他还可以公开电文，为自己洗去嫌疑。因此，可以认为罗得斯拖到最后才发这封电报的用意十分阴险，实际已经为以后发生不测做好丢卒保帅的准备了。

---

[1] 艾周昌、郑家馨主编：《非洲通史·近代卷》，华东师范大学出版社 1995 年版，第 894 页。

[2] Apollon Davidson, *Cecil Rhodes and His Time*, p. 282.

[3] John Flint, *Cecil Rhodes*, p. 193.

12月29日傍晚，詹姆逊由于没收到罗得斯的电报，遂向约翰内斯堡出发了。刚进入德兰士瓦时还比较顺利，因为布尔人在边境上没有设哨所。但是第二天（12月30日），在靠近德兰士瓦西部边境线一侧的一个小定居点里，有一个布尔官员发现了詹姆逊部队的行踪。他立即打电报给德兰士瓦政府报告这一情况，电报说，英军已经从马弗京进入共和国，正在向约翰内斯堡前进。收到电报后，克鲁格立即向邻近地区的布尔人下命令，要求布尔民团迅速组织起来，包围英军。随后，德兰士瓦政府又派出使者与詹姆逊会谈，要求他及英国武装人员马上撤出德兰士瓦。但詹姆逊很狂妄，自恃拥有马克沁机枪，不把布尔人放在眼里。他回答使者说，他们进入德兰士瓦是应约翰内斯堡的英国妇女与儿童的请求来拯救他们的。双方冲突于是爆发。在战斗中，布尔民团利用他们对当地地形的熟悉，引诱詹姆逊的队伍在山峰与丘陵间打转转，使他们的机关枪发挥不出威力。同时，布尔人还把山中的泉水封住，这样几天后詹姆逊的部队就撑不住了。[1] 1896年1月2日，詹姆逊的部队在离克鲁格斯多普不远的山谷里被包围，结果除134人被击毙外，其余包括詹姆逊在内的人员全部被俘。约翰内斯堡的"改革委员会"的64名成员也被一网打尽。[2]

"詹姆逊袭击"事件公开后，迅速成了轰动欧洲的政治丑闻。事后，罗得斯也难逃干系，他遭到霍夫梅尔和开普"阿非利卡人协会"的质疑，霍夫梅尔甚至怀疑罗得斯就是幕后元凶，宣布断绝和他的友谊。这意味着罗得斯在开普已经丧失了一块重要的政治资源，于是他被迫辞去了开普总理职务。张伯伦则一口咬定他事先毫不知情。最后，英国高级专员罗宾逊充当了收拾残局的人，他亲自到比勒陀利亚向德兰士瓦政府道歉。克鲁格也顺水推舟把詹姆逊及其同伙移送英国司法机关处理。英国司法机关偏袒他们，只轻判詹姆逊15个月监禁，后又以詹姆逊有病为理由改判，致使詹姆逊只在监狱待了几个月就被放出。"改革委员会"的成员中有四人被德兰士瓦当局判处死刑，他们是弗兰克·罗得斯、菲利普斯、法勒和汉莫德。罗得斯后来为他们每人出罚金25000英镑，德兰士瓦政府将这些人特

---

[1] ［法］路易·约斯：《南非史》，史凌山译，商务印书馆1973年版，第235页。

[2] 艾周昌、郑家馨主编：《非洲通史·近代卷》，华东师范大学出版社1995年版，第894页。

赦后释放。①

　　"詹姆逊袭击"事件发生后，造成英德关系急剧恶化。德国利用此事大肆宣扬，外交意图是拉拢俄、法结成大陆同盟孤立英国，迫使其在殖民地问题上对德做出让步。1896 年 1 月 4 日，德皇威廉二世致电克鲁格，祝贺他在"未向友邦求助的情况下，凭借自己的力量抵抗侵略，击败了入侵贵国的武装匪徒，重建和平，维护了国家的独立"②。这份电报名为祝贺，实际针对英国，且语言挑衅，尖锐地暴露出英德两国在殖民地、贸易、外交诸方面的全面对立。这份电报在某种程度上也促使英国政府下决心彻底摧毁德兰士瓦共和国。

　　"詹姆逊袭击"事件对罗得斯的政治生涯和声誉都造成了巨大损害，他从开普总理的位子上黯然引退后，基本结束了政治生命。另外，在经济上罗得斯的损失也很大。整个入侵事件的准备工作和失败后的赎金让罗得斯大约花费了 40 万英镑。③ 他现在剩下的只有罗得西亚了。由于南非公司策划了"詹姆逊袭击"，英国政府不太可能继续允许南非公司充任统治罗得西亚的帝国代表了。为了保住特许状，罗得斯于 1896 年 1 月 15 日，即詹姆逊在德兰士瓦被俘不到两周，就远赴重洋去英国了。他要为南非公司继续保有特许状而活动。其时正值 19 世纪末帝国主义列强疯狂瓜分世界之际，英国民众的帝国主义情绪也很高昂。由于《时代》杂志在年初发表了詹姆逊杜撰的"妇女与儿童的来信"，因此詹姆逊的袭击事件在英国受到民众的普遍同情。加之上文提到的 1 月 4 日德皇威廉二世发给克鲁格的电报内容被公布，这就更加激起了英国国内的民族主义情绪和英国民众对罗得斯和詹姆逊的同情。他们被认为是英格兰的英雄。因此，此次罗得斯的英国之行在舆论上对他是有利的，尽管"詹姆逊袭击"事件是失败了。除了这个有利条件外，此时罗得斯还掌握有对张伯伦极其不利的王牌，即在"詹姆逊袭击"事件前后，南非公司驻伦敦代表与开普之间有 54 封电报内容涉及张伯伦与殖民部知晓并批准詹姆逊行动的情况。罗得斯明白，一旦电文公之于众，将会导致英国政府对张伯伦在"詹姆逊袭击"事件中的角色进行全面调查，并成为公共丑闻。罗得斯企图以此要

---

① ［法］路易·约斯：《南非史》，史凌山译，商务印书馆 1973 年版，第 237 页。

② W. Langer, *The Diplomacy of Imperialism*, Vol. 1, p. 53.

③ John Flint, *Cecil Rhodes*, p. 200.

挟张伯伦，与其达成协议，保住南非公司的特许状。2月6日，罗得斯与张伯伦见面。会谈前，英国殖民部就知道了南非公司掌握这批电报的事实。因此，罗得斯与张伯伦的会谈十分顺利，双方甚至没有讨论南非公司的特许状解除与否的问题。显然，罗得斯的电报发挥了效力。殖民部没有对南非公司继续保有特许状提出异议，同意公司继续控制罗得西亚行政事务，可以任命各级官吏包括法官，拥有独立裁决权，殖民部不予干涉。①南非公司的特许状终于保住了，罗得斯非常满意这个结果，几天后他就离开英国经埃及、贝拉返回了罗得西亚。

三　罗得斯在英布战争中

"詹姆逊袭击"失败后，由于政治上的失意，罗得斯对开普政治刻意保持一种疏离和超然的态度，对于德兰士瓦问题更是避之不及。他曾经对一个德国来访者说明了其中的原因。他说："一个被火烧过的孩子害怕火。我对德兰士瓦事态保持疏远和冷淡，为的是一旦那里情况变糟，没人会说罗得斯又搅进去了。"②事实果真如此吗？罗得斯真的心灰意冷，彻底放弃了他抱持多年的兼并德兰士瓦建立南非联邦的政治理想了吗？情况并非如此。罗得斯这么说，一方面有策略上的考虑，因为"詹姆逊袭击"毕竟是他政治生涯中的一个显著的污点，短时间内重返政治舞台的条件尚不具备。所以，处事低调一些反而可能博得别人的同情，为以后东山再起做准备。另一方面，从1897年起接替罗宾逊担任南非高级专员的艾尔弗雷德·米尔纳爵士是个对德兰士瓦的强硬派，他对德兰士瓦也奉行兼并政策，并不惜采取武力，这一点和罗得斯很相似。罗得斯把他看作是自己政策的继任者，认为可以假米尔纳之手达到自己的目的，因此罗得斯的暂时疏远德兰士瓦的态度并不妨碍其政治理想的实现。

1898年3月，米尔纳发表了在南非历史上具有分水岭意义的演讲。在演讲中，他咄咄逼人地攻击德兰士瓦政府对境内外国人的专横与无礼。同时，他警告居住在开普的荷裔人不要受到德兰士瓦的诱惑而背离了对英国的忠诚。这篇演讲实际上让所有南非人民面临选择阵营的挑战。罗得斯

① John Flint, *Cecil Rhodes*, p. 203.

② Basil Williams, *Cecil Rhodes*, p. 299.

对此十分高兴，认为可以"完全信赖米尔纳"。^① 他对米尔纳的态度按照
罗得斯的秘书朱丹的说法就是"完全支持米尔纳的观点"，甚至不再需要
向米尔纳建议什么。所以，此时罗得斯面对德兰士瓦问题才会轻松地说
"把他留给米尔纳吧"^②。

米尔纳这么做并非空穴来风，而是有原因的。"詹姆逊袭击"后，表
面上看好像危机过去了，实际上留下了严重的后遗症。德兰士瓦和奥兰治
的布尔人都对英国人所说的联邦不再抱任何希望，而且非常担心英国入
侵。两国还出现了结盟的趋势，1898 年它们成立一个"联邦"会议，以
协调抗英。1898 年垂垂老矣的克鲁格再度当选德兰士瓦总统，令英国政
府十分沮丧，这充分说明布尔人对克鲁格对英政策的强烈认同和支持。它
也向英国政府传递了一个信号，那就是短期内通过和平途径建立南非联邦
几乎不可能。约瑟夫·张伯伦和米尔纳都同克鲁格进行了会谈，但由于双
方立场差异太大，反而使关系恶化。米尔纳觉得德兰士瓦问题已成为死
结，据此向英国政府报告说："进行干涉的理由是极为充分的。"这样，
1899 年 6 月到 10 月，双方都开始为可能发生的武装冲突做积极准备。
1899 年 10 月 9 日，德兰士瓦国务秘书赖茨向米尔纳发出一封长信，实际
是最后通牒。信里提出三点要求：（1）所有争议均通过仲裁或双方同意
的其他方式解决；（2）撤退 1899 年 6 月 1 日以后到达南非的英军；
（3）正在开往南非途中的英军不得在殖民地登陆。^③ 10 月 10 日，张伯伦
命令米尔纳拒绝德兰士瓦开出的条件。11 日，德兰士瓦布尔人发动进攻，
英布战争由此爆发。

在 10 月 9 日即战争爆发前两天，当时局势已经很紧张了。但罗得斯
突然做出一个惊人之举，他没有告诉其他任何朋友，就偷偷离开开普，搭
乘战前开普到金伯利的最后一班火车于 10 月 10 日抵达"钻石城"。他到
达后第三天即 13 日，金伯利就被布尔人军队包围了。许多人都不明白这
时候罗得斯为什么要冒险去金伯利，那里一边紧挨奥兰治自由邦，一边毗
邻德兰士瓦，几乎处于无防御状态。比较能让人信服的解释是，可能和战
争初期多数英国人一样，罗得斯也把这场战争看得比较简单，认为是英国

① J. G. Lockhart and C. M. Woodhouse, *Cecil Rhodes*, p. 434.

② Ibid. , p. 444.

③ ［法］路易·约斯：《南非史》，史凌山译，商务印书馆 1973 年版，第 239—240 页。

拥有压倒性优势的一边倒战争，因此不会拖延太久，而会速战速决。谁知这场战争持续了两年半，从 1899 年 10 月 11 日一直延续到 1902 年 5 月 31 日。罗得斯在金伯利城中整整被围困了四个月之久才被英军解救出来。围城期间，罗得斯在城中积极指挥防御，做了一些有创意的工作。他用德比尔斯公司的物资在金伯利郊区修建了一座堡垒，还组建了一支归他指挥的由德比尔斯公司 800 名员工组成的轻骑兵。罗得斯还让人在防御工事周围布置探照灯，他的工程师制作了可以从空中侦察敌情的阻塞气球。德比尔斯公司的工程师甚至还制造了一门大炮，命名为"塞西尔大炮"。战争期间，成千上万无家可归、惊恐万状的难民从附近地区涌入金伯利。为了解决养活这些人的难题，罗得斯采用了以工代赈等一些实用且很有想象力的办法，既解决了他们的生存和吃饭问题，又为金伯利做了必不可少的工作。他雇用了一万名非洲工人，让他们在城市里兴建公共工程①，还雇佣男子修建道路、挖掘沟渠，在花园里栽培植物，修葺市内公园。此外，救济处还建立委员会为贫困家庭寻找住房或向他们提供医疗援助。据估计，从 1899 年 10 月 11 日战争爆发到当年年底，德比尔斯公司共向 185 个白人、730 个混血有色人和 1457 个黑人发放了 6000 余英镑的救济工资。在圣诞节期间，德比尔斯公司还定做了许多圣诞布丁供市民免费享用。② 这些措施对于稳定人心、巩固城防都很有帮助。1900 年 2 月 15 日，金伯利城被英军解围。可以说，围城中的四个月是罗得斯在英布战争中的一段不平凡的日子。他的乐观刚毅的精神、出色的组织才能，以及他与德比尔斯公司做出的许多努力，终于确保了金伯利未被布尔人军队占领。

　　从 1900 年 2 月起，由于英军逐渐掌握战场主动权，战局开始对英国有利。罗得斯在战争中表演的空间缩小了，此后再未有什么亮点显现。最后，在距离英布战争结束还有两个月的时候，即 1902 年 3 月 26 日，罗得斯因病去世，时年 49 岁。

---

① John Flint, *Cecil Rhodes*, p. 270.

② ［美］斯蒂芬·坎弗：《钻石帝国》，洪允息译，新华出版社 1998 年版，第 175—176 页。

第四章　塞西尔·罗得斯的殖民思想

人是理性的动物，人的思想是其行为和实践的动力来源。缺乏思想导引的长期行为是不可想象的，也是不可能的。塞西尔·罗得斯在南部非洲短暂而影响深远的殖民经历是以其坚定而疯狂的殖民思想为基础的，他的殖民思想从形成过程来看比较复杂，既有家庭影响、社会氛围熏陶，也与他所接受的教育有关。从内容来看主要包含两个层面的要素，即白人至上的思想和针对土著人的种族隔离思想。

第一节　塞西尔·罗得斯的
"白人至上"思想

罗得斯是一个典型的种族主义者，"白人至上"思想是其殖民思想的重要组成部分。纵观其一生，其"白人至上"思想经历了三个不同的发展阶段，对应的"白人"概念也有显著差别。在进入开普政坛以前，其"白人"概念主要指盎格鲁—撒克逊人（即英国人）。及至1880年踏入政坛后，他敏锐地观察出荷裔阿非利卡人的力量不容小视。为了取得他们的欢心，博得他们在政治上的支持，他提出建立英裔与荷裔联合治下的"南非联邦"设想。这时其"白人至上"思想中的白人显然是包括阿非利卡人在内的英荷白人同盟。1899年，英布战争爆发后，罗得斯又提出在其死后设立"罗得斯奖学金"（也被称为"殖民地奖学金"）的遗嘱，期望获得奖学金的学生以后可以成为所在国的政治精英，帮助其完成殖民世界的未竟事业。但候选人已不局限于英国殖民地的白人学生，而是包括德国、美国在内的有资格的白人学生。这表明其最初的"白人至上"思想中的"白人"概念又有所扩大，是包括英国人、荷裔阿非利卡人、德国人和美国人在内的白人大同盟。

一 "白人至上"思想的第一阶段:"英国人是世界上最优秀的民族理应统治世界"

1876—1878 年,罗得斯当时正在牛津大学读书。由于身体一直受到疾病困扰,担心自己将不久于人世,1877 年 6 月 2 日,时年 24 岁的罗得斯写了一份名为《我的信仰的声明》的遗嘱(下文简称《声明》)。这份遗嘱很特别,没有像一般遗嘱那样过多谈身后事情的安排,反而更像是一份作者政治理想的告白书。《声明》主要阐述了盎格鲁—撒克逊民族人种优越的思想,以及英国人理应统治世界的观点。由于《声明》中的语言激进和狂妄,后来研究罗得斯的不少学者认为它仅是一份"情感朴素天真的幼稚文本",对其中所包含的思想性认识不足,对《声明》中的观点不敢恭维。[1] 考虑到罗得斯当年只有 24 岁,因此我们大可不必过多关注文中所暴露出的语言风格的不成熟。撇开这些干扰因素,我们会发现这份文本中蕴含的信息其实十分丰富。它所传达出的观点实际是罗得斯殖民思想的重要组成部分,其中某些观点是罗得斯至死也不曾改变的。所以,这是一份研究罗得斯早期殖民思想的重要文件,应该给予足够的重视。美国学者福林特也认为这份文件对于研究罗得斯具有重要意义,并将其收录于自己的著作中。下面笔者对《声明》思想的研究观点主要来源于对福林特著作中所收文件原文的解读与梳理。[2]

(一)《声明》中的主要观点和思想

1. 为国效力的人生乃是最有价值的人生

《声明》开宗明义地指出:"一个人常常会突然想到这样的问题:什么才是生活中最有价值的东西?可能有人会想到该是幸福美满的婚姻,有人会想到是拥有大量的财富,还有人恐怕会想到周游世界,如此等等。每个人一旦拥有了自己的理想,就会在有生之年为获得最有价值的东西而不懈努力。"那么罗得斯对这个问题的态度是什么呢?他说:"我自己也对这个问题进行过思考,我希望把自己塑造成对祖国有用的人。"这番话表明此时的罗得斯在人生理想的设定上已与一般青年人不同。他较少考虑金

---

[1] Miles F. Shore, "Cecil Rhodes and the Ego Ideal", *Journal of Interdisciplinary History*, Vol. 10, No. 2(Autumn, 1979), pp. 249-265

[2] John Flint, *Cecil Rhodes*, Appendix: Rhodes' "*Confession of Faith*" of 1877, pp. 248-252.

钱、家庭等"小我"层面的东西，而是把注意力更多地投射在国家与民族的利益上面，显得很有抱负。

2. 英国人是世界上最优秀的民族，应该统治世界；英国治下的世界将是繁荣与和平的世界

《声明》指出英国人是世界上最优秀的民族。他说："我认为我们是世界上最优秀的民族。我们在世界上占有的面积越大，对人类的贡献就越多。想想看，如果当前那些被劣等民族占有的土地置于盎格鲁—撒克逊民族的影响下，会有什么样的变化吧！……我坚信如果我们的疆土得以扩大，那么每扩大一英亩就可以使英格兰民族多生育一群子孙。而疆土不扩大，他们就不可能降临于世。把世界上更多的土地兼并过来并置于我们的统治之下，这将意味着结束一切战争。"罗得斯对于18世纪英国在北美独立战争中的失败感到痛心疾首。他说："目前，我们没有足够的空间供我们的孩子发展，这限制了他们。如果我们仍然保有北美大陆，那么现在将会多出几百万的英国人在那里生活。"接着，他又说："当前，假如我们没有丢弃北美的话，我相信我们仅仅采取拒绝提供资金和物资供应的方法，就能够终止俄土战争。"罗得斯认为造成这一切无法挽回结局的是"上世纪的两三个无知的、长着猪脑袋的英国政客，耻辱将永远钉在他们的家门上"。罗得斯告诫英国人应该牢记历史教训，不应该再犯同样错误了。他认为非洲大陆是英国人必须争取的一个重要目标，"非洲仍然静静躺在那里等着我们，我们的职责就是去占领它。抓住每一个机会，尽可能获得更多的领土是我们的任务。我们应该怀有这样的信念，更多的领地意味着可以供更多的盎格鲁人生存，意味着这个世界拥有了更多的最好的和最值得尊敬的人种"。从这些话的字里行间，可以准确无误地判断出青年罗得斯身上所具有的狂热的种族主义、民族主义情绪和扩张主义精神。此外，还鲜明地透露出他对英国文明和制度的绝对自信和优越感。

3. 建立秘密社团，推动目标的实现

如何实现盎格鲁—撒克逊民族统治世界的目标呢？罗得斯异想天开地企图仿照中世纪耶稣会的形式建立一个秘密社团，来推动目标的实现。他说："为了推动这一目标，建立一个秘密团体将会起到卓越的帮助作用。它是一个不为外界所知的，致力于这一目标的进行秘密工作的团体。"罗得斯认为宗教团体的教义虽已过时，但是它们的形式可以保存下来。他说："当我阅读有关耶稣会士故事的时候，我看到他们是那么热切地献身

于一个邪恶的事业，献身精神使他们什么坏事都能干得出来。……可是为什么我们不可以组织一个需要献身精神的秘密团体呢？它只为举世无双的目标而奋斗。那个目标就是推进不列颠帝国的事业，把整个不文明的世界置于不列颠的统治之下，让美利坚合众国重返大英帝国的怀抱，让盎格鲁—撒克逊人生活于同一个帝国内。这是多么美好的梦想啊！但是，它是可以实现的。"他设想把秘密社团的成员"安插在英帝国的各个部门"，特别提出把成员安排在"大学和学院里"，通过他们去发现可以吸收进秘密社团的英国青年。罗得斯指出，一旦发现了这样的青年，社团应该在各方面考验他、考察他，观察他是否"具有坚韧的毅力、良好的口才、远大的志向和不为琐碎生活而分心的能力"。如果他具有这些品质，那么他就是秘密社团所要寻找的人选。罗得斯还规定，加入社团的年轻人必须起誓用余生为祖国服务。罗得斯还说，如果这个青年没有资产赖以生活，秘密社团应该支持他、帮助他。最后在合适的时候，把他派遣到帝国最需要他的地方去工作。

罗得斯进一步认为建立秘密社团可以帮助那些有雄心壮志，却苦于报国无门的青年找到实现人生理想的途径。他说："举个例子，有一个具有高尚思想和情操的年轻人，同时具备了成为一个伟人的各种天赋条件，他也做好了效力祖国的准备。但却偏偏缺少两样东西：途径与机会，而不得其志。试想这位有志青年必将终生受到心灵的煎熬，他会为了生存被迫选择一个平凡的职业而郁郁寡欢，痛苦地活着，最后了此残生。对于这样的人，秘密社团要设法找到他们，使用他们，给予他们施展才华的机会。"

在殖民地与英国的关系上，罗得斯认为秘密社团要发挥建设性的作用。他提出，"在每一个殖民地的立法机关里，秘密社团的成员要随时准备为旨在建立英国与殖民地密切关系的议案投票、发表演说，提供支持；要粉碎一切旨在分离帝国的不忠行为和各种运动。秘密社团应该鼓励传媒支持自己的行动，有时甚至要拥有媒体的股份，控制媒体，因为媒体可以左右人们的思想"。

4. 身后捐献财产为建立秘密社团而服务

由于对自己的健康状况很不乐观，罗得斯提出在他死后将把他所有的财产统统交由他的朋友西德尼·希帕德和英国殖民大臣保管，用以创办秘密社团，为实现建立英国治下的世界而努力。

从以上分析可以看出，罗得斯在《声明》里所要表达的基本思想是：

由英国的青年精英组成秘密社团，他们将协助英帝国通过扩张手段建立对全世界所谓不文明地区的统治。

(二)《声明》中的主要观点和思想的成因

发表《声明》时，罗得斯只有 24 岁，那么是哪些因素和条件促使他形成了这种疯狂而执着的殖民思想呢？综合起来看，主要有以下几个方面的原因。

1. 维多利亚时代独特风习的浸染

维多利亚时代是英国女王亚历山德里娜·维多利亚统治的时代（1837—1901）。它是英国历史上的"黄金时代"，其特点是经济发达，确立了海上霸权，建立了庞大的殖民地，社会文化繁荣。按照英国社会史学家阿萨·勃里格斯的观点，这一时代的英国人大多把职责置于个人爱好之上，行为恪守道德准绳的约束，相当自律。同时，在维多利亚时代的英国社会里，为公共服务（无论是为地方还是国家）的动机，跟为追求利润的动机一样，都是社会的一种活跃的力量。许多人出于对公共服务的热情，动员起来组成了各种自愿组织和压力集团。① 罗得斯撰写《声明》时，恰逢维多利亚时代的中期。这个时期是英国经济进步、社会安定和文化繁荣的时期，社会矛盾较小，从其在《声明》中阐述的思想来看，无不显示出他对效力国家的强烈热情和对祖国的自豪感。一般认为，普通人的思想形成往往受到所处时代环境的影响，社会背景、舆论风习以及教育内容决定了大多数人的思想往往带有其所处时代的印记，过于超前或滞后于所处时代的思想者是很少见的。因此，可以推断青年罗得斯《声明》的撰写受到了维多利亚时代因素的熏陶和影响。文本中洋溢着的饱含浓烈乐观主义气息的种族优越论和殖民扩张思想是对其所处时代的深刻反映。

2. 约翰·罗斯金种族优越论的熏陶

约翰·罗斯金是 19 世纪英国哲学家、艺术批评家和社会改革家。罗斯金从伦理学的角度对资本主义社会的不平等和不公正提出了批评，他对下层民众的苦难深表同情，表现出正义的良知和人道主义的关怀。不仅如此，他还身体力行，无私地将自己的财富用于社会改革以改善工人阶级的生活和教育状况，显示出他的真诚。罗斯金对资本主义社会的批评主要是审

---

① [英] 阿萨·勃里格斯：《英国社会史》，陈叔平等译，中国人民大学出版社 1991 年版，第 290—291 页。

美批评，他指出了艺术的崇高道德意义及其巨大的教育意义，认为美应该成为生活的有机组成部分。这些思想对维多利亚时代英国公众的审美观点产生了重大影响。[①] 但令人遗憾的是，这位杰出的学者在政治思想上却具有相当的局限性。他是一名种族优越论者，是英国殖民主义的响当当的辩护士。

1870 年，约翰·罗斯金出任牛津大学斯莱德讲座教授。[②] 罗斯金在牛津大学发表了著名的就职演说，极力宣扬种族优越论和扩张主义。罗斯金在演说中指出："有一个命运摆在我们面前，那是迄今为止摆在一个国家面前让她接受或被她拒绝的最佳命运。我们的种族尚未退化，它含有最好的北方血统。我们尚未失去坚毅的性格特征，我们仍然具有进行统治的坚定性，同时我们也能不失风度地服从。你们这些英国青年愿意通过你们的努力让你们的国家成为民族之林中的众王之王吗？愿意让她成为拥有节制别国王杖的岛国吗？你们愿意让你们的祖国成为全世界的光明之源与和平中心吗？"如果回答是肯定的，那么应该怎么办呢？罗斯金进一步指出："英国必须以尽可能快的速度和在尽可能辽阔的范围内，通过夺取每一片她能够进入的土地，每一片丰饶但尚未开垦的土地来建立一个个殖民地，并让她的最充满活力又最值得尊敬的臣民们到那里生活。"[③] 罗得斯在进入牛津大学后，立刻成为罗斯金种族优越论的信徒。这篇演说中所传达的扩张主义精神深深影响了罗得斯的人生理想，成为他人生的一个转折点。[④] 我们观察《声明》中所蕴含的政治理念，实际上与罗斯金的思想十分相似，因此可以认为二者之间具有一种传承关系，即罗斯金的种族优越论是 1877 年罗得斯撰写《声明》的理论来源之一。

3. 社会达尔文主义的影响

社会达尔文主义是英国维多利亚时代政治学家斯宾塞（1820—1903）所提出的一种社会学理论，也是 19 世纪的一门显学。它的特点是采用英国博物学家达尔文的进化论思想去解释社会现象，使社会学生物学化。斯

---

① 关于罗斯金的思想，可参阅殷企平《试论罗斯金的文化观》，《浙江大学学报》（人文社会科学版）2008 年第 5 期。

② 该讲座以美术收藏家费利克斯·斯莱德（1790—1868）的名字命名。

③ John Flint, *Cecil Rhodes*, pp. 27–28.

④ J. G. . Lockhart and The Hon. C. M. Woodhouse, *Cecil Rhodes*, p. 50.

宾塞认为社会可以和生物有机体相比拟，社会与其成员的关系犹如生物个体和细胞的关系。他不但把生物学中的自然选择、变异、遗传等概念引进社会学，而且把生物界的生存竞争、弱肉强食等现象用来解释人类的社会关系，并作为社会发展的规律。再进一步，斯宾塞又认为人类民族有优等民族和劣等民族之分，优等民族是最能适应进化规律、最符合适者生存原则的民族，因而他们应当成为一切低等民族的天然统治者。反之，劣等民族由于他们不适应进化规律，只能受优等民族统治，必然要被优等民族所淘汰。因此，斯宾塞的社会达尔文主义就顺理成章地成了英国殖民主义和种族主义的辩护理论，具有相当的反动性。

罗得斯在牛津大学时，除罗斯金以外，在思想上还一直追随一个名为温伍德·瑞德的哲学家，而瑞德是一名社会达尔文主义者。① 从罗得斯《声明》中传递出的盎格鲁—撒克逊民族人种优秀理应统治世界的种族主义论调来看，此时的罗得斯在政治思想上也认同社会达尔文主义，应该与瑞德的影响有一定关系。此外，他后来的朋友、著名报人威廉·斯蒂德也可以证明罗得斯一直是个社会达尔文主义者。斯蒂德曾说："罗得斯过去是个社会达尔文主义者，他相信进化。"他认为英国人就是这个世界上最强、也是最符合适者生存理论的民族。②

简言之，罗得斯在书写《声明》时，其思想主要受到了罗斯金的种族优越论和斯宾塞的社会达尔文主义的庸俗进化论的影响。另外，维多利亚时代的精神因素也在其思想上打上了深深的烙印。

二　"白人至上"思想的第二阶段：英裔白人与荷裔白人建立联盟共治南非

1880 年，开普议会分配给钻石矿区 6 个名额的议会席位，罗得斯因为此时在矿区已经具有较大的影响，所以顺利当选。1880 年他成为西巴克利选区的议员，时年 27 岁。此后，他一直保有这个身份达 20 年之久，直至去世。因此，1880 年成为罗得斯生命中的又一个转折，标志着他从此开始踏入了开普政坛。也正是在这个时期，他逐渐了解了处理阿非利卡人（布尔人自称为阿非利卡人——笔者注）与英裔白人关系的复杂性和

① ［美］斯蒂芬·坎弗：《钻石帝国》，洪允息译，新华出版社 1998 年版，第 73 页。
② William Stead, Ed., *The Last Will and Testament of Cecil John Rhodes*, London, 1902, p. 88.

艰巨性。最终促使他产生英荷白人建立联盟共治南非，建立白人南非联盟的想法。而联盟的具体形式就是英国领导下的南非联邦。显然，这种思想与上文第一阶段的罗得斯认为英国人唯我独尊的观点相比是一种妥协与让步。那么为什么会有这样的变化呢？下面就来详细分析一下罗得斯修正在牛津大学时的想法的具体原因及其共治南非的思想与实践。

（一）英国与布尔人的尖锐对立

法国资产阶级大革命爆发后，英国企图占领开普这个通往印度的重要据点，以扼守大西洋和印度洋之间的航线。1795 年，法军侵入英国的盟国荷兰，成立巴达维亚共和国。英国以保护盟国海外殖民地为借口，乘机占领了开普殖民地。英国在此短暂统治一直持续到 1803 年，史称"第一次占领开普期间"。英国政府在英军第一次占领开普期间尚未充分认识到这块殖民地的价值，只把这里当成一个海军基地。英国当局做的主要工作是取消了斯韦伦丹和格腊夫赖内特两个独立共和国。这两个共和国位于开普边境地带，于 1795 年初成立，它们宣称反对被革命推翻的荷兰执政奥兰治王子，自称是"共和派"和"爱国者"。它们都支持巴达维亚共和国，并试图加强对开普殖民地内地的控制。[①] 为了加快这一进程，英国当局废除了加尔文教作为开普殖民地国教的地位，确立了宗教自由的政策。1799 年英国传教团的传教士约翰内斯·范德盖姆普博士来到南非，1802年他在贝瑟尔斯多普又创设了一个英国传教团。[②] 这些措施不但削弱了加尔文教的力量，而且由于英国传教团实行较为温和的政策，在土著民族中产生了一定影响。但是，总的来说英国当时尚未把注意力集中在这块殖民地上。[③] 1802 年，英法签订了《亚眠和约》，宣布休战。1803 年，英军撤出开普，开普殖民地由荷兰政府接收。1805 年，英法再次交战。次年 1月，英军再度占领开普。拿破仑战争结束后，鉴于开普殖民地特殊的战略地位以及英国工业发展的需要，在 1814—1815 年的维也纳会议上，英国决定不再把开普殖民地归还荷兰，而是给荷兰一笔巨款作为补偿，从而结

---

①　[法] 路易·约斯：《南非史》，史凌山译，商务印书馆 1973 年版，第 92 页。

②　同上书，第 105 页。

③　艾周昌、郑家馨主编：《非洲通史·近代卷》，华东师范大学出版社 1995 年版，第88 页。

束了荷兰东印度公司对开普殖民地一个半世纪的统治。① 一般著作都说荷兰从英国那里得到了 600 万英镑的补偿。②

　　英国接管开普后，便着手把这块殖民地发展成加拿大和澳大利亚式的商业—移民殖民地。开普殖民地不再仅是过去东方航线的一个中途补给站，而成了大英帝国孤悬南非的重要军事基地和效命英国殖民部的殖民地。英国在这里设置了总督，推行各项服务于宗主国的殖民措施。于是，在英国人和布尔人之间逐渐产生了尖锐的矛盾。

　　英国殖民当局通过 1811 年设置的巡回法庭和 1819 年任命地方行政官的措施，迫使布尔人受制于英国的司法权和行政权，加强了对布尔人的管理。随后，大量英国移民的到来更令布尔人忐忑不安。对法战争结束后，由于有近 30 万士兵复员以及产业革命后的失业现象，加之 1815 年谷物令造成的粮价高涨，使英国国内市场不堪重负，无法有效吸纳庞大的过剩劳动力，从而出现了严重的社会问题。为了解决这一困难，英国政府决定向开普殖民地有组织地移民。1820 年，首批移民 1 万人到达南非。此后，1844—1847 年又移民 4300 人，1857—1862 年移民 1.2 万人。这样从 1820 年到 1862 年，英国在 40 年中向南非移民人数超过过去荷兰在一个半世纪中移民人数的 10 倍以上。③ 英国移民的到来带来的直接后果是使开普殖民地日益英国化。英国开普当局也通过一系列所谓的改革措施不断推动这一进程，从而招致布尔人的不满和愤恨。1826 年，英国宣布以英语作为政府与学校的官方语言。1825 年实行币制改革，为了整顿原来紊乱的币制，英国殖民政府规定废除市面上流通的里克斯达勒纸币，按照最低值将其折换成英币，这项措施使许多布尔人蒙受了较大的经济损失。另外，在奴役科伊人和使用奴隶上，布尔人也受到英国当局的限制。如英国规定允许奴隶在其主人作为被告的刑事案件中出庭作证控告其主人，并许可他向主人付出原来的身价后赎身；还规定奴隶受到主人严重虐待时得以立即获得解放。④ 显然，布尔人对这种主奴间的"权利平等"的规定极为反感。

　　① 艾周昌、舒运国、沐涛、张忠祥：《南非现代化研究》，华东师范大学出版社 2000 年版，第 29 页。

　　② 杨人楩：《非洲通史简编》，人民出版社 1984 年版，第 525 页。

　　③ J. D. Fage&R. Oliver, eds, *The Cambridge History of Africa*, Vol. 5, p. 362.

　　④ ［法］路易·约斯：《南非史》，史凌山译，商务印书馆 1973 年版，第 116 页。

在劳动政策方面，由于 19 世纪 20 年代后英国的废奴运动已进入最后阶段。受其影响，英国传教士约翰·菲利普等人强烈呼吁开普当局取消布尔人对科伊人和混血人的压迫。英国殖民政府采纳了这一建议，遂于 1828 年发布了著名的第五十号法令（《关于改善霍屯督人以及开普其他自由的有色人种的处境》），废除了过去对科伊人的一些歧视性限制：如取消通行证制，改革学徒制，废除限制科伊人流浪的规定，科伊人占有土地合法化。[①] 新政策开放了劳动力自由市场，使科伊人可以为较高工资所吸引而自由流动，受雇于资本主义化的农场主（通常是英国新移民）。但是新政策对于布尔农场主来说则是不祥之兆。因为布尔农场的劳动力大半是被通行证法所约束的科伊人和混血人，新政策的颁布等于毁掉了他们所依存的农奴制的基石。因此，他们对于英国人和新政策恨之入骨。

1833 年底，为适应资本主义发展的需要，英国在所有殖民地（包括开普）宣布，自 1834 年起废除奴隶制。这就进一步触怒了拥有奴隶的布尔农场主。英国政府虽然答应给这些布尔奴隶主提供补偿金，但是支付款项是在伦敦进行。这就迫使不少布尔人不得不将领取补偿金的凭证减价转卖给一些中间人，使后者从中捞取厚利。据此，布尔农场主认为英国政府既然许下补偿金，却又采取这种不真诚的态度对待他们，这是对他们的欺骗。布尔农场主对于英国政府的怨恨进一步加深了。

在土地政策方面，英国政府也作出了不利于布尔人的新规定。英国政府规定：首先，把传统的租地农场的土地使用权改为土地永久所有权，今后凡取得土地的均需付款纳税。这等于向布尔农场主征收土地的直接税，当然遭到他们的反对。1832 年，英国政府宣布开普殖民地的"皇家土地"不再随便分发，一律改为公开拍卖。其次，禁止英国臣民（包括布尔人）越出殖民地边界占有土地。1824 年进一步规定奥兰治河为北部边界。再次，把东部边区新占领的凯河地带的土地让与仅限于英国人以及为英国当局服务而戍边的科伊人和混血种人。新政策的主要目的是限制布尔人不付报酬地随意占有大片土地，企图以稳定的土地所有权来吸引农业投资，以发展新兴的羊毛业。[②] 新的土地政策遭到布尔农场主的强烈反对。由于他

---

① A. P. Newton, *The Cambridge History of the British Empire*, Vol. 8, p. 295.

② 艾周昌、郑家馨主编：《非洲通史·近代卷》，华东师范大学出版社 1995 年版，第 581 页。

们的经营方式是粗放型的畜牧业，因此他们最不愿意受土地边界的限制。他们垂涎边界以外的更好的土地，希望不受限制地在任何地方随意掠夺土地，但是新政策捆住了他们的手脚。

正是基于以上诸方面原因，布尔人认识到摆脱英国人束缚的最好办法就是离开开普殖民地，向北迁徙。于是从1836年底开始，大批布尔农场主涌出开普殖民地的北部边界，渡过奥兰治河北去，拉开了布尔人历史上著名的"大迁徙"的序幕。

（二）"大迁徙"及英布矛盾的进一步加剧：第一次英布战争

布尔人的"大迁徙"是对英国人的无可奈何的避让，但同时也是一个侵略性的针对非洲人土地的大掠夺的远征。他们要走到英国人的势力触及不到的地方。经过与非洲当地土著人的若干年征战，布尔人终于立住了脚跟，建立了几个独立于开普的布尔共和国。它们分别是：1839年在纳塔尔成立的纳塔尔共和国，1852年在德兰士瓦成立的德兰士瓦共和国（1856年又称南非共和国）和1854年在奥兰治地区建立的奥兰治自由邦。

开普殖民政府对于布尔人的大迁徙并非听之任之。殖民政府起初想劝阻他们，但在大迁徙的最初几年，殖民当局一直没有拿出稳妥的解决办法。1836年，开普当局宣布南纬25度（这条线划到瓦尔河以北，今南非德兰士瓦省的北部——笔者注）以南的布尔人仍属英帝国臣民。这就是说，开普当局不允许已夺得大量非洲人土地的布尔人脱离英帝国管辖。及至布尔人在纳塔尔建立共和国以后，英国终于决定采取武力干涉的政策。究其原委，是因为纳塔尔地区适宜农耕、产煤丰富，且有良港便于东通印度，19世纪20年代就有英国人在那里拓殖。英国决定不让布尔人在这里建立一个拥有出海口的国家。于是，1843年英国当局以保护当地非洲人利益为借口兼并了纳塔尔。1844年，英国又直接把它并入开普殖民地管理。对于远离开普的德兰士瓦共和国（离开普最近距离也有150英里）和奥兰治自由邦，由于当时交通运输条件所限，英国政府尚不具备调动大量兵力对付布尔人的条件。加之1850—1853年，英国正在进行卡弗尔战争和巴苏陀战争，兵力受到很大牵制。于是，英国政府决定对这两个布尔共和国采取灵活务实态度，先予以承认独立，以后再图打算。

上文提及，19世纪70年代英国保守党重新执政后，鉴于南部非洲的重要性日渐凸显，于是决定推行"白人南非联邦"计划，构建一个包括开普、纳塔尔、德兰士瓦和奥兰治在内的殖民地联邦——南非联邦，期望彻底解决两个布尔人共和国问题。经过威胁恫吓，英国终于在 1877 年兼并了德兰士瓦。英国在德兰士瓦的统治一直维持到 1881 年。英国的四年统治事与愿违，不仅没达到驯服布尔人的目的，反而使其民族主义情绪高涨，对英离心倾向加剧。这种情况甚至影响到开普的布尔人。1880 年 12 月，德兰士瓦布尔人乘英军主力部队南下之机举行起义，导致第一次英布战争爆发。1881 年 2 月 26 日，布尔人在马祖巴山击败英军主力，击毙英军司令科利将军。1881 年 3 月 6 日，英国被迫签订停战协议。1884 年 2 月又签订伦敦协议同意德兰士瓦复国，第一次英布战争最终尘埃落定。

（三）罗得斯联合荷裔白人共治南非的思想与实践

罗得斯在踏入政坛之前，很少与阿非利卡人打交道。他那时经常往来于纳塔尔与金伯利之间，这两个地方的阿非利卡人都非常少。[1] 因此，处理阿非利卡人问题是他从政后面临的一个崭新的课题。通过对 1795 年以来近百年间英布关系发展的思索，尤其是第一次英布战争的失败，让罗得斯清醒地认识到：过去英国殖民当局在解决布尔人问题上奉行的以武力为后盾的简单、粗暴的政策已经彻底失败。战后，与那些咆哮着要报复布尔人、要"记住马祖巴之仇"的英国人不同，罗得斯认为当前通过战争手段实现南非联邦是行不通的。他充分认识到阿非利卡人实力和地位的不容小视，决定采取渐进与审慎的态度，通过仔细地工作为未来的"白人"联邦做准备。[2] 现实的复杂和矛盾使初涉政坛的罗得斯逐渐修正了 1877 年《声明》中的理想化的主张，开始考虑要通过向另一个白人民族让渡部分权力来换取它对英国殖民南非的支持。

罗得斯从尊重阿非利卡人的民族感情入手，拉拢阿非利卡人。在他自己的选区西巴克利，罗得斯为了向阿非利卡选民示好，打出了"荷兰人是南非蒸蒸日上、有前途的民族"的口号。开普的阿非利卡人协会是开普布尔人的第一个民族主义政党组织，成立于 1879 年。它的领导人是扬·霍夫梅尔。罗得斯积极谋求与霍夫梅尔的合作。起初，霍夫梅尔对罗得斯没有好感。因为他听人说罗得斯不仅是"一个典型的约翰牛式的英国人"，而且可能更糟的是他还是"一个牛津出身的人，浑身充满着孤傲之气"。但是不久之后的一次会面彻底改变了以前霍夫梅尔对罗得斯的看

---

① Apollon Davidson, *Cecil Rhodes and His Time*, p. 72.

② Ibid..

法，并使两人结下了长达 14 年的友谊，直至 1895 年"詹姆逊袭击"事件曝光。后来，霍夫梅尔回忆这次会面的情景时说："我们结下友谊的秘密在于，我在罗得斯先生身上除了发现他是一个真正的英国人以外，还发现他对别人（指阿非利卡人——笔者注）的民族感情抱有体谅之情。记得我们见面时，德兰士瓦战争（即第一次英布战争——笔者注）已经爆发了。罗得斯先生作为一名英国人反对布尔人和德兰士瓦独立或许是应该的。而我当然持相反观点。但是当战争结束后，我们闲聊时，我对罗得斯先生说'这场战争的爆发真是一件悲哀的事情'。令我惊奇的是，罗得斯先生却说：'不，并非如此。我已经改变了过去的看法。我现在认为这场战争是一件好事，因为它使英国人变得尊敬荷兰人，同样也使荷兰人尊敬英国人。'啊，当一个英国人这样和一个荷兰人说话时，他们之间进行合作就不难了。"① 这次会谈之后，罗得斯与霍夫梅尔认为他们可以拥有共同的目标，前提是双方在坚持自己立场的同时，也能兼顾对方的观点与感受。随着双方逐渐熟悉，他们发现双方可以成为盟友。不久之后的一个事件，更是加深了双方的友谊。霍夫梅尔也是开普议会的议员，作为一名荷兰人后裔，他主张荷兰语应该和英语一样成为议会中的官方语言。他说："我不是英国人。关于语言，英国人爱他们的语言，而我则爱我们的……语言问题是关乎生命与死亡的问题，轻视自己的语言就是轻视自己的民族性。反之，尊重自己的语言就是尊重自己的民族性。"显然，霍夫梅尔期望通过加强荷兰语在开普的地位来复兴开普布尔人的民族性，以防其丧失自己的民族特质。令他感动的是，罗得斯在这个问题上完全支持他。1881年 6 月 21 日，罗得斯在开普议会发表演讲，表示支持荷兰语和英语并列作为议会使用的官方语言。② 经各方共同努力，1881 年在开普议会中使用荷兰语的法令最终得以通过。正是通过这些举措，罗得斯逐渐赢得了霍夫梅尔和"阿非利卡人协会"的信任和支持。后来，霍夫梅尔和"阿非利卡人协会"在 1890 年罗得斯竞选开普总理的过程中投桃报李，给予罗得斯重要帮助，使其顺利当选。

　　在取得开普阿非利卡人的支持后，罗得斯终于在 1883 年抛出了他思考良久的解决英布矛盾的方案，这就是建立英裔白人和荷裔白人联盟的白

---

① Basil Williams, *Cecil Rhodes*, pp. 62-63.

② （演讲集）Vindex, *Cecil Rhodes His Political Life and Speeches* 1881-1900, pp. 36-38。

人南非计划——南非联邦。1883 年 7 月 18 日，罗得斯在开普议会发表演讲。他说："关于南非的未来，我有自己的观点。我相信南非未来会成为一个合众国，同时也是大英帝国的一分子。我相信参加联邦的每一个殖民地国家都拥有自己的责任政府，实际上它们都是独立的共和国。另外，我认为他们都和大英帝国保有光荣的割舍不断的联系。"[1] 罗得斯的设想是未来的南非联邦将是一个处于大英帝国领导下的包括开普、德兰士瓦、纳塔尔和奥兰治自由邦在内的南非联邦（合众国）。其中，各殖民地国家彼此平等和独立。可见，罗得斯的南非联邦与此前英国保守党政府设想的"白人南非联邦"的最大区别在于：罗得斯承认阿非利卡人的地位和影响，愿意采取妥协与怀柔的态度向阿非利卡人让渡部分权力，以达到英裔白人与荷裔白人共治南非的局面。而保守党政府的"白人南非联邦"则是忽视阿非利卡人的力量，力图建立开普主导的、控制其他布尔人共和国的南非联邦。在这个联邦中，英裔白人在权力上是凌驾于荷裔白人的。双方不是共治南非的关系，而是英裔白人控制、治理南非，荷裔白人处于辅助与服从的地位。罗得斯的南非联邦计划的提出，表明在政治原则上他是一个非常灵活的现实主义者，能够根据形势的变化而调整策略。第一次英布战争后，他充分认识到了英帝国力量的有限，冷静改变了自己最初的"英国治下的世界"的乐观与狂热的理想，表明其殖民思想已进入了第二个阶段。

由于当时罗得斯在开普政坛的势力还不大，因此提出这一计划后，影响并不明显。对此，罗得斯并不气馁。鉴于德兰士瓦共和国的反英情绪最为浓烈，罗得斯认识到实现南非联邦的关键在于妥善解决德兰士瓦问题。那么怎么样解决这个难题呢？罗得斯考虑采取措施，加强德兰士瓦与开普的经济联系，企图在经济上密切双方关系的过程中，逐渐化解德兰士瓦布尔人的孤立与仇英民族感情，用所谓"英国人的文明"去销蚀德兰士瓦"农民"的好战与穷兵黩武。他设想的具体措施就是建立包括德兰士瓦在内的南非各殖民地国家为成员的关税同盟和铁路同盟。1886 年 5 月 20 日，罗得斯在开普议会再次发表演讲。他认为，开普应该抓紧修建金伯利—比勒陀利亚的铁路，使这条铁路成为联系德兰士瓦与开普的纽带。他提请开普议会尽快行动，否则德兰士瓦政府可能会寻求与葡萄牙东非殖民

---

[1] （演讲集）Vindex, *Cecil Rhodes His Political Life and Speeches* 1881–1900, p. 52。

地政府的合作，修建比勒陀利亚—德拉巴湾的铁路。那样将会使建立南非联邦的计划受挫。此外，罗得斯还就开普与奥兰治自由邦、德兰士瓦建立关税同盟事宜提出个人看法。① 总的来说，这一时期的开普议会和政府都没有充分认识到罗得斯所提计划的重要意义，因此虽然罗得斯大声疾呼，但无奈收效不大。

　　1890 年，罗得斯在开普"阿非利卡人协会"与霍夫梅尔的支持下，当选开普总理。这为推行其南非联邦计划带来了便利。1890 年 9 月 6 日，罗得斯在金伯利发表演讲，再次谈到建立南非联邦的重要性和打算。他说："本届政府的政策将是建立一个统一的南非的政策。我们的意思是，我们将尽最大的努力加强我们和邻近布尔人国家的关系。当然，前提是保护好开普殖民地的利益。为了实现这一目标，12 月份我们各方将在靠近布隆方丹的地方开会商量有关事宜。我方希望把铁路从布隆方丹延伸至瓦尔河。我们深切地感觉到各方应该抓紧时间签订一项协议，用以解决导致南非地区各殖民地国家不能联合的各种问题。也许在我们的时代，这项协议还不会问世。但我相信，未来殖民地国家将会最终联合起来。开普政府希望用斯威士兰协定的模式来解决德兰士瓦问题。我们希望这一方式会让德兰士瓦满意。……本人确信如果德兰士瓦共和国与我们（开普殖民地）以及其他殖民地国家加入一个关税同盟，那么纳塔尔也将加入进来。如果那样的话，那将是迈向建立南非联邦的一大步。同样，延伸铁路的计划也将证明我们正在越来越接近建立一个联合的南非的目标。"② 这次演讲是罗得斯在担任总理后第一次在正式场合谈到他的南非联邦计划及实现途径。由于此时他已拥有了开普的大权，他对实现计划怀有很大信心。当然，从演讲中也可以看出他对德兰士瓦能否拆除藩篱同他合作怀有疑虑。

　　从 1883 年罗得斯首次提出南非联邦设想到 1890 年成为开普总理，南非联邦一直是罗得斯心中解决阿非利卡人问题的理想模式。他的让渡权力给阿非利卡人，双方共治南非，并通过和平、渐进的过程，借助加强彼此经济联系为手段的思路，都具有一定的创意和想象力。当然我们应该看到，南非联邦计划是罗得斯对自己早期殖民思想的重大修正，是对大英帝国实力下降做出正确判断后的被迫之举。英裔与荷裔共治南非的设想并非

---

① （演讲集）Vindex, *Cecil Rhodes His Political Life and Speeches* 1881-1900, pp. 132-137。

② Ibid., pp. 242-243.

表明他真的要以平等态度对待荷裔白人，其实他在内心里是瞧不起布尔人的。他的要以"英国文明"改造荷兰"农夫"的极端民族情绪等话语，其实已经很清楚地说明了这个问题。因此，当和平推行南非联邦计划遭遇德兰士瓦总统克鲁格的阻挠后，罗得斯便着手阴谋武力推翻德兰士瓦政府，从而酿成"詹姆逊袭击"的发生。

三 "白人至上"思想的第三阶段：全世界讲英语的白人联合起来

1899 年 7 月 1 日，罗得斯立下了他一生之中的第六个也是最后一个遗嘱，时年 46 岁。这份遗嘱共分为六个部分，内容涉及他死后的安葬地以及遗留财产的分配与安排等问题。其中，遗嘱的第五部分尤为引人注目。罗得斯在这部分中明确表明他死后将在他的母校牛津大学设立奖学金，用以资助挑选出来的优秀青年在牛津大学完成学业。挑选范围包括英国自治领殖民地及其附属国、美国和德国。在遗嘱中，罗得斯将这项奖学金称作"殖民地奖学金"。后来他去世后，这项奖学金于 1902 年按其遗嘱在牛津大学设立，被正式命名为"罗得斯奖学金"。蕴含浓烈的政治意图和目的是"罗得斯奖学金"与一般奖学金最大的不同，从遗嘱中设立奖学金的考虑可以看出，罗得斯此时的殖民思想再次发生了改变，即以"讲英语的白人联合起来"替代了第二阶段的"英裔白人与荷裔白人联合"的思想。我们认为，这一思想嬗变是罗得斯以世界眼光在 19 世纪末纷繁的国际形势下，对自己以往殖民思想的进一步修正和调整。从实质来看，第三阶段的思想应是第二阶段思想的延伸与扩展，两者之间存在传承关系，并无根本差异。

罗得斯要把讲英语的白人联合起来的思想可以追溯到 1891 年。当年 1 月 15 日，他授意他的好朋友兼政治盟友、著名报人 W. T. 斯蒂德在《评论杂志》的创刊号上发表了一篇题为《致所有讲英语的人们》的文章。在文中，比较明确地表达了要把讲英语的人们（主要指英美两国的白人——笔者注）联合起来的想法。文章的基调仍然是坚持白人（讲英语的白人）种族优越论，文章自豪地指出："在对人类的未来产生影响方面，迄今为止（以后还会是这样）还没有哪个民族比讲英语的民族更有力量。讲英语的民族目前已经统治了世界。大英帝国和美利坚合众国的版图已经囊括了这个世界上对其他民族而言是无能为力的地方。英美两国的公民们尽管也犯过错误，但他们一直是这个世界的文明先驱。他们在人类生产工具的革新和改进方面做出了重大贡献。因此，我们的第一个出发点就是深信讲英语的人们具有某种神秘的天定命运。……为了使英国人与他们肩负的重大使命相匹配，同时，把讲英语的社群团结起来，加强他们之间的政治联系，以建立一个可以消除血腥战争的联盟，在当前我们必须采取各种措施与美利坚合众国建立一种兄弟般的友好的联盟关系。目前，我们最为显明的职责就是要为大英帝国勤奋工作，要想方设法加强她的力量，要发展她，如有必要还要为扩展帝国做贡献。"接着，文章进一步指出将讲英语的民族联合起来的意义。文章写道："我们相信上帝，我们相信英格兰，我们也相信仁爱。讲英语的民族是上帝挑选出来执行他改善人类命运的代表。如果所有讲英语的人们能够明了这种责任，并组成一个友好的伙伴关系的联盟，那么这将会使他们能够更好地完成上帝所赋予的任务，使他们能够防止所有干扰或破坏性的因素。我们认为，这样一种联合体或永久性的秩序将会为讲英语的世界创造一个至关重要的核心或起点。对它所发挥的巨大影响我们怎么高估也不为过。"① 可见，这篇文章的理论基调仍是罗得斯的盎格鲁—撒克逊白人种族优越论和天定命运论，暴露出他企图通过英美联合达到消除双方矛盾并共同统治世界的野心。后来罗得斯将这一思想进一步引申并转变为现实，就体现在他所设立的奖学金上。他期望以奖学金为手段和中介来达到他团结讲英语的白人的目的。

（一）设立奖学金的意图

罗得斯在遗嘱第五部分开篇就指出，设立奖学金是为了确保英国殖民体系的巩固与持存。他说："我认为在联合王国的一所大学开展对年轻的殖民主义者的教育，其最大好处是可以在生活和态度上扩大他们的视野，向他们的头脑中灌输保持帝国统一是最有利于殖民地和联合王国发展的思想。"② 这些话清楚地说明罗得斯设立奖学金的宗旨是为了向年轻人灌输殖民主义思想，为大英帝国培养维护殖民主义体系的接班人。

（二）讲英语的白人联合起来的思想

在遗嘱中，对于享受奖学金的人员名额分配问题，罗得斯做了详细的

---

① *To All English-Speaking Fork*, the Review of Reviews, January 15th, 1891.

② William Stead, Ed., *The Last Will and Testament of Cecil John Rhodes*, London, 1902, p. 23.

安排，从中可以看出他的把世界上讲英语的白人联合起来的设想。其具体
安排如下：南部非洲地区的殖民地被分配了24个名额，其中罗得西亚9
个名额居第一位。另外，澳大利亚分得21个名额；加拿大6个；百慕大
等大西洋群岛殖民地6个；包括牙买加在内的西印度群岛殖民地分得3个
名额。总共算来，英国的自治领和殖民地分得了60个名额。没有分得任
何名额的英属殖民地也很多，其中主要在远东地区（中国香港、新几内
亚和婆罗洲）、地中海地区（直布罗陀、马耳他和塞浦路斯）以及印度、
埃及、苏丹和西印度群岛的大部分殖民地（包括巴哈马、特立尼达和多
巴哥等）。美国则按照每州和属地2名的份额共获得100个名额。德意志
帝国则分得15个名额，罗得斯还特别指出德国的罗得斯奖学金候选人由
德皇威廉二世亲自选定。① 从奖学金候选人名额分配的地区上看，除罗得
西亚情况特殊外（当时只有大约1万名白人），其余分得名额的地区都是
白人定居者数量较多且说英语的地区。从中不难看出，罗得斯奖学金所具
有的种族色彩。尽管罗得斯在遗嘱中口口声声强调"选择或否决候选人
的资格将不得以其种族或宗教信仰观点为依据"②，但事实是不容抹杀的，
由于奖学金的用途是以培养未来大英帝国保卫者的青年殖民主义分子为目
的，因此不可能有较多有色人种当选。关于选择美国学生作为奖学金资助
对象的用意，罗得斯是这么说的："我希望此举将鼓励和促进全世界讲英
语的人民的团结，并使之欣赏这种团结所带来的好处。"③ 显然，罗得斯
希望利用奖学金拉拢美国人，在思想感情上弥补两个国家过去的裂痕，以
达到英美联合的目的。在这种"联合"思想的背后，还有一层更深的动机
便是，罗得斯对于19世纪末叶美德两国迅速崛起和英国实力下滑的现实
恐惧与无可奈何。这一点在谈到选择德国学生作为罗得斯奖学金候选人的
目的时，罗得斯给予了很清楚的说明。他说："这（指设立罗得斯奖学
金——笔者注）是为了更好地加强英国、德国和美国的相互了解，确保
世界和平。我希望把教育关系形成为加强英美和英德关系的最强纽带。"④

---

① William Stead, Ed., *The Last Will and Testament of Cecil John Rhodes*, London, 1902, pp. 32-35.

② Ibid., p. 39.

③ Ibid., pp. 24-27.

④ Ibid., pp. 35-36.

　　总之，从罗得斯在遗嘱中谈论设立奖学金的意图及具体名额分配上，可以比较清楚地判断出罗得斯的殖民主义思想理念较前又发生了一个显著改变。这种改变背后的深层原因在于资本主义国家力量的不平衡发展引起了国际格局的新变化。19世纪末美德实力已赶超英国，使英国丧失了独霸世界的力量。罗得斯过去憧憬的"英国治下的世界"已成为明日黄花，永远不可能实现了。1899年，美国已取代英国成为世界第一工业大国，另外德国的力量也超过英国居于资本主义世界第二的地位。英国则从过去世界工场的宝座上沦落为世界第三的地位。罗得斯痛苦地观察出了这种变化，再次从现实主义角度出发，修正了自己原先的殖民思想，提出加强全世界讲英语的人民（实际是白人——笔者注）联合的思想，用以拉拢英属殖民地国家和地区不要对英国有离心倾向。此外，他还刻意拉拢美国和德国，在承认美、德现有实力和地位的基础上做出妥协，愿意通过加强英美德三国的团结以期达到对全世界的瓜分和共同统治。他希望用这种办法最大限度地维护和确保大英帝国的利益和势力范围不受损害。在具体措施上就是利用奖学金资助上述国家和地区的青年精英，期待他们学成回国后通过他们影响所在国和地区的政治与经济发展，形成对英友好的政策。在思路上，选拔青年精英加以培养的想法仍与罗得斯在最早的第一份遗嘱（即《声明》）中所设想的建立"秘密社团"有几分类似。这都表明罗得斯第三阶段的殖民主义思想与第一阶段和第二阶段的思想尽管有或多或少的差别，但仍然具有传承与延续性。最后需要强调的是，罗得斯三个阶段的殖民思想都是以服务大英帝国殖民主义的最高目标为宗旨的，它们的表现之所以有差异是时代变迁与环境变化的结果，三者之间并无根本矛盾。

第二节　针对非洲土著人的种族 歧视与种族隔离思想

　　上一节说到，罗得斯殖民思想中的核心理念是顽固地坚持盎格鲁—撒克逊民族的优越论。即便后来随着形势变化，英国国力下降，罗得斯迫不得已宣扬英裔荷裔白人联合共治南非，到临终前几年设立"罗得斯奖学金"呼吁讲英语的白人团结起来。其实，在他的思想最深处的价值内核，仍然是盎格鲁—撒克逊民族的伟大与光荣。其"白人至上"殖民思想的后两个阶段的变化，只是权宜之计，其终极目标仍然是为维护与巩固大英帝国的殖民利益服务的。他对同为白人民族的布尔人是瞧不起的，在他内心中布尔人不过是一群没有文化的、好战的农民而已。对于德兰士瓦共和国的布尔人他更是既蔑视又仇恨。因此，循着这一思想理路延伸下去，他对有色人种特别是非洲土著人抱有歧视心理便是非常容易理解的了。另外，罗得斯对于黑人的歧视包括后来制定的一系列涉及土著人的政策也有策略上的考虑，即希望以此博得霍夫梅尔和开普"阿非利卡人协会"的欢心。罗得斯自从踏入开普政坛后就非常注意与开普的阿非利卡人加强联系，搞好关系。他视取得开普阿非利卡人的谅解和支持为实现其建立南非联邦的重要政治保证，后来也正是凭借这一手段他才能在 1890 年当选开普总理。因此，在对待土著人的问题上，罗得斯与霍夫梅尔之间是有默契的。著名的《格伦格雷法》就是罗得斯和霍夫梅尔，或者说讲英语的南非白人和讲荷兰语的南非白人共同合作的产物。① 布尔人歧视黑人，但与布尔人不同，罗得斯歧视黑人原住民的思想更加隐蔽，在表述上也更加具有欺骗性。

布尔人歧视黑人的原因是，他们在人数上与黑人相比处于少数，为了保持和维护他们作为统治者的地位，必须对广大黑人实行严格的控制。于是，种族主义政策便成了他们的法宝。自从荷兰东印度公司的第一批人员抵达南非后，白人便开始实施针对黑人原住民的种族主义措施。为此，他们颁布了内容广泛的法令。布尔人的种族歧视政策是僵硬而残酷的，他们从加尔文教的教义中搬出"先定论"作为种族主义政策的理论来源。所谓"先定论"是指，加尔文教认为上帝创世以来，就把人类分为"选民"和"弃民"两类。所谓"选民"是经过上帝精心挑选的人，他们来到人世就是要发财致富的；而"弃民"则正好相反，他们是被上帝抛弃的人，理应在人世受苦受奴役。接着，布尔人把"先定论"推而广之，认为每个民族和种族的命运也是如此，欧洲人（首先是布尔人）是上帝的选民，所以理应成为统治者，应该发财享福；而非洲黑人是上帝的弃民，所以注定要受白人的统治，成为奴隶。"先定论"本是欧洲宗教革命中的一种宗教理论，却成为布尔人种族主义思想的理论来源。布尔人对其进行了有利

---

① 　J. C. Smuts, *Native Policy in Africa*, Journal of the Royal African Society, Vol. 29, No. 115, Apr. , 1930, pp. 248-268.

于自己的歪曲解释，宣称实行种族主义统治的合理性。此外，白人种族主义者们也推波助澜，公开宣扬说非洲黑人是没有灵魂的。他们利用《圣经》中的故事说非洲人是"哈姆的子孙"，而哈姆是诺亚的次子，天生就该过"劣等人"的生活。布尔人鼓吹黑人不该拥有财产，田园和厨房是黑人命中注定的劳动场所；黑人也不应受法律保护，要听凭白人处置。①

19世纪初，英国占领开普后，由于英国当时已基本完成第一次工业革命，在生产力发展阶段上要远远高于布尔人的农牧经济，在经济形态上已采取雇佣制为特征的新型资本主义生产方式，因此，在对待非洲人的政策上采取了一些自由主义色彩的措施。但这并非表明英国殖民者比布尔人更加仁慈，只是因为生产力与生产方式发展阶段的不同，决定了英国资本主义企业需求大量的可以自由出卖自身劳动力的劳动者，因此他们必须采取这种土著人政策。英国人的土著政策引起了布尔人的不满。1833年英国政府宣布废除奴隶制的法令更使双方矛盾呈现白热化。罗得斯作为英国新兴资本主义矿业资本家的代表，在上述背景的影响下对非洲黑人采取了一些比较"柔性"的政策，说了一些比较"温情"的话，就很容易理解的了。罗得斯关于非洲土著黑人的种族思想主要见诸他的一些演讲和著名的《格伦格雷法》当中。

一　黑人智力发展落后论

罗得斯承认黑人与英国人一样是人，但是在发展阶段上他认为黑人落后于英国人1800—2000年之久。他认为19世纪的非洲黑人尚处在与古代不列颠等地区的凯尔特人相似的发展水平上。因此，白人应该"关爱"他们、"教育"他们。他说："如果让我冒险打个比方的话，以欧洲文明为参照系，我会把这些土著人比作古代不列颠等地的凯尔特人的部落成员。我们可以想象一下这种情况，自他们存在以来，他们已经沉睡了2000年。现在他们苏醒了，但白驹过隙2000年已飞逝而过。这就是目前非洲人的情形。……在我们和土著人之间横亘着2000年的光阴。"② 这番话语充分暴露了罗得斯对于非洲黑人文明的极端蔑视和对欧洲白人文明

① 艾周昌、舒运国、沐涛、张忠祥：《南非现代化研究》，华东师范大学出版社2000年版，第154—155页。

② （演讲集）Vindex, *Cecil Rhodes His Political Life and Speeches* 1881-1900, p. 379。

（主要是英国文明）的极端自负。正是有了这种认识，所以在对待欧洲人与非洲人的关系上，罗得斯才会认为非洲人是"孩子"，白人与黑人双方的关系是教师与小学生的关系。[1] 他说："我认为土著人是孩子，他们目前正在摆脱未开化的状态。"[2] 他还说："土著人尚处在与我们不同的未开化的状态里，这是我们处理土著人问题的前提。"因此，"我们要做的就是把他们当作从属的种族，管束他们的行为"[3]。他认为大英帝国的责任就是教育黑人，向黑人输出白人具有的文明，就像当年罗马帝国对土著人布立吞人（古代不列颠南部凯尔特人的一支）做的那样。[4]

二　黑人与白人不能享有同等权利论

由于罗得斯认为黑人尚处在比较低级和野蛮的状态，是心智发育不全的孩子，因此他认为黑人不应拥有参与政治的选举权。当时，开普有一些自由主义倾向比较强烈的传教士和议员提出黑人应该与白人一样享有选举权，罗得斯对此持反对态度。他认为要求立即赋予土著人权利的想法是一种基于极端博爱的同情出发的荒唐的想法。这种想法之所以不现实，是因为它无视在欧洲人与非洲人之间存在着巨大差别。罗得斯认为处于纯粹的野蛮状态的人是根本不需要参政权和选举权的。[5] 在对待黑人是否应当拥有参政权的问题上，他认为不能只从哲学的观点出发，而应从实际的观点出发来看待这个问题。罗得斯强调，实际情况就是土著人对于政治一窍不通。罗得斯说，他遇到的黑人常常告诉他，他们完全不能理解政治。[6] 不仅如此，罗得斯还反复申辩土著人不具备现代公民的素质，因而不能给予他们选举权。他说："关于选举权问题，我们说从某种意义上讲土著人是公民，但他们不是完全意义上的公民——他们还是孩子。……到目前为止，我发现90%的土著人不具备享有选举权的条件。"[7]

不仅如此，罗得斯甚至提出不能向黑人出售酒类，理由仍是黑人心智

---

[1]　（演讲集）Vindex, *Cecil Rhodes His Political Life and Speeches* 1881-1900, p. 369。

[2]　Ibid. , p. 383.

[3]　Ibid. , pp. 151-159.

[4]　Ibid. , p. 369.

[5]　Ibid. , pp. 157-158.

[6]　Ibid. , p. 374.

[7]　Ibid. , p. 380.

发育不全，处在野蛮状态。他诬蔑大多数犯罪行为都是黑人酒后难以控制自身行为所造成的。因此，他于1883年9月10日在开普议会发表演讲，要求禁止向土著人出售酒类。他说："酒类的酿造与买卖决定着土著人的道德。"言下之意，土著人爱酗酒，他们的行为常受到酒精的支配。他说："报告显示金伯利地区的大多数犯罪是因为土著人饮酒造成的。"所以，他认为禁止向土著人出售酒类制品不仅可以防止犯罪，还可以精简警察部队的力量，为政府节省大量开支。[①]

三 黑人、白人分区居住论

众所周知，在1994年新南非成立之前，南非曾是世界上实行白人种族主义统治最极端的国家。当政的南非国民党政府为了维护白人的特权，制订了名目繁多的种族主义性质的法律、制度和政策。其中，种族隔离制度是其重要组成部分。南非历届白人政府在政治权利、土地制度、婚姻关系、居住区域、佣工制度、教育制度方面，甚至在公共场所中皆实行严格的黑白人种族隔离。最后，在1951年和1959年出台了两个推行"黑人家园"的基本法令，妄图依此把南非人为分割成两个部分，一个是白人南非，另一个是"黑人家园"，把种族隔离制度推到了极致。[②]当时白人政府实施种族隔离的指导方针是使其制度化和立法化，让种族隔离制度触及社会生活的方方面面。为了确保白人种族排他性地独揽政权和其他各项权利，政府以专政武器作为推行这种制度的唯一保障，因而这种政策呈现出显著的残酷性、血腥性和僵硬性的特点。

罗得斯也提出了种族隔离的思想，但与上文提到的后来的南非国民党政府的种族政策相比，罗得斯所凭借的理由和依据更加特别。其政策对黑人更多循循善诱，政策的刚性色彩较不突出，而柔性凸显，因此欺骗成分更大。1894年7月30日，罗得斯在开普议会发表演讲，要求议会通过格伦格雷法案。在这次演讲中，罗得斯提出了黑人与白人应该分开并分治的思想。他说："关于土著人区域，我认为不应该有白人居住其间。我坚持

---

① （演讲集）Vindex, *Cecil Rhodes His Political Life and Speeches* 1881-1900, pp. 73-74。
② 艾周昌、舒运国、沐涛、张忠祥：《南非现代化研究》，华东师范大学出版社2000年版，第164—173页。

认为，应该把土著人与白人分离开来，不能允许他们互相混合。"① 那么，为什么要实行黑人与白人的分离呢？罗得斯的理由十分奇怪，他仿佛站在黑人的立场，为黑人着想一样。他认为，土著人处在较低的发展阶段，与欧洲人来往过密会使他们沾染上欧洲人的恶习。由于心智发育不全、认知能力有限，处在这个阶段的土著人往往不会去学习欧洲人的优良品质，却较容易受到随同欧洲人一起到来的酒吧和小饭馆的吸引，由此沾染上酗酒和好逸恶劳的坏品质。因此，罗得斯提出应该让土著人远离白人而且越远越好。罗得斯认为土著人应当生活在他们自己的保留地里。② 情况果真如此吗？罗得斯真的是为了土著人的利益才提出黑白人分离的吗？罗得斯在后来的讲话中暴露出了他的真实意图和想法。他说道："我的想法是，土著人应该住在他们的保留地里，根本不能让他们和白人混合居住。你们会批准这种想法吗？即允许这些人（土著人）与白人杂居，让白人孩子在黑人区域中长大吗？为了保护白人的利益，我们永远也不能让这种情况发生。白人劳工不可能在这里与黑人劳工竞争——我是指体力劳动。"③ 因此，罗得斯提出分离的真正原因是他对黑人人口与白人人口相比占有绝对优势的担心。他在1894年7月30日的这次演讲中曾多次提到黑人人口多的问题。他认为黑人人口增加很快的原因主要有两个：一是殖民政府的功劳。由于英国殖民政府实行良治，因而使非洲地区过去旧的减少人口的途径——战争和瘟疫——不再发生作用；二是非洲人热衷于生育。罗得斯诬蔑黑人把他们的大部分心思都用在生育孩子上了，所以造成人口膨胀的问题。④ 由此可见，与后来的南非国民党政府的僵硬高压的种族隔离政策不同，罗得斯的种族隔离思想带有"维护"非洲土著人利益的假象。在手段上，更倾向于说理，因此对于土著人的欺骗性更大。

四 推行间接统治政策，让黑人自己管理自己的事务

所谓间接统治制度，一般认为是英属殖民地官员卢加德总结英国在印度等地的统治经验而创制的一套行之有效的统治方式，在20世纪20年代

---

① （演讲集）Vindex, *Cecil Rhodes His Political Life and Speeches* 1881-1900，p. 376。

② Basil Williams, *Cecil Rhodes*, p. 210.

③ （演讲集）Vindex, *Cecil Rhodes His Political Life and Speeches* 1881-1900，p. 386。

④ Ibid. , p. 373.

以后的英属殖民地获得普遍推广。间接统治制度包括如下四个体系，即：
（1）英国的宗主权。它是实行间接统治的前提，土著统治者只有接受和
承认英国的宗主权，他们的权势与地位才能得到保障。（2）土著政权。
土著政权是整个间接统治的基础。在殖民当局的允许下，土著政权可以行
使对所在区域日常事务的管理。（3）土著税收。即由土著官员对每个村
或镇应纳税额的征收。（4）土著法院。土著法院有权审理地方土著居民
的诉讼案，可以判处有期徒刑和各种罚金。[1]

　　罗得斯针对非洲土著人的种族主义思想中也包含有间接统治的因子。
这一点在他 1894 年 7 月 30 日的议会演讲中，特别是当年通过的针对土著
人问题的《格伦格雷法》中都有明确表示。其实，分离与分治本是相辅
相成的两个方面。既然让黑人与白人分离，那么准许他们在一定程度上自
己管理自己的事务便是符合逻辑的题中应有之义了。当然，在提到实行间
接统治的原因时，罗得斯仍然不忘采取欺骗的手段。他用伪善的口吻说，
这么做是为了逐渐提高土著人的参与政治的能力，让他们从处理涉及自身
的小的当地的问题开始，从而不断积累经验。[2] 他还说："我们将把他们
（土著人）置于当地官员的管辖下，并且我们将允许他们掌握他们自己的
地方事务。"罗得斯认为应允许土著人拥有地方性的议事机构，这样做的
好处是在简单的地方性事务上训练他们的思维和脑力，从而不断提升他们
未来的参政能力。[3] 在当年通过的《格伦格雷法》中，罗得斯把这些想法
变成了现实。在格伦格雷地区，利用土著人管理自己部族事务的白人间接
统治逐渐取代了以往的直接统治。法案还允许创设土著人议事机构，在小
的地区范围内管理有关事务；从小的议事机构中又选出代表组成权力较大
的上一层议事机构，从而构成土著人的议事机构。该系统处于当地的驻节
长官的监督之下。此外，殖民政府还把收税权、行政权和向殖民政府建议
立法的权力授予了这些议事机构。[4] 可以看出，这些措施基本包含了后来
卢加德所制定的间接统治制度的四个体系。因此可以认为是一种间接统治

---

[1] 郑家馨主编：《殖民主义史·非洲卷》，北京大学出版社 2000 年版，第 424—426 页。

[2] （演讲集）Vindex, *Cecil Rhodes His Political Life and Speeches* 1881-1900, p. 374。

[3] Ibid., pp. 388-390.

[4] J. C. Smuts, *Native Policy in Africa*, Journal of the Royal African Society, Vol. 29. No. 115 (Apr., 1930), pp. 248-268.

政策。

罗得斯推行间接统治政策的真正原因，笔者推测主要是为了缓和殖民当局和非洲人民的矛盾，减轻殖民当局军政人员缺乏和行政开支不足的问题，稳固殖民统治。当然，高调给予非洲人管辖自身事务的部分权利，也比较符合罗得斯针对土著人的一贯的伪善态度。这样看来，在实行间接统治政策方面，罗得斯不比卢加德迟。那么，为什么一般都认为卢加德是间接统治的始作俑者呢？个中原因大概是因为罗得斯推行间接统治主要是在格伦格雷地区，由于地域小、影响不大所致。另外，也有缺乏细致的理论描述的原因。现在，我们从罗得斯要求开普议会批准《格伦格雷法》的演讲中看不出他要求推行间接统治的真实表述和理论依据，主要是他体恤土著人的伪善的话语。因此，这些原因可能妨碍了人们认为他是间接统治制度的创立者。

五　通过征收劳动税迫使黑人参加劳动

罗得斯出于种族主义的心态，诬蔑土著人好逸恶劳、不事生产，是社会的包袱。他说："在我们的国家有许许多多的小饭馆。土著人无所事事便会去小饭馆找乐子。如果我们不教育他们劳动所具有的光荣，他们便只能生活在懒惰与懈怠之中。他们永远也不会走出家门去工作。……我们的政府有义务把这些可怜的孩子从这种懒惰与懈怠的生活状态中解救出来，我们应该给予他们一些温和的鞭策，让他们的心灵为之一震，从而发现劳动所蕴含的光荣与尊严。"他认为年轻土著人不工作的问题比较严重，应该采取罚交劳动税的办法迫使他们工作。他说："许多年轻土著人和他们的父母一起生活在土著地区，他们一点活儿也不干。如果我们采取征收每人10先令的措施，他们就会去工作。他们现在的生活方式跟那些城里的白天在俱乐部、派对上闲荡，晚上喝得烂醉如泥的花花公子们差不多。……这些年轻人已成为社会的麻烦。我们要控制他们，让他们出外工作。那么唯一的办法就是迫使他们缴纳一定的劳动税。"此外，罗得斯还建议利用征收来的劳动税建一些实业学校和培训学校。[①] 通过这种途径，教会土著人对劳动的尊敬，使他们为社会的繁荣与发展做出应有贡献，给

---

① （演讲集）Vindex, *Cecil Rhodes His Political Life and Speeches* 1881-1900, pp. 374-382。

予"我们英明且实行良治的政府以应有回报"。[1] 1894 年,《格伦格雷法》
规定,每个成年黑人每年必须在居住地以外劳动 3 个月,否则必须交纳
10 先令的劳动税来代役。

罗得斯伪善地从道德说教的意义上对土著人的不爱劳动指手画脚,好
似真的关心他们。其实情况并非如此。罗得斯之所以要这么说,其真实用
意是因为当时南非的英国人矿区和农场都需要大量劳动力。他是希望用这
个办法把成千上万的土著人驱赶到矿区和农场去,成为白人随心所欲使用
的工具。

总之,罗得斯对于土著人的种族主义思想可以简单归纳为:土著人是
低于白人的人种,应该把他们当孩子对待;白人与土著人的关系是教师与
小学生的关系;白人应该控制土著人不理性的行为;土著人将在白人的帮
助下,提升自己的思维与智力。罗得斯对于非洲土著人的态度带有维多利
亚时代英国人的普遍特点。英国学者维克托·基尔南说:"维多利亚时代
的英国人认为亚洲人与非洲人都是孩子,对他们态度强硬是为他们好。他
们相信不打不成器的道理。维多利亚时代的英国人倾向于对土著严格管
训。"[2] 我们认为无论白人怎么美化自己的动机,但归根结底我们必须承
认这是一种文明对于另一种异质文明的炫耀与剥夺。因为尽管不同的国家
和社会组织在制度上有优劣之分,但文明自身是没有高下之别的。

罗得斯针对黑人的种族歧视和种族隔离思想与后来南非联邦成立后白
人当局肆意推行的种族主义政策和种族隔离制度之间存在什么关系呢? 对
于这个问题,一些学者做过研究。例如,学者 M. 兰西就认为罗得斯的种
族隔离思想及其具体方案《格伦格雷法》,实质上就是 20 世纪南非联邦
和后来南非共和国推行的臭名昭著的种族隔离制度的"前辈"或"先
驱"。她认为二者之间具有明显的传承关系。[3] 当然,也有学者对兰西的
观点表示质疑,认为她过分夸大了《格伦格雷法》的历史作用。1988 年,
研究罗得斯的学者罗特伯格则提出了一个较为折中的观点。他认为理解罗

---

① (演讲集) Vindex, *Cecil Rhodes His Political Life and Speeches* 1881-1900, p. 390。

② [英] 维克托·基尔南:《人类的主人:欧洲帝国时期对其他文化的态度》,陈正国译,
商务印书馆 2006 年版,第 169 页。

③ M. Lacey, *Working for Boroko: The Origins of a Coercive Labour System in South Africa*. 1981,
Johannesburg: Ravan, pp. 14-15。

得斯的种族隔离思想和《格伦格雷法》的前提是必须把它们当作一种"媒介工具"或"居中手段"，意即罗得斯企图借此以达到他对更大的政策或政治意图的安排。如果说它们和未来的种族隔离制度有什么关系的话，罗特伯格认为主要是《格伦格雷法》在一定意义上给予了19世纪尚不正式的保留地制度以一个可靠的并且是在未来可以扩张的立足点。① 从中可以看出，罗特伯格的主要观点是罗得斯的种族隔离思想和《格伦格雷法》与后来的南非种族隔离制度有联系，但作用不像兰西说得那么大，它只是在保留地制度方面有影响。

　　在这个问题上，笔者倾向于后一种观点，即认为有影响但并不大。依据主要是：布尔人对黑人的种族歧视自他们的前辈荷兰东印度公司的第一批人员1652年抵达南非就已开始。在桌湾登陆后，荷兰东印度公司的人员就在范·里贝克的率领下从桌湾至法尔斯湾筑起一道篱笆墙，以便把白人与当地黑人的生活区域隔离开来。并且还颁布了许多歧视黑人的种族主义法令。② 因此，到19世纪90年代，布尔人实行针对黑人的种族歧视政策已有两个世纪之久了。我们知道，种族歧视思想和种族隔离制度的关系是本与末的关系，或者说是源头与水流的关系。种族歧视思想是种族隔离制度产生的充分条件。那么为什么在两个多世纪的时间里，布尔人并未产生出后来那种大规模的种族隔离制度呢？其中原委是，在这么一个长时段里，布尔殖民者针对非洲土著黑人的策略基本是屠杀与驱逐的政策，他们往往用武力把黑人驱离家园，然后夺取他们的土地，因此与布尔人杂居的黑人很少，没有必要实行隔离制度。这种情况与英布战争结束后的局面有很大不同。南非联邦建立后，在英国的制约下，布尔人不能再像过去那样对黑人采取简单粗暴的屠杀与驱逐政策了，因此数量很少的白人人口与数量庞大的黑人人口杂居的局面就不可避免地出现了。为了维护特权和统治，于是布尔统治阶级掌权后开始逐渐在南非全面推行种族主义政策，实施种族隔离制度，并使之制度化、立法化、常态化。因此，我们认为在推行种族隔离制度的问题上，布尔统治阶级完全具有自主性和能动性，他们采取这一基本国策是以顽固的孤立主义情绪为基础和出发点的，是对新的

---

① R. Rotberg, *The Founder：Cecil Rhodes and the Pursuit of Power*. 1988, pp. 467-477.

② 艾周昌、舒运国、沐涛、张忠祥：《南非现代化研究》，华东师范大学出版社2000年版，第154—155页。

形势的研判和因应之举。所以，罗得斯的种族隔离思想和《格伦格雷法》作为一种中介，只是强化了布尔人原本的孤立主义和歧视黑人的文化与心理，促进了这一畸形思维的发展，但不能据此就说它对后来南非的种族隔离制度具有绝对的影响和作用。关于这一点是需要澄清的。

第五章　罗得斯在南部非洲殖民
进程中的作用与影响

探讨塞西尔·罗得斯在 19 世纪中后期南部非洲殖民扩张中的地位与作用，就不可避免地要涉及殖民主义在非洲的作用与后果的问题。关于近代殖民主义对落后国家的影响问题，马克思在《不列颠在印度的统治》一文中提到了殖民主义具有"双重使命"的概念。马克思在谈到英国对印度的统治时，指出："英国在印度要完成的双重使命，一个是破坏性使命（即消灭旧的亚洲式的社会），另一个是建设性的使命，即在亚洲为西方式的社会奠定物质基础。"① 所谓破坏性，指的是西方殖民者的野蛮掠夺、残酷压榨给东方国家带来的空前灾难，破坏了东方国家原有的社会发展形态和生产方式。它包括西方殖民主义在非洲掠夺人口、贩卖奴隶，在美洲屠杀印第安人，通过武力大肆勒索战争赔款、进行不等价交换、倾销西方工业品，以及在殖民地国家和地区滥征苛捐杂税等行为。西方殖民者用这种野蛮的方式摧毁了东方国家原有的农业文明基础，破坏其原生经济形态，人为阻断了其原来的社会历史发展进程。按照马克思对印度问题的剖析，殖民主义带来的最重要的破坏性表现在它消灭了东方国家原有的前资本主义形态及其固有标志——农村公社。所谓建设性，则是指殖民主义的统治在客观上为东方国家建立起西方式资本主义社会创造了客观前提，提供了必要的物质基础。

马克思在这里虽然是就印度来谈"双重使命"的，但笔者认为殖民主义所带来的"双重使命"问题其实具有普遍性。马克思关于英国殖民主义对印度社会的双重影响的结论是科学的、精辟的。长期以来，由于各种原因影响，在我们的传统观念中，往往强调殖民统治带给殖民地、半殖民地国家的破坏性一面，而忽视了殖民主义在客观上曾起过某些促进作用

---

① 《马克思恩格斯全集》第九卷，人民出版社 1972 年版，第 247 页。

的另一面。这种态度不仅不符合马克思主义经典作家对此问题的论述，而且也很难解释通殖民地、半殖民地国家所发生的一系列社会变革。因此，在探讨罗得斯在 19 世纪中后期南部非洲殖民进程中的作用与影响问题上，本书拟秉承马克思的"双重使命"理论，循着这一思路，用辩证的方法，历史地具体地全面地研究和评价罗得斯这个历史人物。笔者认为在研究和评价这样一位资产阶级人物时，科学的态度应是对历史人物的思想和活动做具体分析，要防止情绪支配自己，要全面地评价其功过。

下面本章就以"双重使命"说为理论依托来探讨罗得斯在这一时期殖民进程中的作用及地位。

第一节　对南部非洲政治格局的影响

罗得斯一生的主要政治抱负就是要为建立大英帝国统治下的世界而努力。为了实现这个宏伟目标，在非洲，他的战略意图是要通过修建"二 C 铁路"（即连接开普与开罗的贯通非洲南北的大铁路）建立英国在非洲的绝对统治地位。当然，这一宏伟目标后因德属东非扩张到坦噶尼喀湖与比属刚果有 1000 公里的交界线（南纬 1 度至 8 度），造成"二 C 铁路"实际不可能修通。[①] 但罗得斯在以开普殖民地为基地向北扩张的过程中，通过占领马绍纳兰和马塔贝莱兰建立罗得西亚殖民地，以及后来发动的企图推翻克鲁格统治的"詹姆逊袭击"，激化了英布矛盾，并最终酿成英布战争爆发等一系列政治事件，对于南部非洲政治格局尤其是南非联邦的建立与后来津巴布韦和赞比亚两国的政治地理版图的形成产生了重要而深远的影响。

一　促成南非联邦的建立

1910 年成立的南非联邦是英布战争结束后，布尔统治阶级与英国统治阶级妥协合作的产物。战争给双方都造成了巨大的损失，为了打败布尔人，英国政府除了本国正规军外，还从印度、加拿大、澳大利亚等殖民地调来援军，总计兵力达到 45 万人，超过布尔军队 7 倍以上。为了消灭布尔人的有生力量，英军还发明了集中营制度，把布尔军的俘虏和妇女、儿

---

① 郑家馨主编：《殖民主义史·非洲卷》，北京大学出版社 2000 年版，第 48 页。

童，包括他们雇佣的班图人共达 26 万人之多，关进条件恶劣的集中营,[①]
造成布尔人死于集中营达 27000 余人的惨剧。英军在这次战争中也伤亡惨
重，死亡达 21942 人，共耗战费达 22000 多万英镑。[②] 惨烈的战争使双方
统治阶级都认识到继续对抗下去的不理智，于是都采取了妥协的政策。布
尔领导人放弃了以往一贯坚持的以仇英主义为基础的反对与英国合作的态
度，转而力主两个民族的联合。在 1902 年 5 月 31 日双方签订的《弗里尼
欣条约》中，布尔代表决定接受和约最关键的一条："布尔野战部队放下
武器，缴出其所有或所控制的全部枪炮及战争物资，中止对爱德华七世国
王陛下政府继续进行任何抵抗，并承认国王陛下为其合法王权者。"[③] 即
宣布失败，承认英国的宗主权。英国在战争中也明白了它要在南非维持其
控制力量，就必须同布尔人谋求妥协。殖民大臣张伯伦一再强调南非的未
来依赖于合作。[④] 于是英国政府在和约中对布尔人也作了很大让步：两个
布尔共和国虽然成为英国殖民地，但英国同意尽快让其自治；同意阿非利
卡语作为第二种官方语言；英国赔偿 300 英镑并贷款 100 万英镑作为布尔
农场主恢复生产之用。[⑤]《弗里尼欣和约》的深刻意义在于奠定了未来南
非联邦形成的基础，以及启动了两个白人民族联合统治黑人民族的历史
进程。

南非联邦成立之时，罗得斯虽早已去世，但他对南非联邦的产生发挥
了举足轻重的影响和促进作用，在南非两个白人民族的联合进程中充当了
关键角色。英国政府对于建立南非联邦的态度大体以 19 世纪 70 年代为界
分为两个阶段：前一个阶段由于受到以亚当·斯密为代表的自由主义经济
学家的理论影响，英国政治家和政府在殖民地问题上奉行"自由帝国主
义"理论，因此对于建立南非联邦兴趣不大；后一个阶段的英国政府面
对世界形势的变化，德国、美国、法国的迎头赶上，英国逐渐失去它在工
业方面的垄断地位，迫使英国政府考虑以构建"有形帝国"以取代先前
的"无形帝国"。从此英国政府在建立南非联邦问题上开始变得积极起

---

① Donald Widdner, *A History of Africa, South of Sahara*, New York, 1962, p. 302.

② 杨人楩：《非洲通史简编》，人民出版社 1984 年版，第 562 页。

③ 艾周昌、郑家馨主编：《非洲通史·近代卷》，华东师范大学出版社 1995 年版，第
902 页。

④ 同上。

⑤ 杨人楩：《非洲通史简编》，人民出版社 1984 年版，第 562 页。

来，罗得斯正是在这后一个阶段中围绕南非联邦的建立和途径等问题发挥了深远的影响，为现代南非政治实体的出现做出了贡献。

在 19 世纪 70 年代以前，英国政府所奉行的自由帝国主义理论以亚当·斯密的自由主义经济理论为基础。亚当·斯密反对重商主义理论，反对对殖民地实行商业垄断。他认为商业垄断无论对母国还是对殖民地都是不利的，它既阻碍生产发展，又没有增加商业利润。他鼓吹实行自由贸易才能对双方都有好处，为此，应当解除一切贸易限制，让经济在完全自由的环境中运行。沿着这一思路往下推论，在殖民地问题上他提出了比较新颖的观点。他认为保有殖民地对母国没有什么好处，殖民地只会给母国增加负担，除了行政经费外，母国还要承担防务开支。母国人民要为殖民地交纳沉重的税负，因此，殖民地不是财源，而是负担。① 我们知道，任何社会政治学说的产生都有其社会土壤，它不可能捕风捉影、凭空产生。斯密的学说其实体现着当时的历史事实，即当时的英国是世界工厂，它的实力最强，不具怕任何外部竞争。在"自由竞争"中，它将所向无敌，并夺取最大的经济利益。斯密的观点影响了越来越多的政治家和社会活动家，包括以工业资产阶级为主的"曼彻斯特学派"。辉格（自由）党领导阶层也有许多人赞同斯密的观点。在此形势下，19 世纪 20—30 年代，英国出现了"自由帝国主义"社会思潮。到 19 世纪中叶，"自由帝国主义"理论甚嚣尘上，导致英帝国的领土扩张步伐放缓。多数英国人认为没有必要保留一个正式的帝国，英国以其强大的经济实力和海上霸权，完全可以控制全世界的贸易。他们认为自由贸易是英国最大的利益所在，与其保护帝国，不如保护海上通道。② 在这种思潮影响下，英国政府实行以优势的海军力量控制海洋，强制推行"自由贸易"，迫使全世界为英国商品打开市场的炮舰政策。这种政策不以领土扩张为首要目标，而以"贸易自由"为最高原则。因此，英国在占领开普以后，有很长一段时间只是把开普作为英帝国的重要军事基地，对于向内陆发展没有什么动作。甚至在布尔人大批北进过程中，起初也未作出强硬表态，还于 1852 年和 1856 年分别承认了德兰士瓦共和国和奥兰治自由邦的独立地位。所以，此时英国政府对于构建南非联邦完全没有提上日程。

---

① 钱乘旦、许洁明：《英国通史》，上海社会科学出版社 2007 年版，第 292—293 页。
② 同上书，第 295 页。

　　从 19 世纪 70 年代开始，形势发生了改变。当时，德国和法国都在尽力攫取殖民地，俄国则向周边地区拼命扩张，美国视拉丁美洲为自己的后院，西班牙、葡萄牙、比利时、荷兰等欧洲国家也在力保已有的地盘。在这种情况下，原先的"自由帝国主义"理论受到了挑战。"殖民地是负担"的看法已站不住脚，英国不能再满足于构建一个"无形帝国"而置其他列强瓜分世界于不顾。此时，英国两大政党在建立"有形帝国"方面已无太大分歧，只不过保守党更强调领土扩张，希望建立更广大的有形帝国；自由党则比较有节制，更强调英国对殖民地所承担的义务与责任。① 在南非问题上，时任殖民大臣的卡纳房勋爵于 1876 年提出方案，准备吞并德兰士瓦和奥兰治，把开普、纳塔尔、奥兰治和德兰士瓦组成一个联邦，以维多利亚女王为元首。在建立南非联邦的途径上，当时的英国政府几乎没有考虑到要获取布尔人支持的重要性，而是单方面地以武力为后盾，以恃强凌弱的态度对待布尔人。因此，这种所谓的"南非联邦"完全是英国政府一厢情愿的设想。它虽然在 1877 年利用德兰士瓦政府在财政和军事上陷入极端混乱状态的有利时机，以恫吓的手段兼并了德兰士瓦，使德兰士瓦共和国在此后四年间从非洲政治地图上暂时消失，但离建立真正的南非联邦的目标还很远。首先，兼并使奥兰治自由邦对英国政府产生了深深敌意，它于 1880 年组建了一支借助德国和奥匈帝国技术援助训练和配备起来的炮兵部队，以防范英国。② 其次，兼并德兰士瓦和对德兰士瓦布尔人四年的统治使布尔人大失所望，使布尔人民族主义思想迅速滋长。这股民族主义思潮把开普、德兰士瓦和奥兰治的布尔人联合起来，对英国产生了更加强烈的离心倾向。1880 年，在英国经营多年的开普殖民地甚至成立了布尔人民族主义组织——阿非利卡人协会。1880 年 12 月 16 日，德兰士瓦的布尔人发动起义，并于次年 3 月迫使英国签订停战协议，8 月签订比勒陀利亚协定复国，使英国政府单方面构筑的南非联邦的蓝图彻底失败。

　　1880 年罗得斯当选开普议会议员，面对英国政府解决布尔人问题惨败的窘境，罗得斯提出了不同于英国政府思路的建立南非联邦的新想法。较之其他英国政客，罗得斯的高明之处是他认识到建立南非联邦离不开布

---

① 钱乘旦、许洁明：《英国通史》，上海社会科学院出版社 2007 年版，第 304 页。

② ［法］路易·约斯：《南非史》，史凌山译，商务印书馆 1973 年版，第 194 页。

尔人支持的道理。通过对英国接手开普以来接近百年英布关系历史的考察，特别是对第一次英布战争的反思，罗得斯认识到了布尔人的顽强与大英帝国力量有限的现实。为了实现这个宏伟目标，罗得斯首先身体力行，从自己身边的人和事做起。上一章曾经提到，罗得斯在西巴克利选区，为了拉拢阿非利卡选民，打出了"荷兰人是南非蒸蒸日上、有前途的民族"的口号，这在当时开普英裔议员中是很少见的。此外，他还和开普阿非利卡人民族主义组织——阿非利卡人协会搞好关系，同其领导人扬·霍夫梅尔建立了深厚的私人友谊。罗得斯比较尊重阿非利卡人的民族感情，在可以让渡的情况下，愿意对阿非利卡人做出部分妥协。这一点在他1881年6月支持荷兰语和英语并列作为开普议会使用的语言一事中表现得很明显。因此，罗得斯逐渐赢得了开普阿非利卡人的认可。罗得斯和霍夫梅尔认为英裔、荷裔民族在坚持自身立场的同时，如能兼顾对方的观点与感受，则他们可以拥有共同的目标。后来，罗得斯与霍夫梅尔实际上成了政治盟友。正是在开普阿非利卡人的大力支持下，罗得斯才于1890年当选为开普总理。

关于未来的南非联邦，罗得斯的设想是在承认英国宗主权的前提下，开普、纳塔尔、德兰士瓦和奥兰治自由邦彼此平等。罗得斯构想的南非联邦是一个外部承认英国宗主权，内部四个殖民地平等的政治实体，即英裔白人与荷裔白人享有平等权利的政治实体。而19世纪70年代英国政府和卡纳房勋爵构想的南非联邦，则强调以开普殖民地作为主宰，建立南非联邦的主要目的是保证英国属地和臣民的安全。因此，罗得斯设想的未来南非联邦的蓝图与英国政府设想方案的最大区别在于：罗得斯同意向阿非利卡人做出妥协，向其让渡部分权力，建立英裔白人与荷裔白人平权的局面，以达到双方共治南非的目的。可见，罗得斯的设想更接近于后来英布战争结束后建立的南非联邦的实质，而1910年的南非联邦是英国政府在遭受重大打击之后幡然醒悟的产物，因此罗得斯的政治洞察力和前瞻能力是值得肯定的。另外，英国政府和卡纳房勋爵所构想的南非联邦从严格意义上讲不能称作真正的联邦，因为它是一个组成部分（开普）在权力上高于其他组成部分（纳塔尔、德兰士瓦、奥兰治自由邦）的政治体。它的主要政治使命在于保护英国臣民的安全，因此可以设想在这个政治体内，英裔白人与荷裔白人也是不平等的，英裔白人在权利上高于荷裔白人是不言而喻的。正因为如此，它遭到了阿非利卡人的强烈反对，吞并德兰士瓦本是卡纳房构建南非联邦的第一步，没想到却引起了阿非利卡人民族主义浪潮的剧烈反弹和开普等地阿非利卡人离心倾向的加剧，以致这一政治蓝图还没来得及充分实践，便匆匆以失败而告终了。

罗得斯知道德兰士瓦共和国是横亘在通往南非联邦之路上的一个巨大障碍。那么如何消解德兰士瓦布尔人的仇英情绪呢？既然卡纳房勋爵的兼并政策行不通，那么又该如何呢？对此问题，罗得斯摒弃了过去英国政府企图从外部强加于人、短期内解决问题的想法，创造性地提出了采取渐近、和平、由内而外的措施，通过加强德兰士瓦与开普的交通联系与经济关系，以建立关税同盟和铁路同盟为手段，在密切双方关系的过程中不知不觉地用英国文明改造德兰士瓦布尔人的孤立好战与仇英情绪，最终使建立南非联邦的目标水到渠成。1886 年 5 月，他敦促开普政府修建连接金伯利和比勒陀利亚的铁路。1890 年 9 月，罗得斯在当选开普总理后，再次提出延伸铁路至德兰士瓦的计划，指出这是建立南非联邦的一个重要途径。[①] 可以看出罗得斯比较清醒地认识到了建立南非联邦的症结所在，但他的方案在实行中的一个主要困难是需要时间和耐心等待。因此当罗得斯的计划一再遭到德兰士瓦总统克鲁格的抵制，加之对自己的健康状况缺乏信心，担心将不久于人世，在双重焦虑与压力的驱使下，罗得斯重新走上过去卡纳房的老路，决定用武力来对付以克鲁格为首的顽固不化的布尔人，通过军事政变推翻克鲁格政权，在短期内实现自己的政治抱负，于是导致了 1895 年 12 月发生"詹姆逊袭击"事件。

"詹姆逊袭击"事件的发生从另一个角度说明建立南非联邦需要双方共同合作的道理，任何单方面的妥协都不可能达到这一目标的实现。"詹姆逊袭击"所造成的一个直接后果是德兰士瓦政府仇英情绪加剧和英布矛盾的进一步激化。尽管 1899 年 10 月爆发的英布战争由诸多因素促成，但"詹姆逊袭击"事件所发挥的推波助澜作用是不容否认的。前文述及，面对英布战争惨烈的战争损失，英布双方统治阶级终于认识到了合作与妥协的重要性，正是在此认识基础上才最终产生了《弗里尼欣协定》和 1910 年的南非联邦，自觉或不自觉地实现了罗得斯的政治遗嘱。

罗得斯在促使南非联邦建立过程中的重要性是不言而喻的，他找到了建立南非联邦的症结所在，但在单方面妥协却不能获得德兰士瓦方面呼应

---

① （演讲集）Vindex, *Cecil Rhodes His Political Life and Speeches* 1881-1900, pp. 242-243。

的困局面前，他又走回老路，希望用军事手段打破僵局。"詹姆逊袭击"失败后，他被迫退出开普权力中心。但"詹姆逊袭击"所产生的连锁效应，以及这种连锁效应所导致的英布战争，却最终使建立南非联邦的主要条件——英布双方的合作与妥协成熟起来。正是在此意义上，也许我们应该用辩证的眼光看待罗得斯导演的"詹姆逊袭击"事件。用"坏事变好事"这句话来评判这一事件可能显得俗浅，但认为"詹姆逊袭击"事件加速了南非联邦建立的进程或至少缩短了这一进程的时间，应该是站得住脚的观点。

总之，可以认为罗得斯在南非联邦建立的问题上扮演了重要角色，发挥了相当大的推动作用。以他当时在南非政坛的地位来看，有理由认为他的建立南非联邦的思想和主张对英布双方统治阶级是有影响或震动的。但要在短时期内让两个敌对已久的民族走向合作与妥协，毕竟是件困难与痛苦的事情。于是冲突（詹姆逊袭击）和战争（英布战争）在这个悬而未决的时刻便发挥了它独特的效用，它用血与火、死亡与痛苦加速这一进程的到来。而罗得斯在这一系列的事件当中都发挥了直接或间接的影响与作用，有意或无意地在南非联邦建立这个重大的历史事件中书写了浓墨重彩的一笔。

二　奠定了津巴布韦和赞比亚两国的基本雏形

前文提及，罗得斯在 1889 年 10 月 29 日获得英国维多利亚女王颁发的特许状，特许状授权英国南非公司在英属贝专纳兰以北、葡萄牙殖民地以西以东的广大地区进行拓殖和统治。这个地理范围大致包括现今津巴布韦和赞比亚两国的整个版图。罗得斯获得特许状后，立即派遣南非公司人员实施北侵计划。1890—1894 年，经过四年时间即完全并吞了这块辽阔的疆域。1895 年 5 月，英国南非公司以罗得斯的名字命名马塔贝莱兰和马绍纳兰以及赞比西河北部领土，称其为罗得西亚。两年后，罗得西亚分成南、北两部分。马塔贝莱兰和马绍纳兰被称为南罗得西亚，即现今的津巴布韦共和国。赞比西河北部领土被称为北罗得西亚，即今天的赞比亚共和国。诚然，罗得斯以及英国南非公司攫取领土的行为是应遭谴责的殖民行为，但如果我们坚持以马克思的"双重使命"理论为指导，立足事实，在具体环境中分析具体人物，那么我们就不能忽视或否认罗得斯在罗得西亚（津巴布韦、赞比亚）由原始、落后的部族社会向现代国家转型过程中所发挥的奠定基础的作用。当然，这绝不是罗得斯的主观意图，而完全是一种无意识的客观行为，他在不知不觉中扮演了推动历史发展的工具的角色。下面笔者就这种作用在津巴布韦和赞比亚的表现，分别予以叙述。

（一）　奠定津巴布韦的现代国家雏形

津巴布韦的面积为 390580 平方公里。[①] 大约等于三个英国或相当于美国加利福尼亚州的面积。在英国殖民势力入侵之前，这里主要生活着分属绍纳族和恩德贝莱[②]两大部族的黑人。其中，绍纳人较之恩德贝莱人更早来到津巴布韦，可以视作津巴布韦的原住民。他们在 10—19 世纪在这里先后建立过许多政治实体。其中势力最大的绍纳政治实体共四个，它们是：①位于高原南部，繁荣于 16 世纪之前的津巴布韦国家；②北方的莫塔帕国家；③位于高原西南部，存在于 15 世纪末至 17 世纪末的托尔瓦国家；④继托尔瓦存在到 1860 年的昌加米尔国家。[③] 恩德贝莱人是恩贡尼人的一支，他们原来居住在德拉戈阿湾以北至乌姆福洛齐河上游之间地区。恩贡尼人则是晚铁器时代班图人的后裔。恩德贝莱人于 19 世纪来到现今的津巴布韦地区，原因是受到了部族战争和布尔人的压力。恩德贝莱人在首领姆济利卡齐的率领下，为了逃避祖鲁人的袭击，于 19 世纪 30 年代北迁。起初，他们来到了德兰士瓦一带定居下来，但适逢当时布尔人正开展向北进军的大迁徙。1837 年，恩德贝莱人在莫塞加被布尔人首领波特吉特打败，被迫向林波波河以北撤退。[④] 1839 年，姆济利卡齐率部进入现今的马塔贝莱兰，击败了当地的绍纳人。1868 年姆济利卡齐死，其子洛本古拉继位。洛本古拉利用邻近的绍纳部落衰落之机，推行扩张政策，将绍纳人置于其统治之下。[⑤]

恩德贝莱人是尚武的民族，其含义即"手持长盾的人"，他们的老国王姆济利卡齐则被称为"恩德贝莱人的鞭子"。在西方殖民者侵入马塔贝莱兰和马绍纳兰之前，恩德贝莱人一直在这里实行军事体制的氏族统治。

---

① 何丽儿：《南部非洲的一颗明珠——津巴布韦》，当代世界出版社 1995 年版，第 1 页。

② 恩德贝莱人即马塔贝莱人。恩德贝莱人是基于部族意义上的称呼，而马塔贝莱人则是基于地域意义上的称呼。

③ 何丽儿：《南部非洲的一颗明珠——津巴布韦》，当代世界出版社 1995 年版，第 30 页。

④ ［英］廷德尔：《中非史》，陆彤之译，上海人民出版社 1973 年版，第 116 页。

⑤ ［南非］本·姆恰利：《罗得西亚冲突的背景》，史凌山译，商务印书馆 1973 年版，第 32 页。

整个国家被分成若干个军区。由于恩德贝莱人的国家建立在征服的基础上，因此，国王的政权非常依靠武士的支持，武士也因其拱卫政权的重要性而成为特殊阶级。恩德贝莱武士不做日常工作，仅以作战为职业，但所获肉食却比其他阶级多。他们穿上军装样子非常凶猛，黑鸵鸟毛披肩，猴皮短裙，肘部、膝部和踝部都缚着白色牛尾，颈上插带翎毛，手持木柄标枪，圆头棒和牛皮盾。① 恩德贝莱国家的全体居民分为三个阶层，彼此界限分明，严禁通婚。第一个集团称为"赞西"，由在祖鲁兰就归附姆济利卡齐的恩贡尼人以及归附得比较晚的其他恩贡尼人组成。它是贵族集团，武士和几乎全部重要的朝廷官吏均从该集团选任。社会的第二阶层称为"恩赫拉"，由恩德贝莱人向北撤退时俘虏的苏陀人及茨瓦纳人所组成。第三个等级称为"霍拉"，主要由马塔贝莱兰的旧时居民绍纳人组成，属社会最低层，有的成员身份接近奴隶。②

　　恩德贝莱人社会以军事性质为特征，不以正常生产为营生。他们频繁出击，将掠夺牲畜和俘虏作为直接的产品。另外，被征服土地的贡赋则是他们间接的产品。③ 他们的主要掠夺对象是周边的绍纳各部落，洛本古拉和他父亲都奉行针对绍纳人的侵略政策，他们从被征服地区强拉壮丁编入自己的军队。更为恶劣的是，洛本古拉还让被征服的地方保持原有的社会模式，这样做的目的是使绍纳人能持续不断地生产粮食和牲畜，以便今后他再袭击这些部族时掳走。④ 正因为如此，恩德贝莱人才会允许绍纳人定居在马塔贝莱兰附近的马绍纳兰，而未直接占领后者。

　　总之，在英国殖民者侵入该地区前，恩德贝莱人对当地的统治由于受其自身社会性质和发展阶段的限制，对于当地社会经济的发展具有很大破坏性。恩德贝莱人经常发动战争，导致残存下来的绍纳人的生活方式发生了很大改变。"进行了几百年的金矿开采已日暮途穷。石建筑物则由于防御恩古尼人（即恩贡尼人——笔者注）侵略时毫无用处，几乎已完全放弃不用了。工艺技术往往漫不经心，乡村建筑也草率从事，因为随时可能遭到

---

① ［英］廷德尔：《中非史》，陆彤之译，上海人民出版社1973年版，第117页。
② *Zimbabwe：a country study*，p. 14.
③ 何丽儿：《南部非洲的一颗明珠——津巴布韦》，当代世界出版社1995年版，第55页。
④ ［南非］本·姆恰利：《罗得西亚冲突的背景》，史凌山译，商务印书馆1973年版，第32页。

侵略者的摧毁。……人民由于丧失谷物和牲畜，一年到头过着不安不宁和半饥不饱的日子，他们的生活已下降到悲惨的境地。"① 从这段叙述可以看出，在恩德贝莱人的淫威之下，绍纳人几成惊弓之鸟。他们不仅不能安心从事生产，甚至连基本生活也是得过且过。试想，这样的统治者对于当地的社会建设能有什么建树呢？当1890年英国南非公司的先遣队进入马绍纳兰后，为了巩固对被占领土的控制，先后修建了图利堡、维多利亚堡、查特堡和索尔兹伯里堡四座城堡。后来曾出现绍纳人受到恩德贝莱人追击时躲进城堡寻求庇护的事情，而白人也因此和恩德贝莱人发生冲突。同恩德贝莱人相比，白人来自更加遥远的异邦，他们在肤色、文化和心理上应该与绍纳人的差异更大。可以毫不夸张地说，白人对绍纳人来说就是一个谜，其中肯定也夹杂着恐惧的成分。但即便如此，绍纳人还要向他们求援，难道这没有从另一个角度说明了恩德贝莱人的凶暴与嗜杀吗？

那么，1894年7月英国南非公司取得英政府枢密院敕令，使其对马绍纳兰和马塔贝莱兰的占领合法化后，上述情况基本得到改变，并因此初步奠定了马绍纳兰和马塔贝莱兰后来发展成为现代国家的基本条件。

第一，英国南非公司的领导和统治，结束了马绍纳兰和马塔贝莱兰地区分崩离析的部族关系，统一了该地区，并初步形成了后来津巴布韦共和国的政治地理版图。

前文述及，在英国南非公司占领该地区之前，该地区两大部族恩德贝莱人和绍纳人基本维持着一种建立在武力威胁基础上的统治与依附的关系。恩德贝莱人作为强势民族仅满足于从绍纳人处掳得产品或索得贡赋，而绍纳人则逆来顺受，对恩德贝莱人既恨又怕，虽然表面依附，但心理与其极端疏远，避之唯恐不及。双方之间缺乏政治共同体内部所应具有的严密秩序，同时绍纳诸部也处于涣散状态，彼此之间缺乏联合。所以，数目占优的绍纳人从未团结起来驱走敌人。② 因此，从这个意义上讲，当时马绍纳兰和马塔贝莱兰地区的部族关系是离散的、分崩离析的，不能被称为政治共同体。英国南非公司到来之后，通过摧毁恩德贝莱人的武装力量，颠覆洛本古拉国王的统治，用暴力手段剥夺了恩德贝莱人原来具有的凌驾

① ［英］廷德尔：《中非史》，陆彤之译，上海人民出版社1973年版，第121页。
② ［南非］本·姆恰利：《罗得西亚冲突的背景》，史凌山译，商务印书馆1973年版，第33页。

于绍纳人之上的特权，使两个民族处于同等地位。这不仅保护了绍纳人的生命财产安全，结束了过去绍纳人社会动荡的局面，而且为建立真正意义上的政治共同体铺平了道路 。在南非公司的统治下，马塔贝莱兰和马绍纳兰出现了统一的趋势，公司不是政府却承担着政府的职能，它有权对控制区内的人力、物力和资源进行调配与安排。这样，过去分崩离析的状态不存在了。

另外，英国南非公司的统治对于维护马塔贝莱兰和马绍纳兰的地区安全、防范外部势力侵略也发挥了一些作用。马塔贝莱兰和马绍纳兰东邻葡属莫桑比克殖民地，南邻德兰士瓦共和国。1885 年柏林会议后，无论是葡萄牙还是德兰士瓦，都对包括马塔贝莱兰和马绍纳兰在内的林波波河与赞比西河之间的大片土地感兴趣。葡萄牙人更早在 17 世纪就已开始在马绍纳兰进行扩张了。① 葡萄牙一直希望开发内陆，把它在东非的莫桑比克殖民地和西非的安哥拉殖民地连在一起。这就不可避免地要夺取马塔贝莱兰和马绍纳兰。德兰士瓦共和国自从在其境内兰德地区发现黄金以后，兰德金矿的开采极大地提高了德兰士瓦地区的经济价值。1887—1896 年，兰德金矿产金价值高达 4228 万英镑。② 德兰士瓦共和国更是从一个落后贫穷的小国一跃而为令人艳羡的富国。兰德金矿的丰厚收入不但解决了德兰士瓦政府财政过去的连年赤字，而且还有节余。这就强烈地刺激了布尔统治集团的贪心，财大气粗的德兰士瓦共和国逐渐加紧了与英国对南非的争夺。1887 年，德兰士瓦政府向马塔贝莱兰的洛本古拉国王施加压力，按照他们传统的北向政策，企图夺取马塔贝莱兰和马绍纳兰地区向北扩张。当年 7 月，德兰士瓦政府派出的两名使节说服洛本古拉同德兰士瓦共和国签订一项友好条约，允许布尔人向马塔贝莱兰派遣领事。此事后因德兰士瓦领事因意外被杀而夭折，但德兰士瓦方面一直怀疑罗得斯是幕后黑手，怀恨在心。英国南非公司正式占领马塔贝莱兰和马绍纳兰后，因有效占领原则，实际上断绝了葡萄牙和德兰士瓦共和国再次攫取该地区的企图，保护了该地区的领土完整与安全。另外，从英、葡、德（兰士瓦）三方的殖民主义特点来看，按照"两害相权取其轻"的宗旨分析，英国占领该地区较之葡萄牙人或布尔人的占领对当地的破坏应该更小一些。葡

---

① 郑家馨主编：《殖民主义史·非洲卷》，北京大学出版社 2000 年版，第 172 页。

② Schrender, *The Scramble for Southern Africa*, Cambridge, 1980, p. 184.

萄牙是在非洲殖民的宗主国中最落后的国家。直到 20 世纪初，葡萄牙仍是一个农业国，由于农业发展长期停滞，粮食不能自给。葡萄牙也没有重工业，加工工业尚处作坊阶段；中央政府靠举借外债维持财政开支。[①] 由于这些因素使然，葡萄牙在非洲数百年的殖民统治，一直以直接掠夺殖民地为主要形式，强迫劳动制构成其殖民地的经济基础，葡属非洲人民遭受的剥削程度超过任何别的殖民地。[②] 另外，德兰士瓦的布尔统治阶级在生产方式上也非常落后，他们主要靠大量圈占土地兴建牧场和出卖或出租矿权牟利。反观英国的情况，学者钱乘旦指出，英国的殖民政策的主要特征是它更注重生产性的开发，而不纯粹是杀鸡取卵式的掠夺，它特别重视殖民地的商业价值。另外，出于缓和母国和殖民地矛盾的考虑，它还在一些殖民地引进了殖民地自治的概念。[③] 因此有理由相信，无论是葡萄牙人还是布尔人占领了马塔贝莱兰和马绍纳兰，其落后的生产方式所决定的野蛮的殖民掠夺特点一定会对该地区造成比英国南非公司更大的损害。

第二，罗得斯和英国南非公司将近代化的行政管理模式引进马塔贝莱兰和马绍纳兰，客观上对当地黑人群众起到了一定的政治启蒙的作用。

为了加强统治，英国南非公司在马塔贝莱兰和马绍纳兰设置一名行政官代表公司治理该地，其驻地在索尔兹伯里。公司规定，行政官任期为三年，但可延期。在行政官之下，1894 年设置了一个议事机构。1898 年，随着形势发展需要，该议事机构一分为二，形成一个行政会议和一个立法会议的架构。公司行政官是两个会议的议长。行政会议的人员由公司任命的行政官、驻节专员（他是英国高级专员派驻此地的代表）和三名由公司任命的成员组成。后三人任期三年，和行政官一样，如有需要到期可延期。行政会议有权就所有重大事务进行磋商，但公司任命的行政官拥有凌驾其上的权力，他可驳回或否决会议所提出的任何建议。[④] 实际上，行政会议的成员就是各主要行政部门的首脑，他们履行着政府各部部长的角色，要同时对行政官和英国南非公司负责。

立法会议是从 1898 年才开始设置的。立法会议的成员构成如下：除

---

① 郑家馨主编：《殖民主义史·非洲卷》，北京大学出版社 2000 年版，第 509 页。

② 同上书，第 510 页。

③ 钱乘旦、许洁明：《英国通史》，上海社会科学出版社 2007 年版，第 311 页。

④ Henri Rolin, *Rolin' Rhodesia*, Bulawayo, 1978, p. 38.

公司任命的行政官、驻节专员外，立法会议还有 9 名成员，其中 5 名为公司任命，另外 4 名经白人定居者民选产生。从 1903 年开始，立法会议成员增至 14 人，其中任命和民选各占一半。① 立法会议中民选成员增多的现象表明，随着南罗得西亚普通白人定居者的增多，他们更加注意维护自身权利。当然这是受到了来自母国英国下层群众向上层统治阶级要求权利的斗争的影响。英国南非公司面对这一状况，也不得不作出让渡出部分权力的决定。

以上两个会议类似中央政府的立法机关和行政机关，在基层的管理方面，为了处理日渐增多的各类地方事务，英国南非公司在马塔贝莱兰和马绍纳兰地区设置了三个级别的基层管理组织，分别是村级管理委员会、卫生委员会和市政府。②

这三类组织并非同时出现，最早出现的是卫生委员会。卫生委员会是根据 1894 年的法令，由行政官通过特别公告在指定的任何区域成立。卫生委员会的特点是其成员一半来自选举，一半来自任命。当行政官下达的特别公告公布后，地方长官就会起草一份该地区所有成年且具有财产的男子的名单，进入名单的条件是至少拥有 75 英镑以上的不动产。根据卫生委员会的章程，有关职员会每年草拟一份登记候选人名单。地方长官召集候选人投票选举，从登记候选人中选出 3 名委员会成员。这 3 名委员会成员的任期为一年。公司行政官再任命另外 3 名成员，此外地方长官一般亲自任委员会的主席之职。按委员会章程，3 名成员就可构成法定人数。为防止出现僵局，即 3∶3 的状态，委员会主席拥有决定性投票权。卫生委员会的成员没有工资，一般每月召开一次委员会会议。按照 1894 年法令的规定，卫生委员会的职责或功能主要是就当地卫生、健康和公共安全方面的问题采取应对措施。此外，它还有权制定规章条例，一旦公司行政官批准并在政府公报上发表即刻生效。违反卫生委员会制订的规章条例者将被处以罚款，罚款所得收入最后将被充入地方财政。为了支付和募集日常行政开销，卫生委员会还可以针对其辖区内的不动产进行征税，拖欠或不交税者将遭到控告。因此，卫生委员会完全具备公共部门的特点，就是一类地方行政管理组织。

① Henri Rolin, *Rolin' Rhodesia*, Bulawayo, 1978, p. 39.

② Ibid., p. 71.

村级管理委员会是 1898 年根据相关法令才出现的。马塔贝莱兰和马绍纳兰的村庄直接从属于公司行政官的领导。村不享有自治权，也不能选举自己的地方议事机构。行政官通过发布公告和法令对村庄进行管理。此外，行政官还会就卫生、供水、森林保护、牲口休息地的选定、无主家畜及其他动物的充公等问题发布地方性管理条例。这些地方性管理条例对当地群众具有规范行为的作用，触犯者将处以罚金。为了协助工作，行政官会在村里的居民中指定两个或更多的人组成一个机构，即村级管理委员会，以加强地方管理条例的执行和落实工作。①

最后，市政府一级的管理机构仅存在于索尔兹伯里和布拉瓦约这两个大一点的城镇。市议会成员全部由选举产生，法律规定：市议会成员人数最少为 6 人，最多不得超过 24 人。在索尔兹伯里，市议会里有 10 名议员，其中包括市长和副市长。市长和副市长均由议会从议员中选举产生。与卫生委员会一样，参加市议会议员选举也有财产限制。一般来说，拥有不动产的年租金达 5—50 英镑者即获得选举权；如果拥有不动产的年租金在 50—100 英镑，则此人可获两张选票；如果超出 100 英镑，则获得三张选票。可见这种选举带有强烈的金钱政治的气息。因此不要说黑人，就连普通的白人也很难享有参政权。当选议员任期三年，每年改选其中的三分之一。市议会具有与卫生委员会类似，但更为宽泛的权力。大致说来，其职能包括致力于良好的行政与城市管理的一切事务。② 市议会可以制订地方法，一旦得到公司行政官的批准并在政府公报上发表即可生效。市议会还可以向不动产的所有者征收捐税，其数量可按资本价值或不动产年租金两种方式中的任何一种计算。市议会还可以举贷兴办公共工程，有义务清偿早先市所欠下的公债。

总之，英国南非公司占领马塔贝莱兰和马绍纳兰后，将英国业已成熟的政治模式和行政管理措施引介进来，将该地区的管理纳入比较科学和规范的轨道之中，并对涉及民生的供水、卫生等问题给予了相当大的关注，在客观上有利于维护和改善黑人群众的生活。当然，这主要是白人统治者为了加强统治的举措而已，他们自身才是最主要的受益者。还有一点必须指出的是，这种来自欧洲的政治模式（议会选举、权力制衡）和管理制

---

① Henri Rolin, *Rolin' Rhodesia*, Bulawayo, 1978, p. 72.

② Ibid., p. 74.

度（市政管理）对于马塔贝莱兰和马绍纳兰的黑人群众，特别是那些比较优秀的分子，具有很好的政治启蒙和开启民智的作用，对其提高自身政治素质和能力是有好处的。

（二）奠定了赞比亚的政治地理版图并初步将近代化的管理模式引入进来

赞比亚共和国成立于 1964 年 10 月 24 日，是一个年轻的国家，面积约为 75.3 万平方公里。① 赞比亚地处非洲内陆，因国土处于赞比西河流域而得名。1897 年，罗得西亚分成南北两部分，赞比西河北部领土即被称为北罗得西亚，也就是现今的赞比亚共和国。罗得斯及英国南非公司在攫取占领北罗得西亚领土的过程中，基本奠定了未来赞比亚共和国的政治地理版图，并将近代化的管理模式初步引介入这块原来荒蛮的非洲内陆地区，推动了该地区近代化的进程。

1. 基本奠定赞比亚地理版图

在罗得斯的英国南非公司势力侵入之前，在赞比西河以北，现今的赞比亚领土上主要生活着巴罗策人、别姆巴族、隆达族和恩贡尼族等许多非洲部族。19 世纪 80 年代，这个地区的北部、西部、东北部分别面临着比利时的刚果自由邦、葡萄牙的西非殖民地（安哥拉）和德属西南非殖民地以及德属东非殖民地，南面是马塔贝莱兰和马绍纳兰。从地理位置上看，这是一块列强环伺的地区。1889 年 10 月，英国南非公司获得特许状后，罗得斯开始把目光投向这片遥远的赞比西河以北的区域。

英国南非公司对这片区域的攫取是从东西两面分别进行的，通过缔约和争战的手段，最终将这片广袤的地区纳入英国的统治之下。

（1）通过缔约将巴罗策人的国家巴罗策兰置于公司统治下，形成所谓的西北罗得西亚。

巴罗策兰位于现今赞比亚西南部地区，19 世纪时形成巴罗策兰王国。19 世纪 80 年代，其国王为勒瓦尼卡。柏林会议后，欧洲列强加紧对非洲的争夺。此时，勒瓦尼卡统治的巴罗策兰正处于内忧外患之中。在外部它主要受到葡萄牙的威胁和南方强邻恩德贝莱人的进攻，内部则有叛乱分子意图推翻勒瓦尼卡的统治。在传教士库瓦亚和贝专纳兰的土著首领卡马的

---

① ［英］海韦尔·戴维斯：《赞比亚图志》，武汉大学外语系英语专业译，商务印书馆 1976 年版，第 14 页。

劝告下，勒瓦尼卡准备效仿贝专纳兰，争取"英国的保护"。1889 年 1
月，勒瓦尼卡致函英国政府提出给予保护的请求，但英国政府对于在那么
遥远的内陆地区建立一个保护国是否明智存在疑虑，因此，勒瓦尼卡等了
很久也没有得到英国的回复。① 这时一个名叫亨利·韦尔的金伯利商人来
到巴罗策兰，他向勒瓦尼卡提出得到巴罗策兰矿产开采的租让权的请求。
最后，勒瓦尼卡经过考虑于 1889 年 6 月许给韦尔巴罗策兰的附属地通加
地区的开矿专利权，条件是收取每年 200 英镑津贴和对开采出的矿产品抽
取 4%的矿区使用费。这就是所谓的"韦尔租让权"。②

　　罗得斯当时正在英国忙于得到皇家特许状的事情，他从英国返回后得
知"韦尔租让权"一事非常恼火。但因"韦尔租让权"是在英国南非公
司所获特许状颁发之前取得，他也没有办法反对。1889 年 12 月 23 日，
罗得斯用 9000 英镑和 10000 股英国南非公司股票的代价买下了韦尔租让
权。③ 1890 年春天，英国政府由于担心葡萄牙在赞比西河北部扩张，从而
改变了以前的态度。殖民部和外交部都倾向于和赞比西河北部地区的非洲
头人订立一些条约，形成英国势力存在该地的事实，以反对葡萄牙的企
图。④ 罗得斯即时出面，充当了英国政府这一战略转变的急先锋。1890 年
3 月，罗得斯派代理人弗兰克·洛克纳去巴罗策兰同勒瓦尼卡谈判，以获
得一项比韦尔租让权更为全面的协定，作为实现特许状上各项规定的基
础。1890 年 6 月，洛克纳同勒瓦尼卡签订《洛克纳条约》。勒瓦尼卡给予
英国南非公司在他全部领土内的矿业独占权和商业独占权，并保证不与任
何别国签订协定。勒瓦尼卡取得的报酬是获得英国的保护。英国南非公司
答应保护勒瓦尼卡及其人民不受外来侵袭，派一个英国驻节长官来，另外
付给国王矿区使用费和每年两千英镑津贴，甚至提出在巴罗策兰发展教育
和交通事业。洛克纳条约签订后不久，罗得斯就对外宣布巴罗策兰王国已
经接受了英国的保护，并以东经 20 度线作为巴罗策兰王国西部边界的分
界线。⑤ 实际上这是警告葡萄牙不得越过此线向东扩展。这条分界线后来

---

　　① J. S, Galbraith, *Crown and Charter*, p. 212.

　　② Ibid..

　　③ [英] 理查德·霍尔：《赞比亚史》，史毅祖译，商务印书馆 1973 年版，第 151 页。

　　④ J. S, Galbraith, *Crown and Charter*, p. 216.

　　⑤ Ibid., p. 220.

受到争议，为此最后在 1905 年英国人和葡萄牙人邀请意大利国王伊曼纽尔进行仲裁，伊曼纽尔大笔一挥把目前赞比亚同安哥拉的边界划在东经 22 度线上。① 1899 年英国南非公司的地位最终由英国政府发布敕令予以明确规定后，巴罗策兰从此被命名为西北罗得西亚，由英国南非公司指定行政长官加以管理，但须服从英国政府的统治。

（2）建立东北罗得西亚

罗得斯和英国南非公司在取得勒瓦尼卡王国的同时，为了控制更加靠北的地方，即卢安瓜河流域和卢瓦普拉河之间的地区，以完全实现特许状上规定的赞比西河以北地区的统治，开始了又一轮的扩张。在这个地区，罗得斯主要依靠三个人去为他谋取当地土著头人的租让条约。这三个人即哈里·约翰斯顿、艾尔弗雷德·夏普和约瑟夫·汤姆森。约翰斯顿是罗得斯在伦敦寻求特许状时认识的，两人都是狂热的扩张分子，见面以后相见恨晚。他们都主张必须打通一条从开普到开罗的完全经过英国领土的通道，这样就必须把坦噶尼喀湖以南地区抓到手中。② 罗得斯资助了约翰斯顿两千英镑，后者遂于 1889 年来到此地代表英国南非公司和当地部落缔约。夏普则是约翰斯顿雇请的，他远行于卢安瓜地区，后来又到了盛产铜的加丹加地区，一路上同许多比较小的酋长缔结了条约，但在加丹加地区没有和那里的统治者缔成条约。③ 汤姆森是罗得斯派出的一位地理学家，罗得斯给了他同样的缔约使命。汤姆森旅行于当时欧洲人还不大知道的上卡富韦和卢瓦普拉河流域，也同遇见的酋长们订了许多条约。在这个地区，英国和比利时争夺激烈。最后，加丹加地区被一个比利时远征队宣布合并于比利时的刚果自由邦。由于欧洲列强在 1885 年承认刚果自由邦是比利时势力范围时，其南部边界尚未确定，于是遂承认了比利时对加丹加地区的占领。④ 这无疑对于罗得斯的计划是一个沉重的打击。

除了缔约外，英国南非公司对于那些不愿和平谈判的当地部落也采取了武力讨伐的手段逼其就范。这类事件主要发生在和恩贡尼族、别姆巴族和隆达族等势力较大的部族接触时，对方不愿缔结条约的情形下。约翰斯

---

① ［英］理查德·霍尔：《赞比亚史》，史毅祖译，商务印书馆 1973 年版，第 211 页。

② 同上书，第 185 页。

③ ［英］廷德尔：《中非史》，陆彤之译，上海人民出版社 1973 年版，第 347 页。

④ 同上书，第 348 页。

顿、夏普和汤姆森所订的那些条约，非常有助于英国同其他列强谈判时划定英国势力范围的边界。同时也有助于英国南非公司的统治，因为1889年英国南非公司特许状中只是以模糊的语句把这一地区包括在内。订约后，由于得到某些酋长的承认，公司号称管理这一地区的权力和地位得到了加强。通过以上举措，英国南非公司到19世纪90年代基本以卡富韦河为界，河东区域形成所谓东北罗得西亚，其西为西北罗得西亚。公司在两个地区分设行政中心，1911年两个地区合并，归同一个政府管辖。

19世纪90年代，罗得斯领导下的英国南非公司通过在赞比西河北部区域的一系列扩张活动，基本奠定了后来赞比亚共和国的政治地理版图。当时土著部落尚无清晰的边界概念，例如巴罗策兰的国王勒瓦尼卡就说不出王国的边界画在哪里，但他知道自己统治下有哪些民族。① 罗得斯及英国南非公司对该区域进行了具有近代国际法意义上的边界勘定和划界。例如把巴罗策兰与葡属安哥拉边界定在东经20度线，后虽经调整至东经22度线，但公司的努力没有白费。这些活动的本质是欧洲列强为了对外宣称势力范围，更方便自己殖民扩张的一种行为，但客观上却充当了促进未来赞比亚共和国出现的不自觉的历史工具。英国南非公司通过在赞比西河北部与葡萄牙、比利时等列强的争夺，基本勾勒出了未来赞比亚共和国领土的大致轮廓，将近代国际法意义上的"边界""权力"等概念引入该地区，对于此前当地部族模糊不清的疆域概念是一种进步。同时这也有利于打破过去四分五裂的部族关系，以共同的地域观念为基础，形成各民族统合的文化和政治心理，为后来现代意义上的赞比亚共和国的出现奠定了共同的政治和心理基础。

2. 初步引入近代化管理模式

英国南非公司实现对赞比西河以北区域的占领后，为了开发与治理这个地区，像在南罗得西亚一样，逐渐把一套近代化的管理模式引入该地。但由于这里白人移民数量稀少，因此英国南非公司设在该地的管理机构与设在南罗得西亚的管理机构存在一定差异。

在行政体制方面，一开始英国南非公司对此区域实行双重行政体制的管理方式，即在东北罗得西亚和西北罗得西亚分设行政中心。东北罗得西亚的行政中心在詹姆斯堡，西北罗得西亚的行政中心先是在卡洛莫，1907

① ［英］理查德·霍尔：《赞比亚史》，史毅祖译，商务印书馆1973年版，第163页。

年以后迁至利文斯敦。后来两个行政中心合并，英国南非公司在北罗得西亚设一名行政官总管全部行政事务，其驻所在利文斯敦。和南罗得西亚行政官一样，北罗得西亚的行政官也由公司董事会任命，其任期为三年，到期可延期。北罗得西亚由于白人移民人数偏少，导致白人选民人数更少，因此很长一段时间都未设立法会议，这与南罗得西亚情况不同。关于地方一级的行政机构，北罗得西亚较之南罗得西亚也显得很简单。它缺乏南罗得西亚那样的三级制的地方行政体系，只在利文斯敦这座中心城镇存在刚刚萌芽的市政机构，其功能只相当于南罗得西亚的村级管理委员会。[①] 只是到了 1911 年，利文斯敦才出现了市政府级的委员会，它由公共事务专员任委员会主席，此外还有一名正式和一名非正式成员组成。委员会的三名成员均由南非公司行政官任免。该委员会的职能仅是监督公司行政官制订的内容涉及公共卫生和法律秩序的维护等条例与规章在当地的执行情况。由于当时利文斯敦只有大约 300 名定居者，因此这样一个初步的地方行政机构当时看来还是完全能够满足需要的。[②]

英国南非公司将北罗得西亚置于统一管理之下，其机构虽然简单，但毕竟是来自欧洲的先进的管理方式，因此效能明显。它基本结束了原来该地区部落之间的战争和掳掠，打击了阿拉伯奴隶贩子，遏止了奴隶贸易。这是此前任何本地部族力量做不出来的功绩。它使人民的生活趋于安定，村子周围的木栅栏不见了，由于不再担心受到袭击，人民可以更加广泛地分布于部落的土地上。[③] 可见，殖民统治的罪恶虽是应该肯定的，但本着具体问题具体分析的态度，我们也不能抹杀和无视西方殖民主义者带给殖民地人民的进步一面的影响和作用。罗得斯和英国南非公司带给南罗得西亚和北罗得西亚的趋向近代化意义国家的转变过程，也许可以部分说明这个问题。

第二节　罗得斯与南部非洲的现代化进程

正如本章开篇就提出的，近现代殖民主义本身就是人类历史发展中的

---

① Henri Rolin, *Rolin' Rhodesia*, Bulawayo, 1978, p. 71.

② Ibid., pp. 74–75.

③ ［英］廷德尔：《中非史》，陆彤之译，上海人民出版社 1973 年版，第 361 页。

一个悖论，不能简单地以善恶二分法的道德标准来给它下一个结论。这突出地反映在马克思提出的关于殖民主义具有"双重使命"的论述上。不管我们在思想感情上和心理上怎样排斥它，但殖民主义所带给殖民地、半殖民地国家和地区的"建设性"使命是我们不能回避的问题。由于不同的宗主国经济发展水平参差不齐，社会政治制度和文化传统各异，其对殖民地、半殖民地的政策和策略并不完全一致，因而体现"双重使命"的方式和程度也有差别。但规律性的现象是：只有到了工业资本主义时期，殖民主义的建设性使命才逐渐体现出来，而帝国主义时期正是殖民主义建设性作用最突出最有力的时期；另外，宗主国本身生产力水平越发达、政治越民主、文化越开放，其"双重使命"体现得就越彻底，反之经济落后又具有封建军事性质的殖民国家，其"双重使命"就体现得很小，甚至在某些领域带给殖民地的全是有害的东西，毫无进步性可言。[①]

塞西尔·罗得斯是 19 世纪中后期参与进大英帝国在南部非洲的殖民事业中的。当时正是英国工业资本主义高速发展，已经完成了第二次工业革命并逐渐向帝国主义阶段过渡的时期。因此马克思说的殖民主义"建设性"使命在这个阶段的南部非洲体现得较为明显。塞西尔·罗得斯也以其亲身经历和活动，在南部非洲的基础设施建设、基础产业奠基和发展方面做出了一些贡献，充当了"历史不自觉的工具"。

一　铁路建设

铁路是工业革命的产物，它的出现标志着一个新的时代的到来。就连马克思本人也承认，铁路的出现在人类历史上具有某种物质和象征意义。英国是最早发展铁路的国家之一，19 世纪中后期英国把庞大的资金投入铁路建设之中。到 19 世纪晚期，随着欧洲列强掀起瓜分非洲的狂潮，英国发展铁路的势头更加凶猛。此时的铁路已经俨然成为所谓"英国文明"的先锋，无论是固守还是拓展帝国，铁路都成了一种有力的工具。

罗得斯作为狂热的帝国主义者，其心中的"帝国梦"与铁路更是息息相关。关于铁路，罗得斯有一句名言，他说："铁路是我的右手，而电报是我的声音。"[②] 著名的"两开"计划（开普至开罗）就是设想要用铁

①　孙红旗：《殖民主义与非洲专论》，中国矿业大学出版社 2008 年版，第 197 页。

②　O. S. Nock, *Railways of Southern Africa*, London, 1971, p. 185.

路把英国在非洲的殖民地连接起来，形成纵横非洲南北的英属非洲帝国。从这个意义上看，罗得斯在南部非洲发展铁路的计划应当是其"两开"计划的组成部分，其构成主要是以罗得西亚为中心的南北向，即连接开普殖民地和罗得西亚的铁路干线和东西向即连接罗得西亚和葡属莫桑比克贝拉港的铁路干线组成的两个系统。

南北向铁路干线的修筑情况如下：

（1）金伯利—佛拉伯格区间。1889年。罗得斯正急于向英国政府申请获得特许状，以便向内陆扩张。作为交换条件，英国政府要求英国南非公司承担修筑一条从贝专纳兰向北延伸的铁路。罗得斯最后答应英国南非公司将出资50万英镑——相当于当时英国南非公司总资本一半的巨资，用以修筑这条铁路。考虑到公司资金紧张，罗得斯利用其关系网在殖民部官员和英国驻南非高级专员亨利·洛赫等人的帮助下，劝说开普政府在修路资金上出大头，回报是一旦铁路完工，开普政府享有购买的优先权。[①]1889年，罗得斯代表英国南非公司和开普殖民政府签订协议，将修路工作转包给后者。该路段的修筑工作比较顺利，1890年12月从金伯利至佛拉伯格区间段顺利完工。这条铁路修成后带来了一个副产品，奥兰治自由邦鉴于这条铁路的效益，受到鼓励，同意开普铁路系统延伸至其境内。这样很快，从开普境内出发的另一条铁路就修到了布隆方丹。[②]

（2）佛拉伯格—马弗京区间。这是上面那段铁路的向北延伸段。按照罗得斯和开普殖民政府的协议，一旦开普方面购买了金伯利至佛拉伯格区间的铁路，则罗得斯负有继续扩展南部铁路的义务。1891年，罗得斯表示将马上展开由佛拉伯格向北修筑铁路的工作。罗得斯给乔治·波林拍电报，请他到开普敦来商量修路事宜。乔治·波林是英国商人兼铁路专家，此后罗得斯在罗得西亚修筑的铁路大多委托于此人。接到邀请后，乔治·波林和其兄弟哈里一同来到开普敦。遵照罗得斯的建议，波林兄弟去了佛拉伯格，并乘马车考察了铁路所要经过的区域。1893年初，乔治·波林再次来到开普敦，他和英国南非公司秘书哈里斯博士以及顾问工程师查尔斯·麦特凯夫再次商讨修路事宜。经过再三商量和重新考察路线，波林最终和罗得斯签署了合同。这份合同得到了英国南非公司的担保。这条

---

① Maylam, *Rhodes, the Tswana and British*, pp. 83-87.

② John R. Day, *Railways of Southern Africa*, p. 32.

铁路全长 106 英里，于 1894 年顺利竣工。由于马弗京接近罗得西亚边界，因此这条铁路也被看作是罗得西亚铁路系统的第一个组成部分。[1]

（3）马弗京—布拉瓦约区间。1896 年马塔贝莱兰和马绍纳兰地区人民爆发反英大起义，同时该地区爆发危害很大的牛瘟病，导致当地许多拉车的牵引牛纷纷得病死掉，使交通运输几乎瘫痪。天灾人祸使运输费用暴涨，从马弗京至布拉瓦约的货运费用竟达每吨 200 英镑的天价。这种情形要求马弗京和布拉瓦约之间的铁路必须迅速修通。为了消除罗得西亚移民们的怨气，罗得斯授意波林不计一切代价尽快把铁路修筑完毕。[2] 波林率领工程人员抓紧施工，终于在 1897 年 10 月 19 日将铁路全线修通。11 月 4 日举行了庆祝仪式，参加仪式的重要人物很多，但罗得斯没有参加。英国驻南非高级专员米尔纳发表演讲，盛赞当天是布拉瓦约历史上伟大的一天，也是南非和大英帝国历史上伟大的一天。另外，英国殖民大臣约瑟夫·张伯伦也发来贺电。这条铁路后来被称为"光荣之路"。[3]

以上三个区间的铁路是南北向连接开普和罗得西亚的，其意义在于使内陆的罗得西亚通过铁路联系可以依托南部开普港口，加强了两地之间的关系。

下面再来看一看东西向铁路的修筑情况：

（1）贝拉—索尔兹伯里区间。贝拉是葡属东非莫桑比克的港口城市，这条铁路的修建背景是 1891 年的英葡协定的签订。1891 年 6 月，英葡两国为解决两国在非洲内陆的争端签订条约。在条约中，英国做了让步，宣布放弃对希雷河以西的领土要求，但作为补偿，葡萄牙被迫同意贝拉港向国际贸易开放，并且由贝拉港到索尔兹伯里修建一条铁路。葡萄牙政府将修建这条铁路的特许权交给一个叫范·劳的人，而此人为了牟利，竟将特许权又转卖给罗得斯的英国南非公司。罗得斯认为控制这条铁路将大大加强英国南非公司的地位，并在未来可能会造成攫取葡属东非殖民地的绝佳时机。[4] 于是，乔治·波林再次成为罗得斯修筑这条铁路的合约人之一。修筑铁路的工作从 1892 年开始，铁路轨距设计为 2 英尺宽。由于铁路所经区域地形险要且多发洪水，加之工人死于热病很多，使工程进展十分缓

---

[1]　John R. Day, *Railways of Southern Africa*, p. 47.

[2]　Mark Strage, *Cape to Cairo*, p. 109.

[3]　John R. Day, *Railways of Southern Africa*, p. 85.

[4]　Maylam, *Rhodes, the Tswana and British*, p. 49.

慢。在最艰苦的 1892—1893 年，官方公布的筑路员工伤亡数字在当时看来也十分惊人，伤亡员工竟然占到了全部员工的 60% 之多。[①] 由此可见这条铁路的建设难度有多么艰巨！到 1898 年 2 月，贝拉至乌姆塔里的 216 英里铁路线才竣工，而乌姆塔里至索尔兹伯里区间则在 1899 年 5 月 22 日完工（轨距为 3 英尺 6 英寸）。此后又对贝拉段轨距调整，也增宽至 3 英尺 6 英寸，这一工作在 1900 年终于完成。至此，从贝拉到索尔兹伯里的铁路全线竣工。1899 年英布战争爆发后，这条尚未完全竣工的铁路立刻发挥出了巨大作用，它在运输英军统帅卡宁顿将军的部队人员、马匹和装备方面派上了大用场，为解围马弗京做出了贡献。这条铁路投入使用后，刚开始由三家公司分段经营。索尔兹伯里至乌姆塔里段由马绍纳兰铁路公司经营，乌姆塔里至旁格韦河段由贝拉铁路公司经营，最后旁格韦河至贝拉段由贝拉联络公司经营。后来，改由马绍纳兰公司全线经营，它与另外两家公司分享利润。从 1929 年起，则由罗得西亚铁路公司经营索尔兹伯里至乌姆塔里段，贝拉铁路公司经营余下路段。[②]

（2）布拉瓦约—万基。1895 年"詹姆逊袭击"失败后，心灰意冷的罗得斯将主要精力投至南罗得西亚，致力于南罗得西亚的土地、劳力、原材料的发展与开发。万基拥有南罗得西亚储量丰富的煤炭资源，在那里英国南非公司具有很大的势力。于是罗得斯开始积极协调修建布拉瓦约至万基的铁路，该条铁路最终于 1903 年完工。

以上几条铁路，在津巴布韦共和国独立后仍然是该国的主要干线，无论在货运还是客运方面都发挥着卓越的作用。津巴布韦是内陆国，加之津巴布韦的进出口在国民经济中居重要地位，因而交通运输的状况对该国经济影响很大。目前，津巴布韦有五条铁路线同邻国相通，两条通往莫桑比克，两条通往南非，一条连接赞比亚，[③] 基本还是 19 世纪 90 年代由罗得斯的南非公司出面组织修建的那几条铁路。因此，我们认为罗得斯及英国南非公司在南部非洲，尤其是津巴布韦的基础设施建设方面发挥了一定的作用。虽然其本意是按照自己的面貌来改造世界，但客观上有利于殖民地

---

①　O. S. Nock, *Railways of Southern Africa*, London, 1971, p. 150.

②　John R. Day, *Railways of Southern Africa*, pp. 78-81.

③　何丽儿：《南部非洲的一颗明珠——津巴布韦》，当代世界出版社 1995 年版，第 212—213 页。

的现代化发展。

二　奠定南非钻石与黄金生产大国的世界地位

南非共和国是当代非洲经济最发达的国家，矿业、制造业、农业和服务业是其经济四大支柱。南非自然资源丰富，是世界五大矿产国之一。截至 2005 年，南非是世界最大的黄金生产国和出口国，其黄金出口额占全部对外出口额的 1/3。南非还是世界第五大钻石生产国，产量约占世界的 8.7%。南非德比尔斯公司是世界上最大的钻石生产和销售公司，总资产 200 亿美元，其营业额一度占世界钻石供应市场 90% 的份额，目前仍控制着世界粗钻石贸易的 60%。[1] 罗得斯在南非的经济模式转型方面，在南非由一个过去落后的英国殖民地向现代矿业大国转变的进程中，发挥了重要的作用。正是在罗得斯和其他企业家的共同努力下，南非才成功依托"矿业革命"的成果，并以矿业立国带动其他产业的兴起和发展，最终帮助南非走上了现代化发展的道路。

（一）奠定南非钻石大国的世界地位

南非的"矿业革命"大约发生于 19 世纪 60 年代后期，延续至 20 世纪初。之所以称为"革命"，是因为这半个世纪的南非矿业迅猛发展，其对南非产生的影响不亚于一场政治革命，它以暴风骤雨之势改变了南非的历史进程，并给南非政治、经济和社会关系等领域带来翻天覆地的变化，使南非走上了工业化的道路。[2] 罗得斯是 1871 年来到英属南部非洲殖民地的，当时正赶上这股潮流。罗得斯在和兄长进行了短期农业经营后，也很快来到金伯利投身于"矿业革命"的风暴之中。1880 年，在积累了部分资金和经验后，罗得斯创办了德比尔斯矿业公司，开始在较高层次上进行金刚石矿的采掘和钻石的生产与销售工作。在利益的驱使下，当时在南非的四大钻石生产矿区像雨后春笋般涌现出许多矿区份地[3]所有者。[4] 据开普殖民地政府文件记载：1881 年，在金伯利地区有矿区份地 420 份，

---

[1]　数字来源：2005 年南非经济季评，见非洲投资网。

[2]　艾周昌、舒运国、沐涛、张忠祥：《南非现代化研究》，华东师范大学出版社 2000 年版，第 51 页。

[3]　标准大概为 31×31 英尺。

[4]　包括注册公司、私人合营公司和个体矿工。

所有者 39 个（其中公司 17 个）；在德比尔斯地区有矿区份地 610 份，所有者 34 个（其中公司 18 个）；在杜托伊斯潘地区有矿区份地 1453 份，所有者 51 个（其中公司 18 个）；在伯尔特方丹地区有矿区份地 1003 份，所有者 37 个（其中公司 16 个）。① 由此可见，当时南非金刚石矿生产与经营的热闹场面。但是就在这层热闹表面的背后，其实隐藏着深刻的危机。一方面，由于经营户数众多，缺乏统一管理，势必带来行业的无序与紊乱；另一方面随着采掘深度的加深和对资金与技术设备需求的增大，也使这种大量散户小规模分散经营的局面难以维系。随后几年，矛盾果然显现出来。大小份地所有者展开疯狂竞争，造成钻石产量不断增加，难以控制，带来的直接后果就是钻石价格不稳定，呈现快速下跌趋势。另外一个不利是，由于众多不同公司和人员拥挤在方圆很小的面积上开采，互相之间不仅产生矛盾而且伴随着工作面的下降、环境的污染，许多中小公司和矿区份地所有者难于承受相应技术设备和资金的要求。因此，开采常常造成坍塌事故，引起人员伤亡。这一切都造成南非金刚石业采掘成本的攀升和产量的波动，对于南非钻石业在世界市场上的竞争力非常不利。而对这一形势，罗得斯非常不安。他敏锐地觉察出南非钻石业正处于发展的瓶颈阶段，他认为解决这一困局的唯一办法就是实行兼并战略，即由少数资本雄厚的大企业将不符合行业发展要求的中小企业和个人份地吞并，以统一有序的方式经营和管理钻石业的生产与销售，控制产量，稳定价格。循着这一思路，罗得斯展开了大规模的雷厉风行的兼并活动。在英国金融资本的大力支持下，罗得斯不仅以摧枯拉朽之势吞并了众多中小公司，而且令人难以置信地鲸吞了当时南非钻石业的另一巨头——巴尔纳托的金伯利中央公司，最后统一了四个矿区。统一后的集约化经营与管理，结束了以往南非钻石业的杂乱无章与恶性竞争，使钻石业焕发生机。从 1890 年起，罗得斯的德比尔斯联合矿业公司已经可以控制钻石产量、左右钻石价格了，并掌握了全世界 90% 的钻石生产与销售。从此，德比尔斯联合矿业公司成了全世界钻石业的"巨无霸"，今天仍是世界上举足轻重的经营钻石加工与销售的大公司。南非也因此一跃成为世界主要钻石供应国。

罗得斯对于南非成为钻石大国的另一贡献，在于其重视技术设备的采用和管理方法的更新。为了提高企业的竞争能力，降低生产成本，罗得斯

---

① *Cape Colony Parliamentary Papers*, Cape Town, 1882.

及德比尔斯矿业公司非常重视在生产过程中对机器设备的采用。1883 年，德比尔斯公司只有四套拖运机、三台（套）转轮式冲选机及配套水泵用于矿区份地的施工。但到 1888 年大兼并即将完成之时，公司已有七套拖运机、十二台驱动式冲选机以及三台水泵，总引擎动力达到 355 马力。①在当时机器设备价格昂贵的情况下，增幅已很可观。

此外，在管理方法上创造了"矿工院"等管理模式。鉴于有部分黑人矿工在生产中有偷窃钻石的嫌疑。罗得斯与德比尔斯公司高层领导决定修建封闭的矿工院，将所有签订了大约三个月短期合同的黑人工人圈住在里面。1884 年后，其他公司纷纷效仿这种管理方式。此外，德比尔斯公司还设立了类似政府的劳动教养所的机构，开始雇用犯了罪的非洲人在矿区的某些地区从事冲洗矿砂和分选工作。这种情况一直延续到 20 世纪 30 年代初。罗得斯等德比尔斯公司领导认为使用犯罪的非洲人工作主要有三个好处：其一是效率高；其二是可以对这些犯罪的工人实行严格的管理和监督而不必顾虑太多；其三是价格便宜而且还可以利用他们和自由劳工竞争，压低后者的工资。②除此之外，德比尔斯公司也试图对白人矿工实行搜查，以制止偷窃行为，但结果遭到了失败，并酿成 1883 年白人矿工骚乱事件。为了对付偷盗事件，德比尔斯公司甚至雇用侦探机构，采用假的、充作诱饵的钻石来抓捕罪犯。另外，在工人生活区，德比尔斯公司向工人出售仅收取成本价的食物和服装，对于违犯公司纪律的工人征收罚款，还尽力减少酗酒和不同种族工人之间的争吵和矛盾。诚然"矿工院"制度和剥削犯了罪的非洲人是对人性的一种侮辱和不尊重，但这些措施的客观效果是明显的，对于打击盗窃行为、限制钻石的不法黑市交易以及降低生产成本起到了一定作用。

（二）对南非成为世界黄金生产大国具有推动作用

南非黄金的发现大约在 19 世纪 80 年代，地点在德兰士瓦的兰德地区。消息传出后引起轰动，境内外的白人和黑人蜂拥而至，很快在矿区诞生了一个新的城市，即有"黄金之都"称号的约翰内斯堡。兰德大金矿发现后，包括罗得斯在内的金伯利的矿业资本家把开采钻石获得的巨额利

---

① Colin Newbury, *Technology, Capital, and Consolidation*, p. 13.

② Rob Turrell, *Kimberley's Model Compounds*, The Journal of African History, Vol. 25, No. 1 (1984), pp. 59-75.

润投资到兰德金矿，为南非迅速赶超美国和澳大利亚成为世界最大产金国发挥了推动作用。

兰德矿脉的特点是处于地层深处，有几个矿在地下8000多英尺，其中"皇冠矿"竟深达9020英尺，另外一个特点是黄金矿的品位较低，需要采用先进的设备开采和提炼。[①] 这种情况是小矿主们难以应对的，只有拥有雄厚资金的大公司才有能力解决这一难题。

1887年，罗得斯组建了南非金矿公司投入对兰德金矿的开采工作。1892年南非金矿公司已发展成为大型股份公司，易名为"南非统一金矿公司"。鉴于兰德金矿的特点，罗得斯果断决定采取新的开采技术，并聘请最好的外国矿业专家来南非帮助、指导金矿的开采工作。在这一思想指导下，罗得斯等南非资本家不惜血本装备最好的技术设备，如最先进的机械设备、通风设备和技术要求很高的氰化法等。[②] 另外从世界各地高薪延聘矿业专家，这些专家中有不少人既有实践知识也有理论水平，其中大多来自美国。这些专家带来的先进的矿砂提取技术以及其他采矿和工程方面的专门技能大大提高了兰德金矿的生产能力。尤其在深层采掘方面收获更丰。19世纪80年代，许多兰德矿区的公司垂直开采深度只能到3000英尺，到90年代，在这些海外专家特别是来自美国的专家的指导下，罗得斯等兰德矿区的大资本家们利用这些外国专家的专业知识以及丰富的实践经验，已使公司具备了在以前不敢想象的深度进行开采的能力。[③]

罗得斯等南非资本家的努力收到了丰硕的回报。从1885年以后，德兰士瓦金矿业发展速度加剧，十年后（1895年）德兰士瓦已成为世界顶级黄金生产地区。仅在兰德金矿一地，当年就生产出接近全世界黄金总产量1/5份额的产量。1898年，南非黄金产量首次超过美国和澳大利亚，成为世界最大产金国，当年产量占世界黄金生产量的27.55%。[④] 在此后百年间，南非一直雄踞世界黄金生产第一大国的宝座。黄金业已经当仁不让地成为南非的支柱产业，并对其他产业部门产生连带影响。由黄金产业

---

① 艾周昌、舒运国、沐涛、张忠祥：《南非现代化研究》，华东师范大学出版社2000年版，第59页。

② 同上。

③ Hatch and Chalmers, *Gold mines*, pp. 104-105.

④ L. Thompson, *A History of South Africa*, 1990, p. 120.

的勃兴而直接受到刺激的行业有爆破行业、土木工程行业、钢缆制造业、鞋袜制造业等许多行业，另外也为许多农产品提供了消费市场。[①] 可见矿业革命特别是黄金产业，实际上已成为启动南非经济现代化的最初的一把钥匙，它加速了一批制造业的产生与发展，成为南非走上现代化道路的产业基础和平台。而罗得斯等早期南非矿业资本家们正是这一切现象背后的最深层的动力因素。

三　对南非农业和畜牧业发展的促进作用

南非虽以矿业立国，但其国民经济并非畸形发展。在南非国民经济体系中，农牧业占有的比重也不小，南非是一个农牧业也比较发达的国家。原苏联学者莫伊谢耶娃指出："农业是南非共和国主要经济部门之一，全国32%以上的自立居民从事农业。三分之二的土著居民的基本生活来源是农业提供的。农业收入占国民收入的11%—12%。……而畜牧业是南非农业的主要部门。"[②] 19世纪80—90年代是南非农牧业发展的重要时期，经历着由此前的粗放型经营向科学化和政府指导型的现代农牧业的转变。罗得斯1890年担任开普总理后，他及其领导下的开普政府对于开普农牧业的发展投入了比较大的精力，取得了显著的成效，对于南非农牧业的现代化转型发挥了很大的促进作用。

罗得斯重视农牧业的原因主要来自两个方面的考虑：其一，罗得斯虽然身为矿业大亨，但他很有远见，从未忽视农牧业在经济结构中的重要性。[③] 他担心过分倚重于矿业，可能会在矿产枯竭时给国民经济带来无法挽回的损失，因此必须重视农业与牧业的发展。其二，为了获得政治上的支持，发展农牧业是为了取悦开普的阿非利卡农民。开普的阿非利卡人多以农牧业作为职业，他们很注意维护自己的权益。自1872年开普殖民地引进责任政府以后，开普的阿非利卡农民就一直成为影响开普政治发展的一个重要角色。开普殖民地的第一任总理约翰·蒙太诺就是养羊的农户出身，1876年他建立了兽医部的核心机构。因此，19世纪70年代后开普的

---

① D. H. Houghton, *The South African Economy*, 1976, p. 114.

② ［苏］莫伊谢耶娃：《南非共和国经济地理概况》，开封师范学院地理系译，河南人民出版社1977年版，第103—121页。

③ J. G.. Lockhart and C. M. Woodhouse, *Cecil Rhodes*, p. 193.

政治传统中，阿非利卡农民一直具有相当大的影响力，蒙太诺之后的历届政府对于农业发展都给予了一定的关注。

罗得斯在担任总理前就很注意与开普的阿非利卡人政党——"阿非利卡人协会"保持友好关系。他同该协会负责人霍夫梅尔甚至成了政治盟友。1890年，罗得斯当选开普总理就与"阿非利卡人协会"和霍夫梅尔的鼎力支持分不开。而"阿非利卡人协会"的前身是霍夫梅尔建立的农民组织"保护农民协会"（ZABBV）。因此，罗得斯出于政治考虑积极发展开普的农牧业，维护阿非利卡农民的利益就不难理解了。在发展开普的农牧业方面，罗得斯政府的措施力度很大，具体内容如下：

1. 设立专门的农业主管领导岗位，协调农业发展。

1892年，罗得斯政府设立农业部长这一永久性职务统管开普农业事务。首任人选是罗得斯的朋友约翰·马里曼。马里曼非常热衷于加强开普的商用园艺部门，而且自己还在靠近斯泰伦博什附近买有农场从事商用园艺的开发工作。他认为要改造开普的西部省地区就必须依靠发展水果业，成功的水果业是复兴这个地区的最合适的行业。① 结果，开普政府采纳了马里曼的建议，于1893年派出一个名叫皮鲁斯·希利的园艺专家去美国加利福尼亚州学习美国的园艺方法和技术。设立农业部长这一职务，表明了罗得斯政府期望在更高规格和层次上发展农业的决心，也标志着开普政府主导型农业发展的正式开始。

2. 积极引进国外先进的农学和昆虫学等知识，聘请国外农学专家帮助解决难题。

如同在兰德金矿大发展期间，罗得斯大力引进外国技术人员和专门技能一样，为了发展开普农业，解决棘手问题，罗得斯及开普政府也实施了同样的引智战略，从国外引进大量人才，包括兽医、水力工程师、农学家和昆虫学家，以服务开普农业发展。由于开普殖民地在气候上属于地中海气候，同美国加利福尼亚州和澳大利亚的沿海地区气候相同，因此，罗得斯尤为注意吸收美、澳等国成功的农业知识和经验以解决本国农业面临的难题。当时开普一些比较大的农场主要求政府干预农业生产以解决农场、园艺场里病虫害蔓延的现象。罗得斯及开普政府迅速采纳这一建议，决定

① P. Lewsen, ed., *Selections from the correspondence of J. X. Merriman*, Vol. 2, 1890–1898, p. 68.

向美国求援，请求美国派出一名昆虫学家帮助开普渡过难关。美国农业部门于是派出杰出的昆虫学家杰尔斯·罗斯贝里到开普指导工作。在美国专家的指导下，罗得斯及开普政府引进美国瓢虫，用生物相克的原理，解决了开普殖民地橘园的病虫害问题。此外，在美国专家的帮助下，开普的水果种植业还充分吸收加利福尼亚果园的最好的种植方法和水果包装经验，使开普水果远销海外。

3. 制订法规，引进优良品种，改善开普农牧产品质量。

为了控制家畜传染病的蔓延，罗得斯甚至不顾部分阿非利卡养殖户的强烈反对制定了强制性的法规，要求养殖户执行，体现了他发展开普农牧业的果断和决心。在罗得斯的坚持下，1894 年开普政府通过了《羊疥癣法》（Scab Act），该法通过对感染上羊疥癣病的羊群实行强制隔离的办法，实际上拯救了濒临灭亡的开普羊毛业。[①] 此外，对于优良农牧品种的引进，罗得斯也给予了很大的关注，有时他还亲力亲为。由于葡萄树遭到葡蚜的攻击，导致开普葡萄酒业陷于危险之中，在罗得斯的关心下，开普从美国引进可以对葡蚜免疫的葡萄树种发给农户，从而化解了这场危机。为了提高开普葡萄酒的档次和质量，罗得斯还亲自学习法国的葡萄酒文化，并将其经验传授给开普葡萄种植户。为了把开普和澳大利亚等殖民地的葡萄酒打入英国市场，对抗强大的法国葡萄酒业的竞争。他还积极向英国政府建议给予来自殖民地的葡萄酒以优先权，但是英国政府顽固坚持所谓自由贸易的立场，同时害怕得罪法国，最终拒绝了罗得斯的建议。[②] 在罗得斯的努力下，开普葡萄酒业发展迅速，并为后来南非葡萄酒业取得享誉世界的地位奠定了良好的基础。1894 年，罗得斯出访土耳其首都君士坦丁堡，在繁忙的公务之余他也不忘关心开普农户的利益。他劝说土耳其素丹向他提供了一些优良的安哥拉山羊种羊，回去后交付农业部门和开普山羊杂交，从而提高了开普山羊的羊毛质量。此外，他还积极引进优良的阿拉伯种马，改善开普马匹的品种，并向印度大量出口开普马匹。[③]

1890—1895 年，罗得斯担任了五年的开普总理。在任职期间，他为发展开普的农牧业做了许多有益的工作。他对农村和农业的热衷程度超过

---

① J. G. . Lockhart and C. M. Woodhouse, *Cecil Rhodes*, p. 193.

② Basil Williams, *Cecil Rhodes*, pp. 194-195.

③ Ibid., p. 194.

此前任何一位总理，令开普的阿非利卡农户和"阿非利卡人协会"都非常满意。总之，罗得斯积极引进最新的国外技术和农学知识，聘请外国专家发展农牧业的战略思想和举措都是得当的，是富有远见和气魄的，应予肯定。在罗得斯及其政府的指导下，开普农业实现了由过去的自给自足型向现代化、科学化的农业生产和经营模式的转变，奠定了未来南非成为农牧业发达国家的基础，并使其国民经济结构合理化，避免了过分倚重矿业发展的畸形经济格局的出现，为南非成为今日非洲工农业均最发达的国家做出了贡献。

第三节　人性的污点——对南部非洲原住民的残酷剥削与掠夺

罗得斯是19世纪中后期英国在南部非洲推行殖民统治和殖民扩张的代理人之一，他在殖民非洲的过程中创造出的"矿工院"制度以及指挥英国南非公司统治罗得西亚期间对非洲人民进行过残酷压榨与剥削，鲜明地例证了殖民主义的"破坏性"给这块苦难深重的大陆带来的危害是多么巨大。

一　打着文明旗号的奴隶制度——"矿工院"制度

矿工院，英文名称为 Compound System。矿工院制度是19世纪80年代初由德比尔斯矿业公司发明的一项针对黑人矿工的管理制度。1884年后，许多其他公司纷纷效仿采用这项制度。英国南非公司占领马绍纳兰和马塔贝莱兰后，矿工院制度也被带到那里的金矿产区。矿工院制度是罗得斯及其同伙一手策划完成的，据说是为了减少黑人矿工的偷窃行为（偷窃钻石）。德比尔斯联合矿业公司的总经理加德纳·威廉姆斯恬不知耻地说："与矿工院外的土著人相比，居住在矿工院里的土著人无论是在住房还是饮食方面都享有更好的条件。他们比欧洲其他国家的矿工收入都高。公司在矿工院设置了医院，工人生病或工伤都可免费获得医治，而且在这种制度下事故也比以前减少了。"[1] 情况果真如此吗？其实完全是另外一个样。矿工院的特点是：将黑人矿工集中圈住在营地里，周围架设铁栏杆

---

[1]　*Cape Parliamentary Papers*, *Reports of Inspectors of Diamond Mines*, G22, 9.

或带刺铁丝网。签订了短期合同（一般为三个月）的黑人矿工，在契约期内不得离开矿工院，其行动受到严密监视。德比尔斯公司的矿工院"没有顶棚，但是有铁丝网覆盖，以防止有人把物件扔到院外。矿工从一个地下入口处走向矿场。……院里沿着大墙的内侧建造了一些供黑人工余生活和睡觉的小棚屋"。矿工院里混居着不同种族的人：祖鲁人、巴苏陀人、马塔贝莱人、贝专纳兰人、来自葡萄牙属地的人，以及来自赞比西河两岸的人。矿工们只能从公司开设的商店购买食品、衣服、药物等生活用品，不得把烈性酒以及黑人或白人访客带进院内。① 尤为恶劣的是，在矿工的契约即将到期的前三四天，矿工们将被带进公司设立的"拘留中心"。在那里公司警卫人员将给矿工们服泻药通便，以防他们将钻石吞进胃里。可见，矿工院制度完全是打着文明旗号的实质上的奴隶制，矿工院的种族隔离和斑斑劣迹甚至在当时就受到了公众的强烈批评。② 矿工院使非洲工人与外界的联系完全隔绝了。到 1889 年，开普的所有非洲籍工人（约为 10000 人）都被圈进这种矿工院中。③

矿工院里的工作条件非常恶劣，工人安全很难得到保障。由于作业面不断下降，加之常年开采，使金伯利和德比尔斯矿区形成巨大的蜂窝状组织，给工人的生命安全带来极大威胁。当时在地面下的矿井里，照明手段主要靠蜡烛，而矿井中的沼气很多，因此这也成为吞噬工人生命的另一大杀手。还在罗得斯统一四个金刚石矿区之前，为了打败巴尔纳托的金伯利中央金刚石公司，他的德比尔斯公司无视安全生产条例，逼迫工人扩大产量，结果造成重大事故。1888 年 7 月，即罗得斯打败巴尔纳托建立德比尔斯联合矿业公司不久，德比尔斯矿区又发生了一次重大矿难，致使 178 名非洲矿工死亡。④ 此外，矿工院的生活条件也很糟糕，各种疾病横生也对工人的生命健康构成重大威胁。矿工院里住宿拥挤、饮食恶劣加之温差变化过大，使很多工人患上肺病。但德比尔斯公司在 19 世纪 80—90 年代，对矿工院中工人住宿条件过于拥挤的状况几乎未做任何改进。因此造

---

① ［美］斯蒂芬·坎弗：《钻石帝国》，洪允息译，新华出版社 1998 年版，第 81 页。

② 同上书，第 82 页。

③ *Cape Parliamentary Papers*, *Blue Book for Native Affairs*, G4, 57.

④ University of Cape Town, Judge Paper B47, *Commission of Enquiry into the De Beers Disaster*, 4 Aug. 1888.

成整个90年代肺炎始终是矿工院里威胁工人健康的头号杀手。面对这种情况，德比尔斯公司的一位高级雇员斯通尼博士在1900年不得不承认："只要矿工院里居住过于拥挤的状况继续下去，那么肺炎将始终是导致死亡的最大原因。"① 矿工院中的拥挤状况在德比尔斯联合矿业公司建立后变得更加严重，生产垄断反而导致了矿工院居住状况的进一步集中化。1889年大约10000名非洲籍矿工生活在17座矿工院里，② 但到1896年仅三座矿工院就容纳了约5000名矿工。③ 1896年后，德比尔斯联合矿业公司工人规模增加很快，但矿工院里工人的居住空间并没有相应扩大，公司迫使工人们实行轮班制三班倒，使工人们被迫分享有限的居住空间。除了拥挤，住在矿工院里也很冷。非洲工人住的地方通常都没有门，工人们就裹着毯子席地而卧，公司说这样做是为了通风换气。可以想见这种条件在夏天和白天也许工人还可以勉强对付，但在寒冷的冬天和夜里工人们是无论如何也难以承受的。因此就出现了本该晚上才当班的工人常常下午就下井了的现象，因为待在井里比待在矿工院的宿舍里还要暖和些。最后，矿工院里针对非洲工人的医疗设施也几乎没有。矿工们一旦生病就往往被送到金伯利的监狱去。那时的监狱除了具备监禁的功能外，还具有其他一些功能，比如精神病院、罪犯和患慢性疾病的穷人治病的医院以及无处可去的穷人的避难所，等等。正规医院的床位对非洲人是限制的，因此他们只能来这里。这种情况造成矿工院工人的死亡率居高不下的局面很长时间都难以遏制。英国南非公司占领河间地区后，又把矿工院制度带到那里的金矿矿区，结果又造成同样的恶劣现象的发生。20世纪上半期，在河间地区矿区工作的非洲工人的死亡率直线上升。据统计，在1906—1915年期间，每年非洲工人的死亡率都达到了骇人听闻的每千人43.40人的高比例。④ 个中原因不外乎恶劣的饮食和起居条件造成的疾病特别是肺炎所致。⑤

　　但是，矿工院制度不能看作简单的个案现象，它其实具有深远的意义

① *Cape Parliamentary Papers*, *Blue Book on Native Affairs*, G52, 74.

② Ibid., G4, 57.

③ Cape Archives Depot, *Craven to Secretary of Native Affairs*, 23 June 1896.

④ C. van Onselen, *Chibaro: African Mine Labour in Southern Rhodesia* 1900-1933, London, 1976, p.50.

⑤ Ibid., 57.

与影响。学者郑家馨认为，英国人于 19 世纪 80 年代在非洲创造的"矿工院"制度正好与美洲赤裸裸的奴隶制的最后终结相衔接，在殖民主义史上具有重大意义。矿工院制度的出现表明，资本主义制度发展到了成熟阶段更加需要使用"全球范围的劳动力"和原料，尤其是非资本主义世界的劳动力和原料。因为按照马克思主义政治经济学的观点，从构成剩余价值的可变资本和不变资本的角度看，它们都是最廉价的，因而利润率可能最高。他进一步指出，矿工院制度的出现是 1807 年废除奴隶贸易以来，英国资本苦寻几十年的一种新的经济模式终于在南非金伯利地区获得成功的体现。它表明，欧洲资本开始认识到，把黑人留在非洲生产和开发各种原料，而不把他们运住美洲，既可以解决开发非洲的劳动力问题，又可以为欧洲工业品开辟广大销售市场。同时，由于 19 世纪地球上绝大部分资源和劳动力尚处于前资本主义生产形态范围内，欧洲中心区的资本为了获取超额利润需要对外围地区（包括非洲地区）采取超经济的强制力量和无情的措施。南非的金伯利矿区和稍后发现的兰德金矿区都是如此。① 因此，从这个意义上讲，矿工院制度便不能简单地视作德比尔斯公司针对黑人矿工的一种管理制度。其在殖民主义史上的重要意义在于：在自由资本主义时期，欧洲列强殖民非洲的过程中，罗得斯根据 19 世纪欧洲资本的特点，在非洲率先发明或采用了一种新的掠夺劳动力的形态。郑家馨先生将其命名为"殖民主义掠夺劳动力制度第二型"。

矿工院制度是打着文明旗号的现代奴隶制。它通过签订契约、付工资的形式，表面看似平等，实际上对工人实行超强度的剥削，黑人矿工工资被压得极低。资本家完全不负担任何劳动力本身再生产的费用，矿主利润率极高。矿工院制度也引起了早期无产阶级先驱和思想家卢森堡的关注，她认为矿工院制度是资本主义维持其资本积累的一种方式。② 正是矿工院制度所带来的高额利润回报，才使罗得斯的德比尔斯矿业公司在 19 世纪80 年代金伯利地区的矿主竞争中脱颖而出，并最终为罗得斯兼并、统一整个南非金刚石矿区提供了一个必要条件。

---

① 郑家馨主编：《殖民主义史·非洲卷》，北京大学出版社 2000 年版，第 25 页。

② ［德］卢森堡：《资本积累论》，彭坐舜等译，生活·读书·新知三联书店 1959 年版，第287—288 页。

二 残暴统治与 1896—1897 年反英大起义

英国南非公司军队在推翻洛本古拉统治后，在罗得斯的领导下对马塔贝莱人和马绍纳人实施了残酷奴役与掠夺，主要表现在以下三个方面。

（一）掠夺土地资源

英国南非公司掠夺洛本古拉王国土地资源的企图，其实在很早以前就开始制定了。1893 年 8 月 14 日，罗得斯的政治伙伴詹姆逊以英国南非公司名义招募志愿兵进攻洛本古拉时，就拟定了一个关于志愿兵服役条件的文件。其中两个涉及土地问题的条款说："每个成员将有权在马塔贝莱兰的任何部分圈定一个六千亩的农场"，"掠获的东西半数归英国南非公司，半数在官兵中平分"[1]。露骨地暴露出罗得斯及英国南非公司发动战争的目的，就是要掠夺洛本古拉王国的土地资源。征服马塔贝莱兰后，罗得斯更是明目张胆地对即将解散的"拓荒队"成员说："你们已经征服了马塔贝莱兰……现在是你们选择土地的时候了。这是你们的权利，因为你们曾经征服了这个国家。"1894 年，英国南非公司开始设立"土著保留地"，把马塔贝莱兰人赶进土地贫瘠和水源供给不充沛的地区，堂而皇之地掠夺了马塔贝莱兰原来适宜农耕和放牧的大量土地。[2] 英国殖民者入侵前，马塔贝莱兰人占地 1 万—1.1 万平方英里，1894 年经英国南非公司土地专员划定的马塔贝莱兰人的两个保留地，总面积不超过 6500 平方英里。失去土地的马塔贝莱兰人为了生存，只有被迫为欧洲人劳动才能继续居住在他们世代生活的土地上。[3]

（二）掠夺牲畜

英国南非公司的军队攻入洛本古拉王国后，无论是公司官员还是公司雇佣的"拓荒队员"都大肆抢掠马塔贝莱兰人的牲畜。[4] 国王洛本古拉的牛群是由部落成员照管的，南非公司就以没收洛本古拉的牲畜为名，把马塔贝莱兰人和马绍纳兰人的私人牲畜一并抢走。据估计，在 1894 年前马

---

① ［南非］本·姆恰利：《罗得西亚冲突的背景》，史凌山译，商务印书馆 1973 年版，第 56 页。

② *Zimbabwe：a country study*，p. 21.

③ 何丽儿：《南部非洲的一颗明珠——津巴布韦》，当代世界出版社 1995 年版，第 68 页。

④ H. R. Fox, *Matabeland and the chartered company*，p. 20.

塔贝莱兰人有牲畜 20 万头，而到 1896 年只剩下了 40930 头了。[①] 短短几年，就被英国殖民者掠去 4/5 的牲畜。英国南非公司的凶猛由此可见一斑。牲畜在马塔贝莱兰人生活中占据重要地位，它们既是财富的标志，又是肉食和奶类的来源。因此，大量牲畜被掠夺严重影响了马塔贝莱兰人的生活，激起他们强烈的愤慨。

（三）征收茅屋税和强迫劳动

英国南非公司占领马塔贝莱兰和马绍纳兰后开设了许多矿山和农场。为了让当地人为他们干活，获得劳动力，南非公司一般采取征收茅屋税和强迫劳动两种方式。向马塔贝莱兰和马绍纳兰的非洲人征税是从 1894 年开始的。白人虚伪地说："茅屋税是一种极好的和必要的制度。"因为为了交这种税，非洲人就得去做工，而做工可以改变他们懒惰的习性，使他们改邪归正。[②] 起先茅屋税向所有非洲男性征收，后来在 1901 年进行了修订，将被征收男性的年龄定在 18 岁以上。[③] 茅屋税使马塔贝莱兰人和马绍纳兰人都感到气愤和屈辱，因为它迫使他们离开家园、朋友、畜群和田地，迫使他们在白人的矿场和农场里做工，以换取少得可怜的工钱。[④]

英国南非公司获取非洲劳动力的另一条途径是强迫劳动。在矿山和其他地方干活的许多非洲人是被抓来的。英国南非公司用强制手段和严厉措施去获得额外的劳动力。为此，他们甚至在 1895 年 5 月成立了一支由土著人组成的警察部队，其成员主要是原来洛本古拉军队中最好的士兵。英国南非公司给他们配备了马提尼—亨利步枪、子弹袋、刺刀、背包等装备，让他们去很多地方替公司抓获劳动力，实施卑鄙的用非洲人对付非洲人的政策。刚开始时，这支土著警察部队只有大约 150 人。至 1895 年 8 月，人数增加到 200 人，1896 年 3 月达到 500 余人。可见南非公司对这支部队的倚重。[⑤] 英国南非公司利用这支豢养的鹰犬替他们大肆抓捕非洲人以充实劳动力大军。英国南非公司土著专员泰勒在 1896 年 2 月 27 日的一

---

① H. R. Fox, *Matabeland and the chartered company*, p. 34.

② ［南非］本·姆恰利：《罗得西亚冲突的背景》，史凌山译，商务印书馆 1973 年版，第 51 页。

③ Henri Rolin, *Rolin' Rhodesia*, Bulawayo, 1978, p. 182.

④ ［南非］本·姆恰利：《罗得西亚冲突的背景》，史凌山译，商务印书馆 1973 年版，第 52 页。

⑤ H. R. Fox, *Matabeland and the chartered company*, p. 26.

封信中曾提到抓到 9102 个非洲男孩充作劳动力的事情，并沾沾自喜地把功劳归于自己。① 由此可见，南非公司在马塔贝莱兰和马绍纳兰推行强迫劳动的危害之烈。除此之外，殖民者还经常使用体罚驱使当地人劳动，违者要挨 25 皮鞭。由于实行强迫劳动，非洲人被警察押去首都或矿山干活，致使一些地方几乎渺无人烟了。

英国南非公司作为外来异质文明（相对于土著人而言）的载体，它的到来和无情的掠夺政策，彻底破坏了马塔贝莱兰和马绍纳兰人传统的生活方式和村社制度，使土著人生活在痛苦之中。白人对土著人土地的野心和控制力是无止境的，他们不仅抢占土地和牲畜，还强迫土著人做工，逐渐使土著人沦落为被奴役和依附的地位。② 富有正义感的英国传教士卡内岐曾经记述了非洲人的呼声："我们的国家已经死亡。我们的牲畜已被掠夺。我们的同胞流离失所。我们无以为生。妻子离弃我们，白人任意调戏她们。我们是白人的奴隶，他们不把我们当人，没有任何权利或法律。"③

正是由于以上原因，1896—1897 年马塔贝莱兰和马绍纳兰地区爆发了针对英国南非公司统治的反英大起义。这次起义在津巴布韦历史上占有重要地位，津巴布韦人民称这次起义为"第一次奇穆伦加"④。马塔贝莱人和马绍纳人联合起来反抗白人统治是英国殖民者想不到的，原来他们总以自己是绍纳人的解放者自居。爱好和平、懦弱的绍纳人能和他们以前的敌人马塔贝莱人联合起来共同起义，从另一个侧面说明了英国南非公司对土著人的剥削与掠夺是多么深重！为了镇压起义，英国殖民政府从开普和纳塔尔调来正规军，任命弗雷德里克·卡林顿将军为英军总指挥。罗得斯甚至亲自出面，冒着危险，深入马塔贝莱起义军的根据地马托波山同马塔贝莱人首领谈判，答应了一些妥协性的条件。1896—1897 年反英大起义持续了一年半之久，起义地区几乎遍及整个赞比西河与林波河之间，给殖民者以沉重打击，迫使罗得斯和英国南非公司从起义中吸取教训，改变了统治策略。他们在马塔贝莱兰开始收买军事首领和部落酋长作为其统治工

---

① H. R. Fox, *Matabeland and the chartered company*, p. 31.

② Arthur Keppel-Jones, *Rhodes and Rhodesia—The White Conquest of Zimbabwe* 1884-1902, p. 440.

③ 何丽儿:《南部非洲的一颗明珠——津巴布韦》，当代世界出版社 1995 年版，第 68—69 页。

④ 奇穆伦加，绍纳语，意为抵抗或起义。

具；在马绍纳兰则推荐忠顺于英国的部族领导人。1896—1897 年反英大起义所具有的历史意义甚至得到了西方学者的高度评价。例如，美国历史学家 L. W. 鲍曼就认为，1896—1897 年起义是整个非洲史上最成功的抵抗欧洲人入侵的尝试。①

综上，笔者以马克思的"双重使命说"为理论依托，对罗得斯在 19 世纪中后期的非洲殖民事业做了扼要评价。正如本章开篇所言，殖民主义现象是人类历史和文明发展进程中的一个悖论，那么对于殖民主义者这一悖论中的人的因素的分析其实也是有困难的。我们无法用善恶两分法，或是简单的好与坏来给罗得斯下结论。如果非要那么做，其实只能表明我们对这一问题的认知还不够深刻。因此，笔者认为至少在当前阶段我们对殖民主义和殖民人物的分析方法上，还不能做到在理论上对"双重使命说"的超越。在评判殖民主义问题时，"双重使命说"仍然是具有生命力的一种分析工具。"双重使命说"的意义正在于它坚持历史性，反对把评判者自己的思想强加给历史人物或做出肤浅的历史类比。它强调从历史事实出发研究和评价人和事，强调把人的活动和社会历史条件联系起来，承认人是在既定历史条件和环境下创造历史的。这样，对于我们在做具体历史分析时排除简单的、从主观出发的爱憎之情，用辩证的方法历史地、具体地、全面地研究人和现象具有方法论上的指导意义。

---

① 何丽儿：《南部非洲的一颗明珠——津巴布韦》，当代世界出版社 1995 年版，第 85 页。

结　　语

　　本书以殖民主义为抓手，以 19 世纪中后期英国和南部非洲的重大历史事件为背景，主要从殖民活动、殖民思想和殖民活动的影响和历史地位三个方面对塞西尔·罗得斯这位英国在南部非洲的殖民主义代表人物进行了剖析和研究。书中试图厘清和解决以下几个问题。

一　个人命运与时代因素和社会形态的关系问题

　　关于人的本质属性是什么，马克思曾给出了最科学的解释，即人是"社会关系的总和"。按照马克思的解释，事实上，人是处在社会这个巨大的母系统之中的，而这个母系统又是由无数子系统构成的。一个人处在不同的社会系统中，就带着所属的不同系统的鲜明的系统特征。同时，人又是历史的存在物。因此他（她）又不可避免地要与所处时代发生关系，哪怕是消极避世的遁世者也带有其所处时代的痕迹或烙印，即他总是某个时代的遁世者而非其他。因此，笔者认为在分析人物的时候，一定要把研究对象放到某个具体的时空结构下，否则是做不好研究的。那么，具体到塞西尔·罗得斯这个人物的研究上，笔者坚持认为其殖民思想的形成和在殖民活动中的狂热表现都与他所处的维多利亚时代和 19 世纪中后期整个国际形势的变化趋势分不开。维多利亚时代是英国历史上经济高度繁荣、文化光辉灿烂的时代，它是英国社会从传统形态向现代形态转变的承上启下的阶段。在维多利亚时代，无论是传统的宗教因素还是后来 20 世纪的主流社会思想——自由主义精神，都在其中发挥着重要的作用。所以，维多利亚时代的英国人在个性上就兼具传统与开放的改革精神两种气质。由于宗教因素仍然强大，并在维护道德的严肃性方面发挥着规范人们行为的巨大作用①，因此整个社会的风气比较好，人们普遍倾向于为国家和社会的公共事务及公益事业出力并视之为一种荣耀和理所当然。

　　塞西尔·罗得斯出生于当时英国一个中产阶级家庭。其父是一位神职人员，职业原因使然，他经常在家中对子女进行宗教精神的灌输和宗教内容的教育，父亲希望塞西尔·罗得斯和他的其他六个兄弟长大后也以神职人员作为终生职业。父亲的要求其实体现着时代和社会的要求。维多利亚时代的中产阶级家庭普遍希望儿子长大以后出去独立谋生，去经商、当律师或做其他工作②，在社会上要有一定的建树。那么，从塞西尔·罗得斯离开家庭奔赴南非以后的人生历程来看，这种时代因素和社会状况其实已经在他的人格养成和思想形成方面起到了很深的浸淫作用。从他1877年公布的第一个遗嘱《我的信仰的声明》，在其中疯狂地叫嚣盎格鲁—撒克逊民族的伟大和大英帝国治下的世界是最理想的世界政治秩序，到后来踏上政治舞台为英国在南部非洲和中部非洲腹地的殖民扩张殚精竭虑、不遗余力，都显示出典型的维多利亚时代英国人的特点，即以宗教救赎精神为导引的热衷政治和公共事务以及关心帝国发展的狂热情结。时代因素和社会形态已经成为指引塞西尔·罗得斯行动和事业发展的最深层动力的结构来源。因此，如果我们无视或淡化这种影响，便不能很好地理解塞西尔·罗得斯的殖民事业和心路历程。基于以上认识，笔者认为今后我们在评判塞西尔·罗得斯或者其他殖民主义者时便要紧密联系其所处的时空背景，要在设定的时空框架下研究他们。人无法选择所处时代和社会环境，人只能顺应它或者采取不合作的消极遁世态度，但那样做的成本太高，不是寻常人能承受的。因此从这个观点出发，其实罗得斯也是时代的牺牲品，他不幸降临于那个疯狂的帝国主义时代，在时代的汹涌洪流当中，一个要求上进的中产阶级子弟的最好选择就是为大英帝国的殖民利益而奋斗，这样才能得到社会的认可。因此，单纯认定罗得斯"好"或"坏"的态度都是不科学和不严谨的。

二　经济与政治孰为手段、孰为目的的问题

　　罗得斯是19世纪中后期南部非洲著名的矿业大亨，同时也是一位具

---

① 钱乘旦、许洁明：《英国通史》，上海社会科学院出版社2007年版，第273页。
② 同上书，第272页。

有地区影响的政治家。这样就给研究者带来一个问题，在罗得斯的殖民生涯中，他到底是如何处理经济与政治二者之间的关系的。或者换句话说，罗得斯到底是以经济为手段来达到其政治目的，还是假政治手段以达到为其经济利益服务的。关于这个问题，研究者仁者见仁，智者见者，两种观点基本都有人支持。

在本书的写作过程中，笔者对这个问题也给予了探讨。经过对有关材料的梳理与解读，联系塞西尔·罗得斯整个殖民事业的历程，笔者认为在人生的最高旨趣或终极目标的设定上，罗得斯更应该被看作是一个以政治为业的人。因此，他建立德比尔斯矿业公司和后来的南非统一金矿公司都是为其政治目的服务的，是为其政治理想奠定相应的经济基础。正因为如此，所以在德比尔斯联合矿业公司和南非统一金矿公司建立之初，罗得斯都给公司规划了包含大量政治使命和色彩的经营内容，并因此和巴尔纳托等人发生严重分歧。也正是因为这样，在对待金钱方面，罗得斯也才能表现得和巴尔纳托等资本家不一样。他在攫取拉德租让书、谋取英国政府的特许状、组建英国南非公司、进军马绍纳兰以及后来进行的马塔贝莱兰战争、管理罗得西亚和最后进行的颠覆克鲁格的政治冒险"詹姆逊袭击"等一系列殖民扩张事件中，都自掏腰包花费了大量金钱。笔者坚信，如果不是以坚定的政治抱负和政治理想作为行动基础而单纯以发财致富为动机（罗得斯的上述许多金钱花费从当时来看完全没有任何经济收益与回报），一个理性的人是断然不会这样做的。所以，弄清这一问题的益处在于，我们可以更好地理解罗得斯这个人物的殖民活动，可以有的放矢、重点突出地针对某些问题展开研究而不必事无巨细，平均用力。

三 关于"双重使命"的再认识问题

当前在殖民主义对殖民地和半殖民地国家和地区的影响和作用问题的研究上，我们暂时还无法提出一种超越马克思"双重使命"学说的理论。"双重使命"学说在评判殖民主义的作用方面仍然具有科学性和普遍意义。那么循着这一理路，笔者依据史实和材料针对塞西尔·罗得斯在19世纪后半期的殖民活动，从"建设性"和"破坏性"两个方面都给予了较为全面的剖析和研究。但由于"建设性"和"破坏性"这两个概念在命题上自身互为悖论且相互紧张，这就为我们研究加诸其上的殖民主义和罗得斯这个人物在南部非洲殖民进程中的作用与地位带来了一些困难。也正因为如此，所以殖民主义也才会成为一个悖论性的话题。对此，在研究过程中，笔者认为必须尽力做到抛却自己的主观情绪，尽量从事实出发，用事实说话，尽最大努力使自己的研究成果符合中立、客观的科学标准。诚然，在社会科学的研究中要完全祛除研究者的主观情绪和立场是一件很困难和痛苦的事情。因为人毕竟是理性与感性共存的复合体，感性恰是人之为人的本真属性，舍之，人类将变成冰冷的机器。正因为如此，关于这一问题的研究空间和潜力仍很广阔，期盼学界同人共同努力，争取在未来殖民主义的作用和地位问题的研究上，无论在方法论上还是在具体观点上都能取得更大的突破。

附录一　塞西尔·罗得斯年谱概要

1. 1853 年

7 月 5 日，罗得斯出生于英格兰赫特福德夏郡的比肖普—斯道福德。同年，他后来的伙伴与密友詹姆逊和拜特也出生了。在罗得斯出生的前一年（1852 年），南非共和国（即德兰士瓦共和国）独立；在罗得斯出生的后一年（1854 年），奥兰治自由邦独立。

2. 1861 年

罗得斯到了入学年龄，开始在比肖普—斯道福德上学。

3. 1870 年

医生查出罗得斯患上了肺结核病，家人决定把他送往南非的纳塔尔投奔哥哥赫伯特。在这一年之前的两年（1868 年），金伯利发现了钻石。

4. 1871 年

罗得斯随哥哥赫伯特去金伯利。

5. 1872 年

罗得斯被查出得了轻微心脏病，于是在哥哥赫伯特的陪同下在南非北部草原游历了八个月。

6. 1873 年

罗得斯进入牛津大学。

7. 1874 年

罗得斯的肺病再次发作，他被迫从牛津大学返回金伯利疗养。

8. 1876—1878 年

罗得斯在牛津大学求学。

9. 1877 年

受到约翰·罗斯金就职演讲的激励，罗得斯写下了第一个遗嘱《我的信仰的声明》。

10.1880 年

罗得斯组建了德比尔斯矿业公司，同年被选为开普议会的议员。

11.1881 年

罗得斯在议会发表首次演讲，内容涉及巴苏陀兰裁军问题。同年，他从牛津大学毕业。

12.1882 年

当年，德兰士瓦的布尔人侵入贝专纳兰建立了两个小共和国：斯太拉兰和戈申，引起了罗得斯的高度关注。他前往巴苏陀兰考察那里的形势，在巴苏陀兰他与戈登将军相遇。

13.1883 年

罗得斯访问了斯太拉兰共和国，他认为两个小布尔共和国是英国通往北方之路上的障碍。

14.1884 年

罗得斯访问贝专纳兰，与英国传教士麦肯齐发生分歧。他意识到其他欧洲国家正企图将影响延伸至贝专纳兰，请求英国政府派遣沃伦将军率英军占领贝专纳兰。

15.1885 年

罗得斯作为沃伦将军的随员与克鲁格谈判，彼此都给对方留下了不好的印象。当年贝专纳兰问题终于解决，贝专纳兰南部成为皇家殖民地，北部成为英国保护国。罗得斯在议会发表演讲，就其与沃伦将军在贝专纳兰问题上的矛盾为自己辩护。

16.1887 年

在兰德地区的黄金热和约翰内斯堡建立的推动下，当年罗得斯成立了自己的黄金公司。

17.1888 年

罗得斯在向北扩张的问题上得到了英国驻南非高级专员赫克勒斯·罗宾逊爵士的支持。在罗宾逊爵士的授意下，传教士莫法特与马塔贝莱王国国王洛本古拉签订了《莫法特条约》。罗得斯派出拉德等三人前往马塔贝莱兰从洛本古拉处谋取采矿租让权。当年，他吞并了其他金刚石企业，建立了垄断性的德比尔斯联合矿业公司。

18.1889 年

罗得斯获得英国政府颁发的特许状，英国南非公司成立。

19. 1890 年

罗得斯当选开普殖民地总理。他组建的"先遣队"占领马绍纳兰。他要求将开普的铁路系统向北而不是向东延伸。他获得了巴罗策兰和马尼卡兰土著头人的租让书，并试图获得加扎兰的租让书。他已成为英国社交场合的宠儿。

20. 1891 年

罗得斯派詹姆逊去马绍纳兰担任公司驻该地的最高行政官。他试图修建自开普向北通过奥兰治自由邦连接约翰内斯堡的铁路。他向英国自由党捐款 5000 英镑。当年，他购买了利佩特与洛本古拉签订的土地租让书，访问了马绍纳兰。

21. 1892 年

罗得斯开始为自己修建著名的别墅 Groote Schuur。在霍夫梅尔及阿非利卡人协会的支持下，罗得斯的政府通过了《选举权与投票权法案》，该法案具有反土著人的性质。在约翰内斯堡，克鲁格与"外来人"矛盾逐渐尖锐，"外来人"开始建立他们自己的组织。

22. 1893 年

英国南非公司在马绍纳兰的统治遇到严重的经济问题，詹姆逊解散了原来 700 人的警察部队而重新组织了 40 人的警察力量。在维多利亚堡，马塔贝莱人与英国南非公司发生了纠纷，欧洲人迫切希望用战争解决与洛本古拉之间的矛盾。马塔贝莱战争爆发，结果英国南非公司的军队打败洛本古拉，占领了马塔贝莱兰。

23. 1894 年

在罗得斯的呼吁下，英国政府终于宣布将乌干达置于保护之下。罗得斯的政府通过了解决土著人问题的《格伦格雷法》。在金矿开采问题上，罗得斯逐渐对马塔贝莱兰和马绍纳兰失去信心，在詹姆逊等人的鼓动下开始更多地把注意力投向兰德地区，企图掀起外来人的暴动推翻克鲁格的统治。

24. 1895 年

罗得斯成为英国政府的枢密顾问官。英国南非公司的委任统治地正式被称为罗得西亚。克鲁格企图阻止英国商品进入德兰士瓦，与英国的矛盾加剧。12 月 29 日，"詹姆逊袭击"事件爆发。罗得斯是这次事件的幕后策划者。

25. 1896 年

1月1日，詹姆逊及其部队向布尔人投降。霍夫梅尔及阿非利卡人协会因"詹姆逊袭击"事件宣布断绝和罗得斯的关系。罗得斯辞去开普殖民地总理之职和英国南非公司执行董事之职。马塔贝莱兰和马绍纳兰爆发土著人反抗英国南非公司统治的起义。

26. 1897 年

罗得斯受到开普和英国政府调查委员会的质询，调查他是否参与了"詹姆逊袭击"事件。他期盼的铁路终于修到了布拉瓦约。

27. 1898 年

罗得斯恢复了在英国南非公司里的职务。率领他组建的进步党（Progressive Party）在开普参加了他一生最后一次选举，鼓吹建立南非联邦和向北方扩张。

28. 1899 年

10月，英布战争爆发。罗得斯被围困于金伯利。罗得斯立下了他一生中的最后一个遗嘱，提到要在牛津大学设立"罗得斯奖学金"。

29. 1900 年

金伯利被解围，罗得斯的心脏病已很严重。

30. 1901 年

德兰士瓦和奥兰治自由邦被宣布为英国的殖民地。

31. 1902 年

3月26日，即在英布战争结束前两个月，罗得斯因病在开普逝世，终年49岁。他的遗体按其生前愿望葬于马塔贝莱兰的马托波山的墓地。

附录二 主要译名对照表

（按英文名称排序）

A

Afrikaners	阿非利卡人
Afrikanns	阿非利卡语
Anderson，Percy	安德森，珀西
Anglo-Portuguese Treaty（1891）	英葡条约
Apartheid	种族隔离制

B

Bait，Alfred	拜特，阿尔费雷德
Bantu	班图人
Barnate，Berney	巴尔纳托，巴尼
Barotseland	巴罗策兰
Basutoland	巴苏陀兰
Bechuanaland	贝专纳兰
Beira	贝拉
Bemba，the	别姆巴族
Bloemfontein	布隆方丹
Bismarck，Otto von	俾斯麦，奥托·冯
Boers	布尔人

British South Africa Company	英国南非公司
Bulawayo	布拉瓦约
Bultfontein	伯尔特方丹

C

Cape Colony	开普殖民地
Cape Town	开普敦
Chamberlain, Joseph	张伯伦，约瑟夫
Congo Free State	刚果自由邦

D

De Beers Consolidated Mines Ltd.	德比尔斯联合矿业公司
Dingan	丁干
Drakensberg Mountains	德拉肯斯堡山脉
Durban	德班
Dutch East India Company	荷兰东印度公司
Dutoitspan	杜托伊斯潘

G

Gladstone	格拉斯顿
Good Hope	好望角
Goshen	戈申
Great Trek	大迁徙
Great Zimbabwe ruins	大津巴布韦遗迹
Grey, Albert	格雷，阿尔伯特

H

| Herero Group | 赫雷罗人 |
| Hofmeyr, Jan | 霍夫梅尔，扬 |

Hottentots Group　　　　　　　　霍屯督人

J

Jameson，Dr Starr　　　　　　　詹姆逊医生，斯塔尔

Jameson Raid　　　　　　　　　　詹姆逊袭击

Johnston，H　　　　　　　　　　约翰斯顿

K

Kalahari desert　　　　　　　　　卡拉哈里沙漠

Katanga　　　　　　　　　　　　加丹加

Khama　　　　　　　　　　　　　卡马

Kimberley　　　　　　　　　　　金伯利

Knutsford　　　　　　　　　　　诺思福德

Kruger，Paul　　　　　　　　　　克鲁格，保罗

L

Lewanika　　　　　　　　　　　勒瓦尼卡

Limpopo River　　　　　　　　　林波波河

Lippert　　　　　　　　　　　　利佩特

Livingstone，David　　　　　　　利文斯顿，大卫

Lobengula　　　　　　　　　　　洛本古拉

Loch，Henry　　　　　　　　　　洛赫，亨利

Lochner Treaty　　　　　　　　　洛克纳条约

Lourenco Marques　　　　　　　　洛伦索-马贵斯

Lozi Kingdom　　　　　　　　　洛兹王国

M

Manicaland　　　　　　　　　　马尼卡兰

Mashonaland　　　　　　　　　　马绍纳兰

Matabeleland	马塔贝莱兰
Matopo Hills	马托波山
Meckenzie	麦肯齐
Milner, Sir Alfred	米尔纳，阿尔弗雷德
Missionaries Road	传教士之路
Moffat Treaty	莫法特条约
Monomotapa kingdom	莫诺莫塔帕王国
Mozambique	莫桑比克
Mzilikazi	姆济利卡齐

N

Natal	纳塔尔
Natives Poll Tax	土著人头税
Ndebele Group	恩德贝莱人
New Rush	新拉什
Ngwato	恩戈瓦托人
Northern Rhodesia	北罗得西亚
Nyasaland	尼亚萨兰

O

Orange River	奥兰治河
Orange Free State	奥兰治自由邦

P

Pietermaritzburg	彼特马里兹堡
Pioneer Column	先锋纵队
Poor Whites	穷白人
Pretoria	比勒陀利亚

Pretorius, Andries　　　　　比勒陀利乌斯

R

Rand　　　　　　　　　　兰德

Rhodes, Cecil　　　　　　罗得斯，塞西尔

Rhodesia　　　　　　　　罗得西亚

Robinson, Hercules　　　　罗宾逊，赫克勒斯

Rothschild　　　　　　　罗思柴尔德

Rudd, Charles　　　　　　拉德，查尔斯

Rudd Concession　　　　　拉德租让书

Ruskin, John　　　　　　罗斯金，约翰

S

Salisbury　　　　　　　索尔兹伯里

Selous, Frederick　　　　塞卢斯

Shippard　　　　　　　希帕德

Shire river　　　　　　希雷河

Southern Rhodesia　　　南罗得西亚

Stanley　　　　　　　斯坦利

Stellaland　　　　　　斯太拉兰

T

Table Bay　　　　　　桌湾

The Afrikaner Bond　　阿非利卡人协会

The Union of South Africa　南非联邦

Tonga　　　　　　　通加族

Transvaal　　　　　　德兰士瓦

Tswana Group　　　　茨瓦纳人

V

Vaal River	瓦尔河
Vaal Town	瓦尔镇
Van Niekerk	范尼柯可

W

Ware Concession	韦尔租让书
Wilson，Allan	威尔逊，阿伦
Witwatersrand	威特沃特斯兰德

Z

Zambezi river	赞比西河
Zambia	赞比亚
Zimbabwe	津巴布韦
Zulu Group	祖鲁人
Zwide	兹威德

参 考 文 献

一 英文参考文献

(一) 著作

Asquith, Margot. *Autobiography*, Vol. II. London, 1922.

Baker, Herbert. *Sir*, *Cecil Rhodes*：*the man and his dream*. Bulawayo：Books of Rhodesia, 1977.

Brooke-Smith, R. *The Scramble For Africa*：*Documents and Debates*. Basingstoke, Hampshire：Macmillan Education Ltd., 1987.

C. van Onselen, *Chibaro*：*African Mine Labour in Southern Rhodesia 1900-1933*. London, 1976.

Calinicas, luli. *Gold and Workers* 1886-1924. Johannesburg, 1982.

Cannadine, David. *History in our time*. New Haven：Yale University Press, 1998.

Chilvers, Hedley A. *The Story of De Beers*. London, 1939.

Christopher, A. J. *Colonial Africa*. New Jersey.

Cohen, A. *British Policy in Changing Africa*. London, 1959.

Covlvin, Ian . *The life of Jameson*, Vol. 1. London, 1922.

Danziger, E. C. *Perspectives in History*：*A Documentary Study of South Africa History* 1849-1978. Cape Town, 1978.

Davenport, T. Rodney H. *The Afrikaner Bond*：*The History of a South African Political Party*, 1880-1911. Cape Town, 1966.

Davidson, A.B.*Cecil Rhodes and his time*.Moscow：Progress Publishers, 1988.

Davies, K. *Royal African Company*. London, 1957.

Day, John R. *Railways of Southern Africa*. London, 1963.

Duffy, James. *Portuguese Africa*. Cambridge, 1961.

Easton, S. C. *The Rise and Fall of Western Colonialism*. Frederick A. Praeger Publishes, New York, 1965.

Fage, J. D. &Oliver, R. *The Cambridge History of Africa*, Vol. 5. 1976.

Fieldhouse, D. K. *Colonialism* 1870-1945. London, 1983.

Flint, John. *Cecil Rhodes*. London: Hutchinson, 1976.

Galbraith, John S. *Crown and Charter: The Early Years of The British South Africa Company*. Berkeley, 1974.

Gale, W. D. *One man's vision: the story of Rhodesia*. Bulawayo: Books of Rhodesia, 1976.

Gann, L. H. *Southern Rhodesia*. Oxford, 1966.

Gann, L. H. *A History of Southern Rhodesia: Early Days to*1934. London: Chatto and Windus, 1965.

Garrisson, W. L. *Thoughts on African Colonization*. New York, 1969.

Glass, S. *The Matabele War*. Oxford, 1968.

Gross, Felix. *Rhodes of Africa*. London: Cassel & Co. 1956.

Hole, H. M. *The Making of Rhodesia*. London: Macmillan & Co. 1926.

Houghton, D. Hobart. *Source Material on the South African Economy*. Cape Town, 1973.

Houghton, D. Hobart. *The South African Economy*. Oxford University Press, 1976.

Johnson, Frank. *Great Days*. Oxford, 1940.

Johnston, J. *Reality versus Romance in South Central Africa*. Cambridge, 1971.

Jones, Stuart. & Miller, Andre. *The South African Economy*. London, 1992.

Jourdan, Philip. *Cecil Rhodes*. New York: John Lane Company, 1911.

Katzen, Leo. *Gold and the South African Economy*. Cape Town, 1988.

Keppel-Jones, Arthur. *Rhodes and Rhodesia: the white conquest of Zimbabwe*, 1884-1902. Kingston Ont. : McGill-Queen's University Press, 1987.

Kiwiet. *A History of South Africa Social and Economic*. Oxford, 1964.

Lacey, M. *Working for Boroko: The Origins of a Coercive Labour System in South Africa*. Johannesburg, 1981.

Langer, W. L. , *The Diplomacy of Imperialism*, New York 1956.

Livingstone. *Missionary Travel and Researches in South Africa.* London, 1858.

Lockhart, J. G., and C. M. Woodhouse. *Cecil Rhodes*: *The Colossus of Southern Africa.* Hodder&Stoughton, 1963.

Mackenzie, W. D. *John Mackenzie, South African Missionary and Statesman.* London, 1934.

Maquire, J. R. *Cecil Rhodes.* London, 1897.

Marks, S. &Atmore, A. *Economy and Society in Pre-industrial South Africa*, 1980.

Maurois, Andre.*Cecil Rhodes.*London: Collins St James's Place, 1953.

McDonald, J. G. *Rhodes-A Life.* London, 1927.

Michell, Lewis. *Sir, The life and times of the Right Honourable Cecil John Rhodes*, 1853-1902. New York: Arno Press, 1910.

Millin, Sarah.*Cecil Rhodes.*New York: Grosset and Dunlap Publishers, 1933.

Neame. *The History of Apartheid.* London, 1962.

Newton, A. P. , *The Cambridge History of British Empire*, Vol. 8, Cambridge 1936.

Nock, O. S. *Railways of Southern Africa.* London, 1971.

Parker, Graham&Pfukani, P. *History of Southern Africa.* London, 1975.

Parsons, Neil. *A New History of Southern Africa.* New York, 1983.

Plomer, William. *Cecil Rhodes.* Peter Davies Limited, 1933.

Ranger, T. O. *Revolt in Southern Rhodesia*: *A Study in African Resistance*, 1896-1897. Evanston, 1967.

Roberts, Brian. *Cecil Rhodes*: *flawed colossus.* New York: Norton, 1987.

Robinson&Gallagher. *Africa and the Victorians.* London, 1961.

Rolin, Henri, *Rolin' Rhodesia.* Bulawayo, 1978.

Rosenthal, Eric. *Gold! Gold! Gold! The Johannesburg Gold Rush.* London: The Macmillan Company, 1970.

Rotberg, Robert. *The founder*: *Cecil Rhodes and the pursuit of power.* New York: Oxford University Press, 1988.

Sampson, Anthony. *Black and Gold.* New York, 1987.

Schrender, D. M. *The Scramble for Southern Africa* 1877-1895. Cambridge University Press, 1980.

Stead, William. ed, *The Last Will and Testament of Cecil John Rhodes*. London, 1902.

Strage, Mark. *Cape to Cairo: Rape of A Continent*. New York, 1973.

Tabler, E. C. *The Far Interior*. London, 1958.

Thompson, Leonard. *A History of South Africa*. Yale University Press, 1990.

Vindex. *Cecil Rhodes: His Political Life and Speeches*, 1881 - 1900. London: Chapman and Hall Limited, 1900.

Walker, Eric A. *A History of Southern Africa*. London, 1957.

Wheatcroft, Geoffrey. *The Randlords: The Exploits and Explorations of South Africa's Mining Magnates*. New York, 1986.

Widdner, D. *A History of Africa, South of Sahara*, New York, 1962.

Williams, Basil. *Cecil Rhodes*. Henry Holt, 1921.

Wilson. *Labour in the South Africa Gold Mines*. Cambridge, 1972.

Zimbabwe: a country study.

(二) 论文

Afrikaner. *Cecil Rhodes—Colonist and Imperialist*. Contemporary Review, March 1896, Vol. 69.

Arthur Silva White, *Chartered Government in Africa*. The Nineteenth Century, London, Vol. XXXV, 1894.

Blainey, G. *Lost Causes of the Jameson Raid*. The Economic History Review, New Series, Vol. 18, No. 2 (1965).

E. A. Maund, *On Matabele and Mashona Lands*. Proceedings of the Royal Geographical Society, New Monthly Series, Vol. XIII, No. 1, January 1891.

E. Aveling, *Filibuster Cecil Rhodes and His Chartered Company*. Social - Democrat, Vol. 1, 1897.

Fox, H. R. *Matabeleland and the chartered company*. Foreign and Commonwealth Office Collection. 1897.

George Honour, *What Cecil John Rhodes thougut about the "Native question"*. The New Rhodesia, Vol. 18, May 4, 1951.

Great Man on a Great Man. The Africa Review, October 22, 1898.

H. Wright, *Cecil John Rhodes Through American Eyes*. The American Oxonian, July 1946.

John Mackenzie, *The Chartered Company in South Africa: A Review and Criticism*. The Contemporary Review, London, Vol. 71, March 1897.

N. M. B. Bhebe, *Ndebele Politics during the Scramble*. Journal of Southern African History Studies, 1978, Vol. II.

Newbury, Colin. *Technology, Capital, and Consolidation: The Performance of De Beers Mining Company Limited*, 1880–1889. The Business History Review, Vol. 61, No. 1 (Spring, 1987).

Phimister, I. R. *Rhodes, Rhodesia and the Rand*. Journal of Southern African Studies, Vol. 1, No. 1 (Oct., 1974).

Shore, M. F. *Cecil Rhodes and the Ego Ideal*. Journal of Interdisciplinary History, Vol. 10, No. 2 (Autumn, 1979).

Turrell, Rob, *Kimberley's Mondel Compounds*. The Journal of African History, Vol. 25, No. 1 (1984).

（三）报纸期刊

The Times.

The Review of Reviews.

（四）部分档案材料

Cape Colony Parliamentary Papers.

National Archives of Rhodesia.

The Library of Rhodes House, Oxford. （牛津大学罗得斯纪念馆附属图书馆）

二　中文参考文献

（一）著作

艾周昌：《早期殖民主义侵略史》，人民出版社 1982 年版。

艾周昌、沐涛等：《南非现代化研究》，华东师范大学出版社 2000 年版。

艾周昌、郑家馨主编：《非洲通史》近代卷，华东师范大学出版社 1995 年版。

樊亢主编：《资本主义兴衰史》，北京出版社 1984 年版。

高岱、郑家馨：《殖民主义史》（总论卷），北京大学出版社 2003
年版。

葛佶：《南非——富饶而多难的土地》，世界知识出版社 1994 年版。

《国际条约集》（1872—1916），世界知识出版社 1986 年版。

何芳川、宁骚主编：《非洲通史·古代卷》，华东师范大学出版社
1995 年版。

何丽儿：《南部非洲的一颗明珠——津巴布韦》，当代世界出版社
1995 年版。

李安山：《非洲民族主义研究》，中国国际广播出版社 2004 年版。

李安山：《殖民统治与农村社会反抗：对殖民时期加纳东部省的研
究》，湖南教育出版社 1999 年版。

联合国教科文组织：《非洲通史》，中国对外翻译出版公司 1984
年版。

《列宁选集》第 2 卷，人民出版社 1972 年版。

刘诗白：《帝国主义殖民体系及其危机》，上海人民出版社 1957
年版。

陆廷恩：《非洲与帝国主义》，北京大学出版社 1987 年版。

陆庭恩、彭坤元主编：《非洲通史·现代卷》，华东师范大学出版社
1995 年版。

罗荣渠：《现代化新论》，北京大学出版社 1993 年版。

《马克思恩格斯全集》第 2、4、9、25、35 卷，人民出版社 1972
年版。

《毛泽东选集》第 5 卷，人民出版社 1977 年版。

沐涛：《南非对外关系研究》，华东师范大学出版社 2003 年版。

钱乘旦：《第一个工业化社会》，四川人民出版社 1988 年版。

钱乘旦、许洁明：《英国通史》，上海社会科学院出版社 2007 年版。

孙红旗：《殖民主义与非洲专论》，中国矿业大学出版社 2008 年版。

王绳祖主编：《国际关系史》第三卷，世界知识出版社 1995 年版。

王助民、李良玉、陈恩虎：《近现代西方殖民主义史（1415—
1990）》，中国档案出版社 1995 年版。

吴秉真等主编：《非洲民族独立简史》，世界知识出版社 1993 年版。

夏吉生主编：《南非种族关系探悉析》，华东师范大学出版社 1996

年版。

谢霖：《东方社会之路》，中国社会科学出版社 1992 年版。

杨立华等：《南非政治经济的发展》，中国社会科学院出版社 1994 年版。

杨人楩：《非洲通史简编》，人民出版社 1984 年版。

张顺洪、孟庆龙、毕健康：《英美新殖民主义》，社会科学文献出版社 1999 年版。

张顺洪等：《大英帝国的瓦解》，社会科学文献出版社 1997 年版。

郑家馨主编：《殖民主义史》（非洲卷），北京大学出版社 2000 年版。

周一良、吴于廑主编：《世界通史·近代部分》，人民出版社 1962 年版。

［英］阿萨·勃里格斯：《英国社会史》，陈叔平等译，中国人民大学出版社 1991 年版。

［匈］安德烈：《黑非洲史》，上海新闻出版系统"五七"干校翻译组译，上海人民出版社 1974 年版。

［波兰］巴利茨基：《种族主义在南非》，温颖等译，世界知识出版社 1957 年版。

［英］巴兹尔·戴维逊：《现代非洲史》，舒展等译，中国社会科学出版社 1989 年版。

［南非］本·武·姆恰利：《罗得西亚：冲突的背景》，史凌山译，商务印书馆 1973 年版。

［英］海韦尔·戴维斯主编：《赞比亚图志》，武汉大学外语系英语专业译，商务印书馆 1976 年版。

［英］霍布森：《帝国主义》，纪明译，上海人民出版社 1960 年版。

［英］克劳利：《新编剑桥世界近代史》，中国社会科学院世界历史研究所组译，中国社会科学出版社 1999 年版，第 9 卷。

［美］理查德·吉布逊：《非洲解放运动》，复旦大学国际政治系编译祖译，上海人民出版社 1975 年版。

［英］理查德·霍尔：《赞比亚史》，史毅祖译，商务印书馆 1973 年版。

［法］路易·约斯：《南非史》，史凌山译，商务印书馆 1973 年版。

［苏联］罗津：《非洲矿产地理》，苏世荣等译，商务印书馆 1959 年版。

［英］罗兰·奥利佛、安东尼·阿特莫尔：《1800 年以后的非洲》，李广一等译，商务印务馆 1992 年版。

［苏联］马尔丁诺夫等：《撒哈拉以南的非洲》，方林等译，世界知识出版社 1959 年版。

［法］米歇尔·博德：《资本主义史　1500—1980》，吴艾美等译，东方出版社 1986 年版。

［英］摩根主编：《牛津英国通史》，王觉非等译，商务印务馆 1993 年版。

［苏联］莫伊谢耶娃：《南非共和国经济地理概况》，开封师范学院地理系译，河南人民出版社 1977 年版。

［英］诺尔斯：《英国海外帝国经济史》，袁绩藩译，上海人民出版社 1966 年版。

［英］帕姆·杜德：《英国和英帝国危机》，苏仲彦等译，世界知识出版社 1954 年版。

［法］让·叙雷-卡纳尔：《黑非洲》，何钦译，世界知识出版社 1960 年版。

［美］斯蒂芬·坎弗：《钻石帝国》，洪允息译，新华出版社 1998 年版。

［苏联］苏联科学院非洲研究所：《非洲史　1800—1918》，上海人民出版社 1977 年版。

［苏联］苏斯曼诺维奇：《帝国主义对非洲的瓜分》，文志玲译，世界知识出版社 1962 年版。

［英］廷德尔：《中非史》，陆彤之译，上海人民出版社 1976 年版。

［英］维克托·基尔南：《人类的主人：欧洲帝国时期对其他文明的态度》，陈正国译，商务印书馆 2006 年版。

［美］约翰·根室：《非洲内幕》，伍成译，世界知识出版社 1957 年版。

（二）论文

丁建弘、周南京：《英布战争的性质》，《历史研究》1978 年第 11 期。

孙红旗：《阿非利卡人的殖民观念与殖民南非》，《西亚非洲》2007 年第 9 期。

李安山：《日不落帝国的崩溃》，《历史研究》1995 年第 1 期。

林华国：《怎样认识马克思主义关于殖民主义的"双重使命"论》，《历史教学》2002 年第 3 期。

郑家馨：《论南非布尔人大迁徙中经济因素的作用》，《社会科学战线》2000 年第 5 期。

郑家馨：《具体分析殖民主义在不同时期和不同地区的作用》，《北大史学》1995 年第 3 期。

郑家馨：《英布战争性质剖析》，《世界历史》1984 年第 6 期。

高岱：《"殖民主义"与"新殖民主义"考释》，《历史研究》1998 年第 2 期。

高岱：《论殖民主义体系的终结及其影响》，《世界历史》2000 年第 1 期。

高岱：《英、美学术界有关殖民主义史分期问题研究评析》，《历史教学》2000 年第 9 期。

高岱：《殖民主义体系的形成与构成》，《北京大学学报》1999 年第 1 期。

梁志明：《马克思关于"双重使命"的论述具有普遍的指导意义》，《北大史学》1999 年第 3 期。

董小川：《关于"殖民主义双重使命理论"再认识》，《光明日报》1992 年 10 月 10 日。

董正华：《长波理论与殖民主义史研究》，《北京大学学报》1988 年第 2 期。

潘润涵：《落后国家的被压迫民族具有自身现代化的能力》，《北大史学》1996 年第 1 期。

后　记

　　本书系根据笔者的博士论文修改而成，初稿完成于 2010 年，由于各种原因未能及时付梓。本书的主要资料搜集和初稿的写作是 2008 年 9 月至 2010 年 3 月笔者在上海华东师范大学历史系读博期间完成的。2010 年 6 月，笔者通过了博士学位答辩。

　　在论文的酝酿、构思和写作期间，指导教师沐涛教授对论文从研究内容到结构的确定，从宏观到细节等各个方面都给予了悉心指导，并对初稿提出了详细而深刻的修改意见。今年，恰逢沐涛教授从教三十周年纪念，笔者愿意借此机会对导师表示最诚挚的感谢。另外，笔者也谨向答辩委员会的所有委员、论文的所有审查人和评议人表示最衷心的感谢。

　　此外，在本书的资料搜集工作中，作者得到了华东师范大学邵笑博士、尚宇晨博士的帮助，获得了从美国和南非带来的重要的参考资料，在此一并致谢。

　　最后，笔者要把谢意呈送给所有亲人和朋友，也感谢读者的宽厚与理解。

汪津生

2017 年 5 月